TOEIC 900 돌파

VOCABULARY

TOEIC 900 돌파 VOCABULARY

1판 1쇄 인쇄 2011년 6월 27일
1판 1쇄 발행 2011년 7월 4일

지은이 오가 리에, Bill Benfield, Ann Norris Gleason

발행인 양원석
편집장 박은석
책임편집 박사라
영업마케팅 김승헌, 최준수

펴낸곳 랜덤하우스코리아(주)
주소 서울시 금천구 가산동 345-90번지 한라 시그마밸리 20층
편집문의 02-6443-8800
구입문의 02-6443-8838
홈페이지 www.dobedobe.com
등록 2004년 1월 15일 등록 제2-3726호

ISBN 978-89-255-4153-2 (13740)

TOEIC TEST 860 TOPPA VOCABULARY SOKUTOKUSOKUKAI

TOEIC 900 돌파

토익 고득점을 노리는 똑똑한
초보들의 비밀 단어장

VOCABULARY

오가 리에 외 지음

두앤비컨텐츠

이 교재는 제가 미일회화학원전문학교에서 강의한 TOEIC 800점 목표 특별 강좌에서 사용해 큰 성과를 올린 교재 중 하나를 바탕으로, 대대적인 가필 수정을 거쳐 900점 돌파를 위한 자습 교재로 재편집한 것입니다.

900점을 따기 위해선 이 정도의 어휘력은 필요하지 않을까요? TOEIC 점수분포도에서 상위 8% 안에 해당하는 900점은 벼락치기 공부로는 도달할 수 없습니다. 이 정도 수준이면 어느 정도 길이의 영어 문장을 듣고 바로 의미를 이해할 수 있거나 예문 속 어휘의 뜻을 정확하게 파악하는 등의 빠른 속도와 높은 이해도가 요구됩니다. 이 교재는 그 벽을 넘고자 하는 학습자를 위해 최적의 예문을 제시하고, 공부 방법도 공개합니다.

15년 전, 나는 직접 만든 교재를 사용해 불과 한 학급에서 TOEIC 특별강좌를 시작했습니다만, 이 강좌는 눈 깜짝할 사이에 8개 학급으로 늘어났고, 매학기 다수의 대기자가 생겼습니다. 그렇게 많은 학생들이 지지해준 이유는 단 한 가지, 학생들의 TOEIC 점수가 현저히 올라갔기 때문입니다. 일반적인 영어나 영어회화 강의와 달리 내 TOEIC 강좌는 시험 점수를 올리는 것이 유일한 목적이며, 그것을 위한 학습에 모든 것을 집중했습니다. 바로 그때 큰 효과를 봤던 것이 이 교재에서 소개하는 어휘 학습 방법입니다.

이 강좌를 통해 지속적으로 학습하는 동안 대부분의 학생은 50~280점 정도 TOEIC 점수가 올랐습니다. 또 6개월에서 1년간 지속한 학습자 중에는 수강 초기 200~300이었던 점수가 750~800점을 넘는 경우도 다수 있었습니다. 이 강좌가 성공한 가장 큰 이유는, 노력을 게을리 하지 않고 엄청난 양의 학습을 꾸준히 해낸 학생들에게 있겠지만 이 교재로 학습하려고 하는 당신은 분명 내 강의를 들은 학생들과 마찬가지로 노력을 게을리 하지 않을 분이라고 믿습니다. 교재의 '가장 효과적인 공부 방법'을 잘 읽고, 지시에 따라 학습하세요.

이 어휘집을 마스터해 어휘력을 강화하면, 당신의 TOEIC 테스트 점수는 틀림없이 비약적으로 높아질 것입니다. 건투를 빕니다.

마지막으로, 늘 변함없는 우정으로 집필과 헤아릴 수 없는 교정가필을 정확하게 해준 내 소중한 공저자들, Ann Gleason과 Bill Benfield 씨에게 진심으로 감사드립니다.

저자 **오가 리에**(大賀リエ)

목 차

TOEIC TEST에서의 어휘력이란

| TOEIC 시험에는 어떤 주제가 출제되는가? |

TOEIC에 출제되는 소재는 세계에서 영어를 사용하는 직장이나 공공장소에서 사용되고 말하는 영어, 쓰는 영어에서 선택됩니다. 또 그 소재는 아래와 같이 다양합니다.

비즈니스 일반 : 제조업 관련, 공장경영관리, 재무회계관계, 개발기획운영, 마케팅, 구매 관련.

주택, 부동산 관련 : 구입, 임대, 계약, 부금, 다양한 거주 조건 등.

금융 관련 : 예금과 저금, 수표, 대출, 송금, ATM, 창구 업무 등.

사무실에서의 상황 : 회의, 통화 통신, 팩스, 전자메일, 사무실 안에서의 업무 방법.

인사, 인재 개발 : 채용, 퇴직, 노동조건, 복리후생, 모집광고, 연금, 표창에 관한 것 등.

기술 관련 : 일렉트로닉스 관련, 컴퓨터, 연구소, 또는 그와 관련된 기기 구입 등.

일상적인 주제 : 여행, 업무 회식, 외식, 엔터테인먼트, 쇼핑, 건강, 보험, 의료, 범죄 등.

수송 관련 : 항공기, 전차 · 열차 · 버스 · 택시에 관한 정보, 도로상황, 사고에 관한 정보, 운임, 시각표 등.

기상 상황 : 일기예보, 경보, 자연재해에 관한 정보.

동식물과 환경에 관한 정보 : 동식물에 관한 검역, 금기사항, 보호에 관한 규칙이나 조례, 환경에 관한 정보.

공공에 관한 것 : 세금, 공공요금, 정부행사, 규칙, 규정, 선거, 기념일, 주최 행사에 관한 알림, 도서관, 미술관 등 공공시설에 관한 사용 규칙 등.

전문적인 지식이나 특수한 어휘에 관한 지식은 필요하지 않습니다만 특히 최근의 경향은 대다수 문제가 비즈니스, 공공 에티켓, 공적인 발표에 관한 것이 많기 때문에 직업이 없는 학생들에게는 다소 불리하다고 생각됩니다. 그러나 기초적인 문법은 같기 때문에 '묵묵히 비즈니스 관련 어휘를 학습하는 것'이 TOEIC 시험 점수를 올리는 가장 빠른 방법입니다.

| TOEIC 시험에는 어떤 어휘력이 필요한가? |

최근의 TOEIC 시험에 관해서는 두 가지 중요한 포인트가 있습니다.

우선, 첫 번째 포인트는 최근 TOEIC 시험의 경향이 수험생이 읽어야만 하는 어휘의 수가 크게 늘어났다는 것입니다. Listening Section Part 3,4나 Reading Section Part 6,7 등에 있어서는 대부분 어휘가 승부처라고 해도 과언이 아닌 상황입니다.

두 번째 포인트는, TOEIC 시험에는 비즈니스나 공공장소에 관한 출제가 압도적으로 많다는 것입니다. TOEIC 시험을 출제하는 기관인 ETS(English Testing Service)는 테스트 가이드용 홈페이지에서 분명히 "TOEIC은 작업장에서 사용하기 위한 영어능력테스트"라고 적고 있습니다. 앞으로 학교를 졸업하고 사회에 나가는 사람들은 아직 비즈니스에 대해서 잘 모르는 게 당연하기 때문에 이 교재를 이용해 비즈니스 관련 어휘를 그 상황과 함께 이해하고 외워두는 것이 무엇보다 중요합니다.

이 교재의 「Chapter 1 중요단어」에서는 단어를 따로따로 외우는 것이 아니라 관련된 3개의 단어를 1페이지에 모아, 기억의 네트워크를 만듦과 동시에 뉘앙스나 용법의 차이 등도 이해할 수 있도록 했습니다.

「Chapter 2 구동사」, 「Chapter 3 형용사·부사·전치사구」, 「Chapter 4 관용표현」은 모두 실제 회화에서는 자주 사용하지만 학교 영어에서는 낯선 문장을 중심으로 다뤘습니다. 모두 뉘앙스를 쉽게 이해하도록 스토리가 눈에 들어오는 예문을 만들었습니다.

또한 TOEIC에 자주 출제되는 비즈니스 어휘도 배려했습니다.

TOEIC의 공식 사이트 설명에서는 전문분야의 영어는 출제하지 않는다고 되어 있습니다만 비즈니스 장면에서의 상황은 역시 그 기본적인 전문 어휘와 함께 출제됩니다. 예컨대 새로운 사무기기의 사용법, 영업에 있어서의 이야기 전달법, 기업의 조직개편 등이 거기에 해당됩니다. 착실히 시간을 들여 읽으면 추측할 수 있는 어휘라 할지라도, 속독이 요구되는 테스트 중에서는 그것을 알고 있느냐 아니냐가 승부의 관건입니다. 역시 기초적인 비즈니스 관련 어휘, 특히 사무실 안의 상황, 주식시장, 금융, 부동산에 관련된 기본적인 용어에 관한 지식이 필수입니다. 비즈니스와 시사영어는 각 예문에 상당수 포함되어 있는데 Chapter 5에서 모아 장르마다 다루었습니다.

| 이 책의 어휘는 어떻게 선택되었는가 |

이 교재는 아래의 3가지 자료로 이루어졌습니다.

① 과거 15년간 저자가 수험하거나 또는 시험관으로서 수십 회 참가했던 TOEIC 시험에 출제된 어휘를 나름대로 정리했습니다. 이렇게 많은 TOEIC에 관여하면 자연스럽게 출제될 경향의 어휘를 찾아낼 수 있는데, 그것을 기초 단어로 했습니다.

② 저자가 TOEIC 강좌에서 사용한, TOEIC 교재로서 어느 정도 양심적으로 제작되어 있는 시판 모의 문제집 중에서 800~900점 수준의 어휘를 선택해 2학기

분의 워크시트와 퀴즈를 작성한 것을 추가했습니다.

③ 마지막으로 이것은 900점을 돌파하고 싶은 사람을 위한 어휘집이기 때문에 TOEIC뿐만 아니라 영어 학습자로서 알아두면 좋은 ADVANCED LEVEL의 어휘도 포함했습니다. 왜냐면 800~900점을 목표로 하기 위해서는 그 수준 이상의 어휘를 많이 포함한, 타임지나 뉴스위크, 뉴요커 등의 영문 잡지 혹은 헤럴드 트리뷴, 뉴욕 타임즈 등의 영자신문을 매일 학습하지 않으면 그 수준에 도달하기 어렵기 때문입니다.

이 책을 쓰며 참고한 사전과 사전류는 다음과 같습니다.

LONGMAN Dictionary of Contemporary English

OXFORD ADVANCED LEARNER'S Dictionary

Collins COBUILD ADVANCED DICTIONARY of American English

ENCYCLOPAEDIA Britannica

THE WORLD ALMANAC AND BOOK OF FACTS

이미다스(イミダス)

아사히연감(朝日年鑑)

지니어스영일사전(ジーニアス英和辞典)

겐규샤영일중사전(研究社英和中辞典)

에이지로(英辞郎)

또한 각 어휘가 일반적으로 인터넷에서 사용되는 빈도를 조사하기 위해 구글 검색을 사용했습니다. 다만 이것은 어디까지나 참고로 삼았을 뿐 구글 빈도만으로 어휘를 선택하지는 않았습니다. 어휘의 최종 선택은 제가 오랫동안 TOEIC 시험에 관여해 온 경험과 그를 통해 키워 온 판단력에 의지했습니다.

「오가식 ACTIVE LEARNING」을 연습하자

'머리말'에서 "내 TOEIC 강좌는 시험 점수를 올리는 것이 유일한 목적이며, 그것을 위한 학습에 모든 것을 집중했습니다."라고 적었습니다. 이것을 읽은 분들은 분명 연습장을 이용해 달달 암기하는 학원 공부를 떠올렸을 겁니다. 하지만 실은 전혀 다릅니다. 내 TOEIC 강좌에서는 어떤 영어회화 강의보다 소리를 내서 말하는 게 중요합니다. 제가 독자들 앞에서 손짓발짓을 해가며 지도할 수는 없지만 그 방법은 가르쳐드릴 수 있습니다. 아무쪼록 제 지도에 따라 한 단원씩 학습해보세요. 저는 이 교재를 다 끝내고 시험을 칠 당신의 TOEIC 점수를 기대하겠습니다.

| Shadowing 방법을 적극 활용하세요. |

Shadowing이란 녹음된 교재를 틀어놓고 조금 늦게 따라 읽는 방법입니다. 몇 번 연습하다 보면 자연스럽게 발음과 억양, 문형이나 단어의 의미를 통째로 익힐 수 있는 일석삼조의 방법입니다. 다음 단계를 따라 주세요.

STEP 1 CD를 시작. 책을 보면서 함께 소리를 내서 읽습니다.

STEP 2 따라가는 게 힘들면 한 페이지씩, 의외로 쉽다면 한 단원씩, CD를 틀어놓고 소리를 내어 읽어보세요. CD는 절대로 한 문장씩 멈추면 안 됩니다.

STEP 3 이것을 한 단원씩 3회에 걸쳐 반복하세요. 힘껏 가능한 정확하게 읽어야 합니다. 따라가지 못하는 경우에는 "우우" 소리를 내더라도 CD를 멈추지 마세요.

STEP 4 한 단원을 3번에 걸쳐 Shadowing했다면 여기서 문장의 뜻이나 그 안의 어려운 단어, 관련어휘, TOEIC 포인트, Useful 포인트 등을 집어서 학습하세요. 이 시점에서 모르는 단어는 사전을 찾아봐도 됩니다.

STEP 5 다시 CD를 틀고 소리를 내서 한 단원을 여러 번, 책을 덮어도 따라 읽을 수 있을 만큼 연습하세요. CD를 절대 중간에 멈춰서는 안 됩니다. 책을 보지 않고 CD를 따라 읽을 수 있을 때까지 쉬지 말고 계속하세요. 저자의 강의에서는 이 방법을 통해 문장을 외워버리는 사람이 많았답니다.

| CHECK TEST 방법 |

STEP 1 대강 다 외웠다고 생각하면 Check Test를 받아보세요.

① 타이머를 문제당 30초로 설정하고 시작하세요.(10문항이라면 5분, 15문항이라면 7분 30초, 20문항은 10분.) 타이머 설정 없이 무제한으로 테스트를 하는 일은 없어야 합니다.

② 중간에 사전을 찾아서는 안 됩니다.

③ 시간 안에 끝나지 못한 문제는 0점 처리합니다.

STEP 2 제한시간이 되면 바로 멈추고, 권말 Check Test의 해답으로 답을 맞히세요. (끝내지 못한 문제는 0점입니다.)

STEP 3 합격선은 90%입니다. 여기까지 도달하지 못했다면 다시 STEP 1으로 돌아가셔야 합니다.

STEP 4 90%를 넘긴 사람은 다음 단원으로 가서 STEP 1부터 시작합니다.

| 교재의 페이지 설명과 기호 보기 |

본문은 예문과 번역, 표제어 정보, 표제어 이외의 중요단어, 부가 정보의 4가지 요소로 구성됩니다.

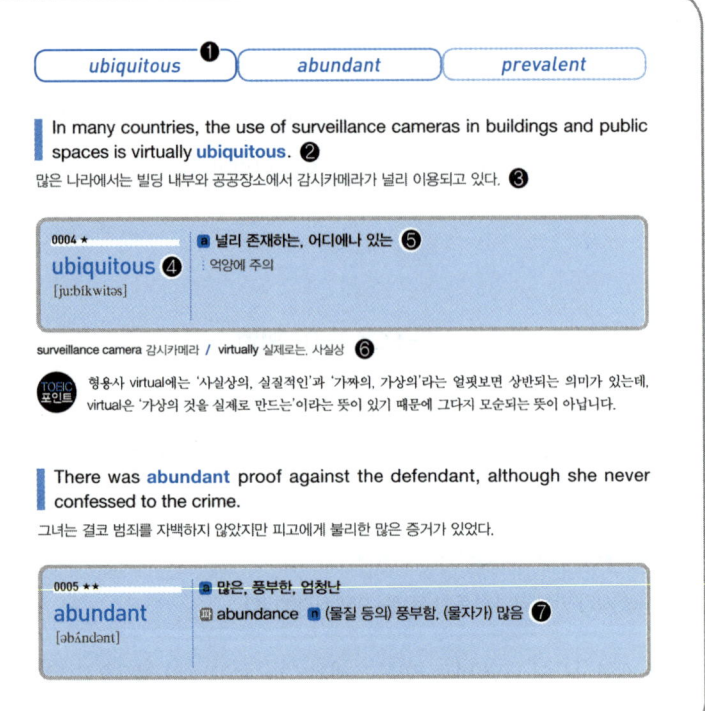

ubiquitous ①   abundant   prevalent

In many countries, the use of surveillance cameras in buildings and public spaces is virtually **ubiquitous**. ②

많은 나라에서는 빌딩 내부와 공공장소에서 감시카메라가 널리 이용되고 있다. ③

0004 ★
ubiquitous ④
[juːbíkwitəs]

🔒 널리 존재하는, 어디에나 있는 ⑤
: 억양에 주의

surveillance camera 감시카메라 / virtually 실제로는, 사실상 ⑥

TOEIC 포인트 형용사 virtual에는 '사실상의, 실질적인'과 '가짜의, 가상의'라는 얼핏보면 상반되는 의미가 있는데, virtual은 '가상의 것을 실제로 만드는'이라는 뜻이 있기 때문에 그다지 모순되는 뜻이 아닙니다.

There was **abundant** proof against the defendant, although she never confessed to the crime.

그녀는 결코 범죄를 자백하지 않았지만 피고에게 불리한 많은 증거가 있었다.

0005 ★★
abundant
[əbándənt]

🔒 많은, 풍부한, 엄청난
🔗 abundance 🔒 (물질 등의) 풍부함, (물자가) 많음 ⑦

14

❶ 각 페이지에 수록되어 있는 표제어

❷ 예문

❸ 예문의 해석

❹ 표제어와 발음기호

❺ 표제어의 품사와 해석, 참고사항
    n 명사
    v 동사
    a 형용사
    ad 부사

❻ 예문 중 중요어구의 의미

❼ 표제어의 파생어, 유의어 등
    파생어
    유의어
    반의어
    관련어

 ○ TOEIC 포인트 : TOEIC에 출제되는 문법 포인트, 속임수 문제, 헷갈리기 쉬운 단어 등을 해설합니다.

 ○ Useful 포인트 : TOEIC에 반드시 필요한 것은 아니지만 상급 영어 학습자로서 알아 두면 좋은 정보를 넣었습니다.

 ○ CD의 트랙 번호 : CD 07은 7번 트랙을 나타냅니다.

○ 빈도를 나타내는 *표시
** TOEIC에 나오는 빈도가 높은 가장 중요한 단어.
* TOEIC에 나올 가능성이 높은 중요단어.
표시가 없는 것은 TOEIC에 나오는 빈도는 낮지만 외워둬야 하는 단어.

Chapter 1
중요단어

0001 ... 0433

Unit 01

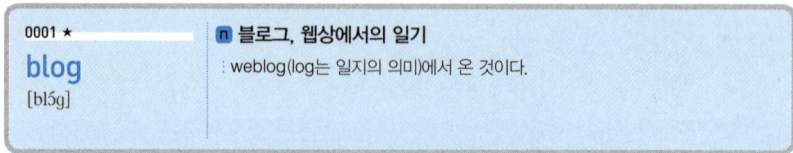

| blog | blogger | blogosphere |

As an ecologist, Melanie has started writing a **blog** because she wants to express her ideas on how to lead a more environmentally friendly life.

생태학자로서 멜라니는 좀 더 환경 친화적인 삶을 이끄는 방법에 대한 그녀의 생각을 표현하고 싶었기 때문에 블로그를 쓰기 시작했다.

| 0001 ★
 blog
 [blɔ́ɡ] | n 블로그, 웹상에서의 일기
 : weblog(log는 일지의 의미)에서 온 것이다. |

ecologist 생태학자 / environmentally friendly 환경 친화적인

I know at least five people who have recently become keen **bloggers** in our senior citizen community.

내가 알기로는, 최근 우리 시니어 커뮤니티에서 적어도 5명이 열혈 블로거가 되었다.

| 0002 ★
 blogger
 [blɔ́ɡər] | n 블로거, 블로그를 하는 사람 |

keen 열심인, (감각적으로) 예리한 / senior citizen community 그 지역의 고령자 사회

I don't rely on the **blogosphere** for accurate information, but I do enjoy reading the huge variety of opinions.

정확한 정보원으로 블로그스피어에 의존하지는 않지만 다양한 사람들의 많은 의견을 읽는 것은 흥미롭다.

| 0003
 blogosphere
 [blɔ́ɡəsfiər] | n 블로그스피어 : 블로그를 하는 사람들 사이에서 형성되는 인터넷 커뮤니티 |

rely on ~에 의존하다 / accurate information 정확한 정보
※ sphere는 '범위, 영역'의 의미

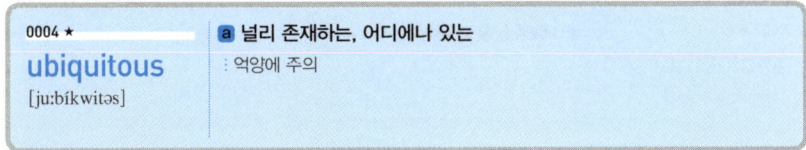

| ubiquitous | abundant | prevalent |

In many countries, the use of surveillance cameras in buildings and public spaces is virtually **ubiquitous**.

많은 나라에서는 빌딩 내부와 공공장소에서 감시카메라가 널리 이용되고 있다.

0004 ★	ⓐ 널리 존재하는, 어디에나 있는
ubiquitous [ju:bíkwitəs]	: 억양에 주의

surveillance camera 감시카메라 / virtually 실제로는, 사실상

형용사 virtual에는 '사실상의, 실질적인'과 '가짜의, 가상의'라는 얼핏보면 상반되는 의미가 있는데, virtual은 '가상의 것을 실제로 만드는'이라는 뜻이 있기 때문에 그다지 모순되는 뜻이 아닙니다.

There was **abundant** proof against the defendant, although she never confessed to the crime.

그녀는 결코 범죄를 자백하지 않았지만 피고에게 불리한 많은 증거가 있었다.

0005 ★★	ⓐ 많은, 풍부한, 엄청난
abundant [əbʌ́ndənt]	ⓟ abundance ⓝ (물질 등의) 풍부함, (물자가) 많음

Typhoid fever was **prevalent** in this country in the early 1900s.

1900년대 초 이 나라에서는 장티푸스가 만연했다.

0006 ★★	ⓐ (물자가) 오가는, 유행하는, (병이) 만연한
prevalent [prévələnt]	ⓟ prevalence ⓝ 보급, 유행, 병의 발병률
	ⓟ prevail ⓥ (물자가) 널리 오가다, 유행하다

typhoid fever 장티푸스

19

The company **spokesperson** completely denies attempting to bribe the construction minister.

회사의 홍보 담당자는 회사가 건설부 장관에게 뇌물을 주려고 했다는 사실을 전면 부인하고 있다.

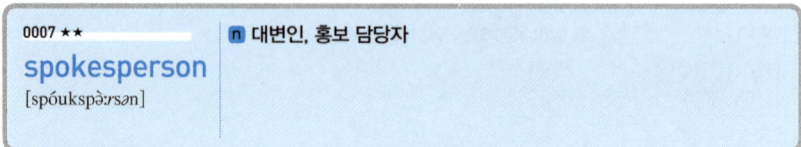

0007 ★★

spokesperson
[spóukspə̀ːrsən]

ⓝ 대변인, 홍보 담당자

deny attempting ~하려고 핸[하고 있는] 것을 부정하다 / bribe 뇌물을 주다, 수뢰하다
construction minister 건설부 장관

To boost his fading popularity, the singer Tony Tyler pulled a **publicity** stunt causing a scandal with an up-and-coming actress.

가수 토니 타일러는 떨어지는 인기를 되찾기 위해 인기 상승 중인 여배우와 스캔들을 일으켜 이름을 알리는 행위를 했다.

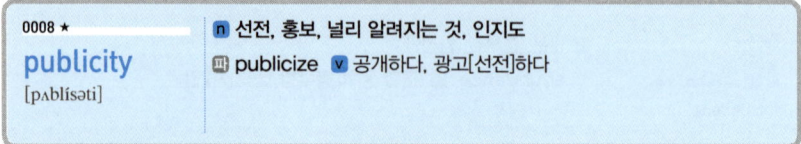

0008 ★

publicity
[pʌblísəti]

ⓝ 선전, 홍보, 널리 알려지는 것, 인지도

파 publicize ⓥ 공개하다, 광고[선전]하다

fading popularity 떨어지는 인기
pull a publicity stunt (인기가 떨어지는 배우 등이) 이름을 알리기 위해, 또는 주목을 받기 위해 무언가를 일으키다

Our CEO is popular with journalists for his **outspoken** views on the economy. They are always quoting him in their articles.

우리 회사의 CEO는 경제 문제에 관한 솔직한 견해를 피력함으로써 기자들 사이에서 인기가 있다. 그들은 항상 그의 발언을 기사에 인용한다.

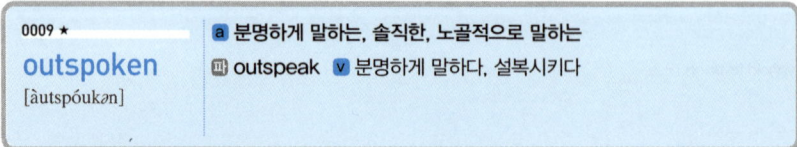

0009 ★

outspoken
[àutspóukən]

ⓐ 분명하게 말하는, 솔직한, 노골적으로 말하는

파 outspeak ⓥ 분명하게 말하다, 설복시키다

CEO (Chief Executive Officer) 최고경영자

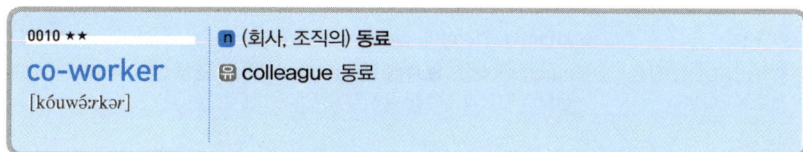

> I like to leave the office at 5 o'clock sharp, but my **co-workers** always want me to go out drinking with them.

나는 5시 정각에 퇴근하고 싶었는데 동료들은 늘 함께 한잔 하러 가기를 원한다.

0010 ★★	**n** (회사, 조직의) 동료
co-worker [kóuwə́:rkər]	집 colleague 동료

> We did a lot of detailed research before deciding on a **partner** for the joint venture.

업무 제휴를 위한 공동경영자를 결정하기 전에 우리 회사는 방대한 양의 조사를 실시했다.

0011 ★★	**n** 공동경영자, (게임 등에서) 같은 팀의 동료
partner [pá:rtnər]	집 associate (법률사무소 등의) 공동경영자
	집 partnership **n** 공동경영, 제휴, 협력관계

※ partner는 '결혼하지는 않았지만 오랫동안 동거하고 있는 이성 또는 동성'을 가리키기도 합니다.

> I would like to thank Professor Julia Turner, my chief **collaborator** on this project, who gave me many valuable suggestions.

이 프로젝트에서 나의 주요 협력자이자 많은 귀중한 제안을 해주신 줄리아 터너 교수에게 감사드립니다.

0012 ★	**n** (업무상) 협력자, (미술품, 연극, 음악 등의) 공동제작자
collaborator [kəlǽbərèitər]	집 collaborate **v** 협력하다, 공동으로 제작하다

 corroborate '(알리바이 등의) 뒷받침을 하다, 확증을 얻다'와 착각하지 않도록 주의하세요.

| macrobiotic | macroeconomics | microbe |

> People who follow a **macrobiotic** diet believe food affects our bodies in very deep ways.

자연식을 실행하고 있는 사람들은 음식이 신체에 미치는 영향이 매우 크다고 믿고 있다.

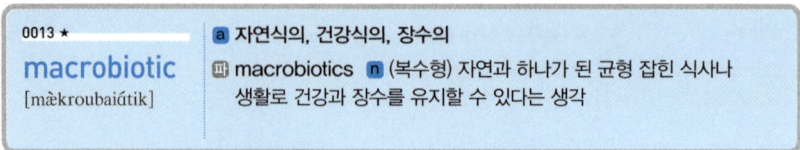

0013 ★

macrobiotic
[mæ̀kroubaiátik]

ⓐ 자연식의, 건강식의, 장수의

ⓝ macrobiotics　ⓝ (복수형) 자연과 하나가 된 균형 잡힌 식사나 생활로 건강과 장수를 유지할 수 있다는 생각

※ macro는 great, biotic(s)는 life(생명)를 의미합니다.
　macrobiotic food는 '자연식, 장수음식(주로 현미채식)'의 의미

> The study of **macroeconomics** will give you an overall idea of how the national economy functions.

거시경제학을 배우면, 국가적인 규모의 경제가 전체적으로 어떻게 기능하는지 알게 된다.

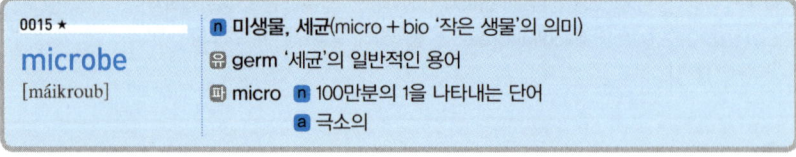

0014

macroeconomics
[mæ̀kroui:kənámiks]

ⓝ 거시경제학 : 한 국가 전체의 경제활동을 분석하는 경제학

ⓟ macro　ⓐ 거시적인

ⓡ microeconomics　ⓝ 미시경제학

> Regular hand washing is essential for killing **microbes** that can cause disease.

질병을 일으키는 세균을 죽이기 위해서는 규칙적으로 손을 씻는 것이 중요하다.

0015 ★

microbe
[máikroub]

ⓝ 미생물, 세균(micro + bio '작은 생물'의 의미)

ⓤ germ '세균'의 일반적인 용어

ⓟ micro　ⓝ 100만분의 1을 나타내는 단어
　　　　　ⓐ 극소의

※ micro—를 사용한 다른 표현
　microscopic 현미경의, 현미경으로밖에 볼 수 없는 극소의

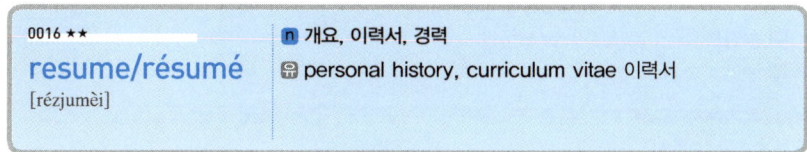

When you are applying for a job, it is important that your **resume** gives a complete record of your education and employment history.

일자리에 지원할 때에는 이력서에 학력과 경력을 자세히 기록하는 게 중요하다.

0016 ★★

resume/résumé
[rézjumèi]

n 개요, 이력서, 경력

personal history, curriculum vitae 이력서

Applicants for the post should send a **curriculum vitae** and a cover letter.

이 자리에 응모하시는 분은 이력서와 자기소개서를 첨부해 보내세요.

0017 ★★

curriculum vitae
[kəríkjələm váiti:]

n 이력서, 업적서

※ curriculum vitae는 CV로 줄여 말하는 경우가 많습니다.

John had never been interested in visiting India until he read a **biography** of Mahatma Gandhi.

존은 마하트마 간디의 전기를 읽기까지는 인도에 가고 싶다고 생각한 적이 없었다.

0018 ★

biography
[baiágrəfi]

n 전기, 인물소개, 약력

biographical a 전기의

※ autobiography 자서전 / biographical encyclopedia 인명사전

23

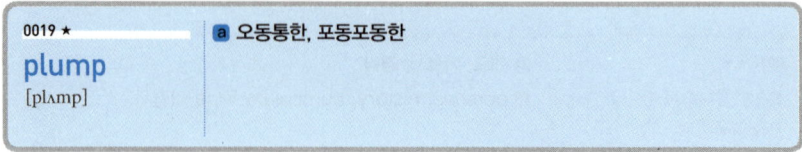

plump | obese | corpulent

▌ Don't tell me I'm fat. Tell me I'm 'pleasantly **plump**.'

내게 뚱뚱하다고 하지 마. '딱 보기 좋게 통통하다'고 말해.

0019 ★	ⓐ 오동통한, 포동포동한
plump	
[plʌmp]	

▌ Heart failure is a common disease among **obese** people.

심부전은 비만인 사람들에게 자주 나타나는 질병이다.

0020 ★	ⓐ (병적으로) 비만인, 비만한 몸의
obese	ⓢ overweight 과체중의
[oubíːs]	ⓟ obesity ⓝ 비만

heart failure 심부전, 심장병
※ obese는 때로 '병적인 비만'을 가리킵니다.

▌ In a temple in Nara, he saw a smiling, **corpulent** Buddha.

그는 나라의 절에서 미소 짓고 있는 큼직한 불상을 봤다.

0021	ⓐ 토실토실 살이 찐, 비만한, 단단하고 큰
corpulent	ⓟ corpulence ⓝ 비만
[kɔ́ːrpjələnt]	

※ plump는 '풍만한' 느낌이고, corpulent는 '손발이 큼직하고 단단한' 느낌입니다.

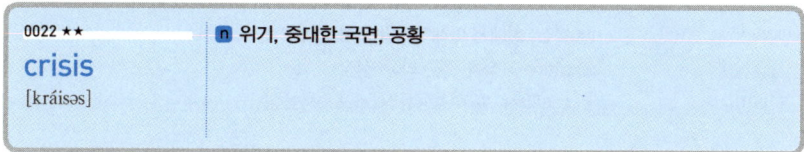

| crisis | emergency | urgent |

We have to take care of this **crisis** caused by the battery recall before we do anything else.

무엇보다도 먼저, 우리는 배터리 리콜 문제로 발생한 이번 위기에 대응해야만 한다.

| 0022 ★★

crisis
[kráisəs] | **n** 위기, 중대한 국면, 공황 |

※ crisis management (기업 등에 있어서의) 위기관리

In case of **emergency**, break the glass and push the red button to stop the train.

비상시에는 기차를 멈추기 위해 유리를 깨고 빨간 버튼을 누르세요.

| 0023 ★★

emergency
[imə́:rdʒənsi] | **n** 긴급사태, 예측 불가능한 사고, 응급, 구급
파 emergent **a** 긴급의, 불의의
emerge **v** 표면에 드러나다, 떠오르다 |

※ 〈emergency를 사용하는 어구〉
emergency exit 비상구, emergency room(ER) 응급실, emergency rescue squad 응급요원, emergency reserve 비상금

He had to go to New York on **urgent** business.

그는 급한 업무로 뉴욕에 가야만 했다.

| 0024 ★

urgent
[ə́:rdʒənt] | **a** 급한, 절박한
파 urgency **n** 급한 용무, 긴급을 요하는 일, 절박한 상태
urge **n** 강한 충동
v 다그치다, 강하게 요구해 뭔가를 시키다 |

※ emergency가 urgency보다 사고 등의 긴급성, 돌발성이 강하다.

25

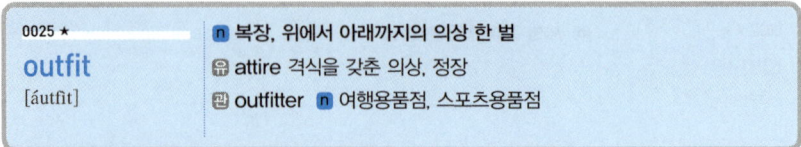

| outfit | wardrobe | apparel |

When buying clothes for work, I'd like to choose a matching **outfit** from top to bottom.

일할 때 입을 옷을 살 때는 위아래가 어울리는 한 벌을 고르고 싶다.

0025 ★	⋒ 복장, 위에서 아래까지의 의상 한 벌
outfit	ⓤ attire 격식을 갖춘 의상, 정장
[áutfit]	ⓟ outfitter ⋒ 여행용품점, 스포츠용품점

※ outfit는 셔츠 1장, 코트 1벌이 아니라 '복장 전체'를 가리킵니다.
　 I love your outfit. 당신 옷이 너무 멋져요.

I chose a blue chiffon dress from my limited **wardrobe** for the dance.

나는 댄스파티를 위해 얼마 없는 의상 중에서 블루 시폰 드레스를 골랐다.

0026 ★	⋒ 의상, 옷장
wardrobe	
[wɔ́:rdroub]	

※ wardrobe는 단수형으로 '가지고 있는 옷 전부, 연극에서 사용하는 전체 의상' 등 '어떤 의미가 있는 의상'을 통칭해 표현하는 단어입니다.
※ 댄스파티(dance party)는 콩글리쉬입니다. 영어로는 the dance 또는 the ball이라고 합니다.

It is important for companies in the **apparel** industry to correctly predict what the fashions will be like for the coming season.

의류 관련 업체에서는 다음 시즌의 패션이 어떨지를 정확히 예측하는 게 중요하다.

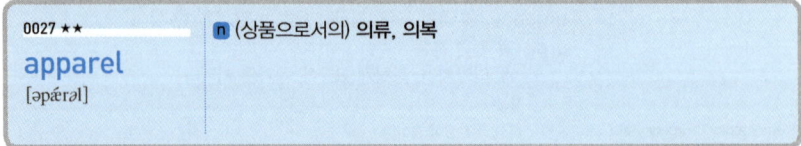

0027 ★★	⋒ (상품으로서의) 의류, 의복
apparel	
[əpǽrəl]	

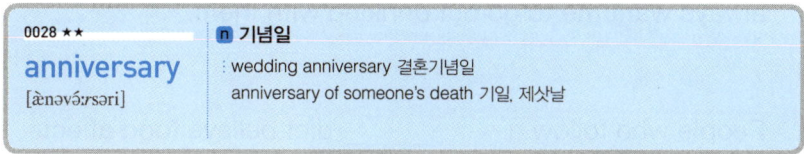

| anniversary | celebration | commemoration |

It was our 20th wedding **anniversary** yesterday, but I completely forgot about it.

어제가 스무 번째 결혼기념일이었는데 까맣게 잊고 말았다.

0028 ★★	n 기념일
anniversary [æ̀nəvə́ːrsəri]	: wedding anniversary 결혼기념일 anniversary of someone's death 기일, 제삿날

A family birthday is always a good opportunity for a **celebration**.

가족 생일은 모두 다 같이 축하할 좋은 기회다.

A huge **celebration** ceremony took place on the 50th anniversary of Cedar City.

시더 시의 50주년을 기념해 성대한 축하행사가 거행되었다.

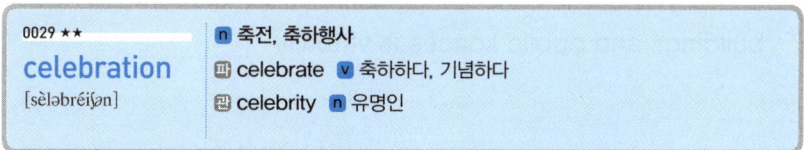

0029 ★★	n 축전, 축하행사
celebration [sèləbréiʃən]	파 celebrate v 축하하다, 기념하다 관 celebrity n 유명인

The ceremony was held in **commemoration** of the members of the armed forces who were killed in the war.

전사한 군인들을 기리는 의식이 거행되었다.

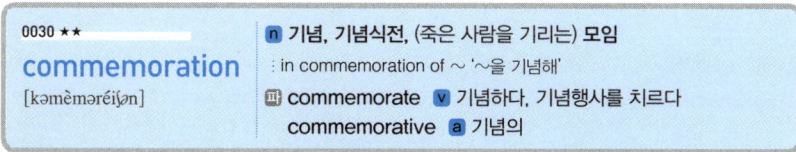

0030 ★★	n 기념, 기념식전, (죽은 사람을 기리는) 모임
commemoration [kəmèməréiʃən]	: in commemoration of ~ '~을 기념해' 파 commemorate v 기념하다, 기념행사를 치르다 commemorative a 기념의

armed forces 군대

 celebration은 축하할 때만, anniversary와 commemoration은 조의를 표할 때에도 사용됩니다.

27

빈칸에 해당하는 단어를 문장에 맞춰 바꿔 가면서 써보세요. (제한시간 5분)

1. I like to leave the office at 5 o'clock sharp, but my _____ always want me to go out drinking with them.

2. People who follow a _____ diet believe food affects our bodies in very deep ways.

3. Heart failure is a common disease among _____ people.

4. In many countries, the use of surveillance cameras in buildings and public spaces is virtually _____.

5. I don't rely on the _____ for accurate information, but I do enjoy reading the huge variety of opinions.

6. When you are applying for a job, it is important that your _____ gives a complete record of your education and employment history.

7. When buying clothes for work, I like to choose a matching _____ from top to bottom.

8. In case of _____, break the glass and push the red button to stop the train.

9. The ceremony was held in _____ of the members of the armed forces who were killed in the war.

10. Our CEO is popular with journalists for his _____ views on the economy. They are always quoting him in their articles.

해답은 418페이지에

Unit 02

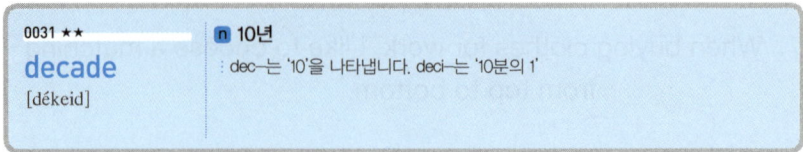

CD 02

| decade | teens | centenarian |

Mr. Howard had been vice-president of the company for almost two **decades** before he was promoted to president.

하워드 씨는 사장으로 승진하기 전에 거의 20년간 부사장이었다.

0031 ★★ **decade** [dékeid]	n 10년 : dec-는 '10'을 나타냅니다. deci-는 '10분의 1'

※ decade-long economic boom/slump 10년에 달하는 호황/불황

While still in his **teens**, Clark Bishop won two tennis championships.

클라크 비숍은 아직 십대였을 때 테니스 선수권대회에서 2번 우승했다.

0032 ★★ **teens** [ti:nz]	n (13~19세의) 십대

※ teen workforce 십대 노동력 / teen offenders 십대 범죄자

My great grandmother enjoyed her longevity and lived to be a **centenarian**.

증조할머님은 장수하셔서 100세까지 사셨다.

0033 ★ **centenarian** [sentənέ(:)əriən]	n 100세, 100세 이상의 사람 파 centennial a 한 세기의, 100년의 관 century n 세기, 100년

longevity 장수, 수명
longevity/seniority pay 연공서열제도
※ octogenarian은 '80대'를 의미합니다.

| reserve | preserve | conserve |

Writers of the book **reserve** the right to review advertisements when the book is published.

그 책의 저자들은 책이 출간될 때 광고를 점검할 권리를 보유한다.

0034 ★★

reserve
[rizə́:rv]

ⓥ 예약하다, (권리 등을) 보유하다, 유보하다, 배려하다

ⓓ reservation ⓝ 예약, 주저[배려]하는 것, (동물 등의) 보호구역

※〈비즈니스에서 사용되는 표현〉
I will go along with your proposal but with reservations.
주저되는 바는 있지만 너의 제안을 따르겠다.
cf. without reservations 무조건적으로, 솔직히

It sounds contradictory, but forest trees must be trimmed or cut periodically to **preserve** nature.

모순되게 들리지만 자연을 보호하기 위해 숲의 나무들은 정기적으로 다듬거나 채벌되어야 한다.

0035 ★★

preserve
[prizə́:rv]

ⓥ 보존하다, 보호하다

ⓝ (잼 등의) 보존식품, (동식물 등의) 보호지역, 서식지

ⓓ preservation ⓝ 보존, 방부, 유지

Turning off unnecessary lights in the home and the workplace is an easy and efficient way to **conserve** energy.

집이나 직장에서 불필요한 조명을 끄는 것은 에너지를 절약하는 간단하고도 효과적인 한 방법이다.

0036 ★★

conserve
[kənsə́:v]

ⓥ (자연이나 환경 등을) 보존하다, 보호하다, 절약하다

ⓓ conservation ⓝ 보전, 유지, 관리

TOEIC 포인트 preserve는 잼 등의 식품을 보존할 때 사용하지만 conserve는 식품에는 사용하지 않습니다.
또 conserve는 '있는 그대로의 상태를 유지하다, 소중하게 보존하다'의 의미로, '천연자원(어패류 등)
을 보전하다'라는 뜻으로도 사용합니다.

31

Bernie got a part-time job handing out **flyers** for a newly opened restaurant.
버니는 새로 개업한 레스토랑을 위해 전단지를 배포하는 아르바이트 일을 얻었다.

0037 ★	전단지, 소책자
flyer/flier	
[fláiər]	

part-time job은 정확하게 말하면 하루 8시간의 full-time에 대해 '하루 중 단시간만 종사하는 업무'라는 뜻이지만 최근에는 temporary job(임시고용, 단기채용)과 같은 뜻으로도 사용되고 있습니다.

I read a **draft** version of the proposal, and some parts will have to be changed before we submit it to the client.
제안서 초안을 읽어봤는데 클라이언트에게 제출하기 전에 변경해야 할 부분이 몇 군데 있다.

0038 ★	밑그림, 초안, 설계도, 환어음, (선수 등의) 선발, 통풍
draft	**drafty** 바람이 들어오는, 통풍이 되는
[dræft]	

working draft 초안을 가지고 업무의 사안을 연마하는 것

※ I inherited an old drafty house which is over 80 years old from my late grandfather.
돌아가신 할아버지로부터 80년도 더 된 낡고 외풍이 심한 집을 물려받았다.
inherit 상속받다 / late 돌아가신, 고(故)

Publishing companies receive an enormous number of **manuscripts** from would-be authors every year.
출판사는 매년 작가 지망생으로부터 굉장히 많은 숫자의 원고를 받는다.

0039 ★	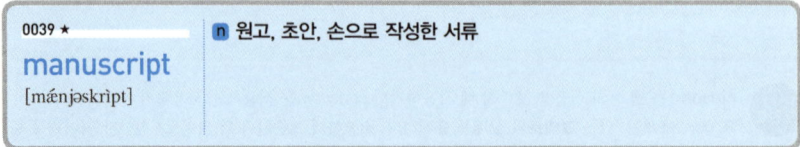 원고, 초안, 손으로 작성한 서류
manuscript	
[mǽnjəskrìpt]	

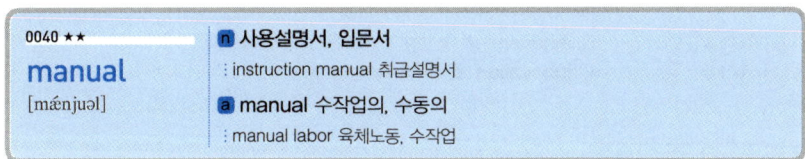

According to the **manual**, the satellite dish has to face exactly south by southwest for perfect reception.

설명서에도 있듯이 전파의 수신 상태를 완벽하게 하기 위해서는 위성 안테나를 정확하게 남남서로 향하게 해야 한다.

0040 ★★

manual
[mǽnjuəl]

n 사용설명서, 입문서
: instruction manual 취급설명서

a manual 수작업의, 수동의
: manual labor 육체노동, 수작업

The **directions** were so complicated that it took me more than an hour to assemble the bookshelves.

설명서가 아주 복잡해서 책장을 조립하는 데 한 시간도 더 걸렸다.

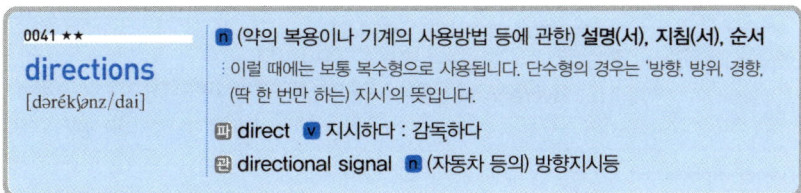

0041 ★★

directions
[dərékʃənz/dai]

n (약의 복용이나 기계의 사용방법 등에 관한) 설명(서), 지침(서), 순서
: 이럴 때에는 보통 복수형으로 사용됩니다. 단수형의 경우는 '방향, 방위, 경향, (딱 한 번만 하는) 지시'의 뜻입니다.

파 direct **v** 지시하다 : 감독하다

관 directional signal **n** (자동차 등의) 방향지시등

We will have to change the **specifications** of the entire product line if we want it to conform to EU regulations.

모든 제품을 EU 규격에 맞추려면 생산 라인 전반에 걸쳐 사양을 변경해야만 한다.

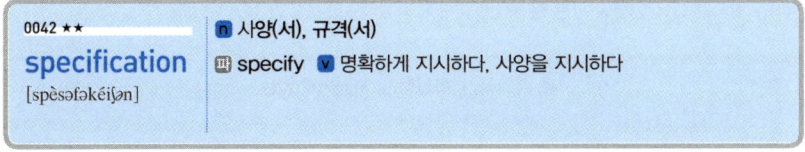

0042 ★★

specification
[spèsəfəkéiʃən]

n 사양(서), 규격(서)

파 specify **v** 명확하게 지시하다, 사양을 지시하다

conform (to) ~의 기준에 맞는 행동을 취하다

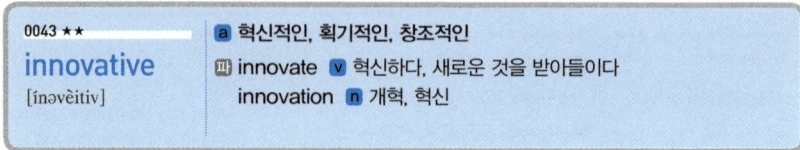

Sally resigned because the company kept rejecting her **innovative** ideas for new products.

신제품에 대한 샐리의 혁신적인 아이디어를 회사가 끊임없이 거절했기 때문에 그녀는 회사를 그만뒀다.

0043 ★★	ⓐ 혁신적인, 획기적인, 창조적인
innovative [ínəvèitiv]	四 innovate ⓥ 혁신하다, 새로운 것을 받아들이다 innovation ⓝ 개혁, 혁신

resign (회사 등으로부터) 퇴직하다

Companies are now looking for people who are capable of coming up with **inventive** solutions to problems.

기업은 문제에 대해 독창적인 해결책을 낼 수 있는 사람을 찾고 있습니다.

0044 ★★	ⓐ 발명의 재능이 있는 : 독창적인
inventive [invéntiv]	四 invent ⓥ 발명하다 invention ⓝ 발명

※ innovative product 독창적인 상품 / inventive genius 발명의 천재

 innovative는 독창적인 컨셉이나 물건, 상품 등에 사용하고, inventive는 발명의 재능이 있는 사람이나 그 생각을 가리킬 때 씁니다.

Dr. Peters received a major international award for her **groundbreaking** research on infectious diseases.

피터스 박사는 그 전염병에 관한 획기적인 연구로 국제적으로 중요한 상을 받았다.

0045	ⓐ 획기적인, 혁신적인, 지금까지 없는
groundbreaking [gráundbrèikiŋ]	: groundbreaking ceremony 기공식

infectious 감염증의

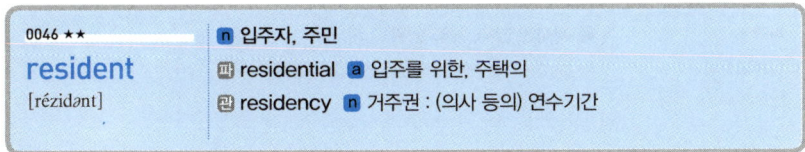

Residents of the state may send their children to the state university without having to pay tuition fees.

그 주(州)의 주민은 수업료를 내지 않고 자녀를 주립대학에 보낼 수 있다.

0046 ★★	n 입주자, 주민
resident	파 residential a 입주를 위한, 주택의
[rézidənt]	관 residency n 거주권 : (의사 등의) 연수기간

※ 이 경우, resident는 법적으로 해당 주에서 세금을 내고 선거권 등록이 되어 있는 주민을 가리킵니다.

Even though I've lived here for more than a year, I've never seen the occupant of the neighboring apartment.

벌써 1년 이상 이곳에서 살고 있지만 같은 아파트 옆집에 사는 사람을 본 적이 없다.

0047 ★★	n (아파트 등의) 입주자, 그곳을 점거하고 있는 사람
occupant	관 occupancy n 점유, 거주, 사용
[ákjəpənt]	occupation n 일, 업무, 점령

One of the most serious threats to the survival of animal species is the disappearance of their habitat.

동물의 종(種) 생존에 있어서 가장 중요한 위협 중 하나는 서식지의 소멸이다.

0048 ★	n (동물의) 서식지, 서식환경
habitat	관 inhabit v ~에 서식하다, 살다
[hǽbitæt]	inhabitant n 주민, 거주자

Computer companies lose a great deal of revenue every year as a result of software **piracy**.

컴퓨터 기업은 소프트웨어 저작권 침해 결과 매년 거액의 수입을 잃는다.

0049 ★

piracy
[páiərəsi]

🄝 저작권 침해, 해적 행위

🄟 pirate 🄝 해적, (출판물 등의) 해적판

※ pirate printing[CD]는 출판물[CD]의 해적판을 가리킵니다.

Reports of unusual crimes in the media often give rise to **copycat** crimes.

비정상적인 범죄의 보도는 종종 모방범죄를 증가시킨다.

0050 ★

copycat
[kápikæ̀t]

🄝 (구어 표현) 다른 이를 따라하는 사람

---

copycat crime 모방범죄

Mimicry is an important skill to master if you want to become a good actor.

좋은 연기자가 되고 싶다면, 모방은 배워야 하는 중요한 기술이다.

0051

mimicry
[mímikri]

🄝 모방, 모사

🄟 mimic 🄝 모방, 성대모사를 하는 사람
　　　　 🅥 흉내를 내며 놀리다
　　　　 🄐 모방의

※ mimicry memorization method 모방기억법 (어학 등에서 선생님을 따라 발음하며 배우는 방법)

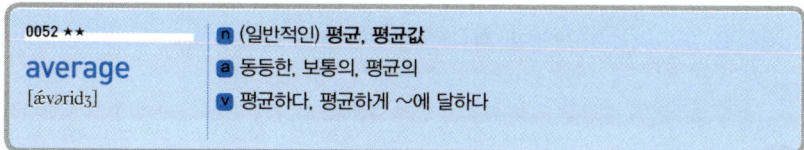

| average | mean | deviation |

The per capita income of Connecticut is much higher than the national **average**.

코네티컷 주의 1인당 소득은 국내 평균보다 훨씬 높다.

0052 ★★	**n** (일반적인) 평균, 평균값
average	**a** 동등한, 보통의, 평균의
[ǽvəridʒ]	**v** 평균하다, 평균하게 ~에 달하다

per capita 1인당

 Connecticut 주는 미국 동부 뉴욕시 근교에 위치한 주입니다. 뉴욕에서 일하는 엘리트들의 베드타운, 또는 유복한 사람들이 은퇴 후 주거지로도 유명합니다.

The performance of the students at Grover College is significantly above the national **mean**.

그로버 칼리지 학생들의 성적은 국내 평균치를 크게 웃돌고 있다.

0053 ★★	**n** 평균(값) (mean score 평균점수)
mean	**v** ~을 의미하다
[miːn]	**a** 평균의, 못된, (병 등의) 상태가 나쁜, 비참한

 동사의 과거, 과거분사는 meant가 되니까 주의하세요. 명사의 복수형 means는 '수단, 방법, 자력'의 뜻이 있습니다.

The leaders of the party will expel any members who advocate a **deviation** from the party's stated aims.

당의 지도자들은, 당이 제창한 목표에서 벗어난 주장을 하는 사람을 모두 제명할 것이다.

0054	**n** (본론에서) 벗어난 것, 탈선, 일탈, 편차(값)
deviation	**w** deviate **v** (본론·궤도에서) 벗어나다, 탈피하다
[dìːviéiʃən]	

※ deviation value 편차값 / standard deviation 표준편차

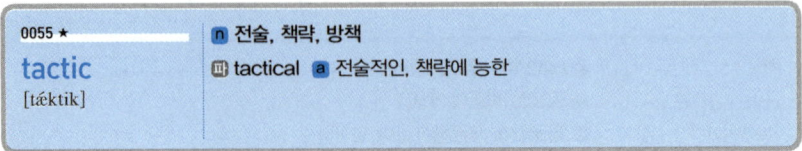

| Complete honesty is not always the best **tactic** in negotiations.

교섭의 장에서는 정직한 것이 최선의 전술일 수는 없다.

0055 ★ **tactic** [tǽktik]	**n** 전술, 책략, 방책 **ㅍ** tactical **a** 전술적인, 책략에 능한

 '전술, 책략'의 경우 tactics처럼 복수형으로 사용되는 경우가 많습니다. 형용사 tactical을 '기지가 넘치는, 재치 있는'이라는 뜻의 tactful과 착각하지 않도록 주의하세요.

| With the proposed changes in the tax law, many companies will have to change their investment **strategy**.

세법 개정에 관한 법안이 제출됨으로써 많은 기업이 투자 전략을 바꿔야 할 것이다.

0056 ★★ **strategy** [strǽtidʒi]	**n** 전략, 책략, 계획 **ㅍ** strategic **a** 전략의

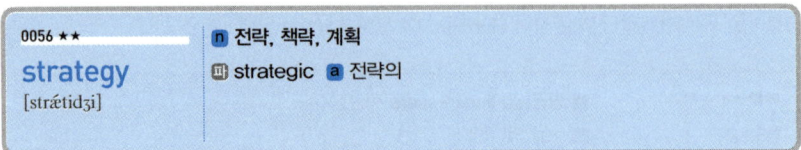

※ SALT(Strategic Arms Limitation Talks) 전략적 핵무기 제한 교섭

| The best **approach** to initiating this joint venture project is to contact Yuan Jones, their company consultant.

이 공동사업 프로젝트에 착수하기 위한 최선의 방법은 그들의 기업 컨설턴트인 유안 존스와 접촉하는 것이다.

0057 ★★ **approach** [əpróutʃ]	**n** (목적을 달성하기 위한) **방법, 전술** **v** 접근하다 **ㅍ** approachable **a** 접근하기 쉬운, 친근한

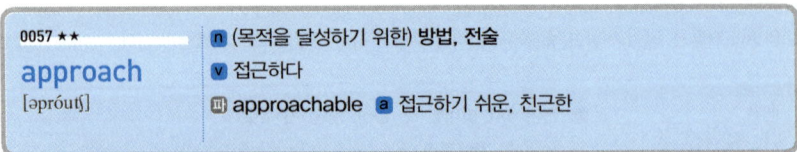

※ approach clearance (항공기 등의) 진입 허가

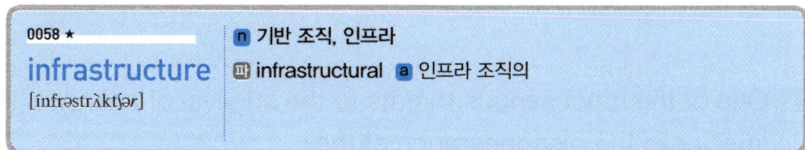

| infrastructure | subsidiary | affiliate |

The financial aid from the World Bank will be used primarily to improve the nation's transportation and telecommunications **infrastructure**.

세계은행으로부터의 재정 원조는 주로 그 나라의 수송 및 통신 관련 기반 조직을 개선하기 위해 사용될 것이다.

0058 ★
infrastructure
[ínfrəstrʌ̀ktʃər]

ⓝ 기반 조직, 인프라
ⓐⓓ infrastructural ⓐ 인프라 조직의

Himero Airlines became a **subsidiary** of Filipino Air. After that, 50% of the Himero crew was laid off.

히메로 항공은 필리피노 항공의 자회사가 되었다. 그 후 히메로 사의 승무원 50%가 해고되었다.

0058 ★★
subsidiary
[səbsídièri]

ⓝ 자회사, 보조금
ⓐ 자회사의, 보조적인

※ lay off는 원래 '일시 해고하다'라는 뜻인데 실제로는 '해고'와 같은 의미로 쓰입니다.

This health club is an **affiliate** of the Metropolitan Health network, and so members are free to use any of its facilities worldwide.

이 스포츠 클럽은 메트로폴리탄 헬스 계열의 계열사이기 때문에 회원은 세계에 있는 모든 시설을 자유롭게 이용할 수 있다.

0060 ★★
affiliate
[əfíliit]

ⓝ 제휴기관, 계열사, 가입회원
ⓐⓓ affiliated ⓐ 제휴하고 있는
affiliation ⓝ 업무제휴, (조직 등에의) 가입, 자매결연

---

network (조직망이 연결된) 관련기업, 경영망

39

빈칸에 해당하는 단어를 문장에 맞춰 바꿔 가면서 써보세요. (제한시간 5분)

1. The per capita income of Connecticut is much higher than the national _____ .

2. One of the most serious threats to the survival of animal species is the disappearance of their _____ .

3. Bernie got a part-time job handing out _____ for a newly opened restaurant.

4. Sally resigned because the company kept rejecting her _____ ideas for new products.

5. We will have to change the _____ of the entire product line if we want it to conform to EU regulations.

6. Turning off unnecessary lights in the home and the workplace is an easy and efficient way to _____ energy.

7. Computer companies lose a great deal of revenue every year as a result of software _____.

8. Mr. Howard had been vice-president of the company for almost two _____ before he was promoted to president.

9. With the proposed changes in the tax law, many companies will have to change their investment _____.

10. The financial aid from the World Bank will be used primarily to improve the nation's transportation and telecommunications _____.

innovative	flyer	conserve	decade
specifications	habitat	piracy	average
strategy	infrastructure		

해답은 418페이지에

Unit 03

convention	conference	symposium

> In his role as director of an agricultural cooperative, Jerry Condon flies all over the United States to attend farmers' **conventions**.

제리 콘든은 농업협동조합의 이사로서 농업종사자들의 총회에 출석하기 위해 미국 전역을 날아다닌다.

0061 ★★
convention
[kənvénʃən]

- ⓝ 총회, 회의, 조약, 관습, 관례
- ⓟ conventional ⓐ 틀에 박힌, 진부한

 TOEIC 포인트 convention은 정기적으로 개최되는 동업자나 조직의 모임으로 축제적인 요소가 강합니다. 정당이 홍보나 기부금 모금을 목적으로 개최하는 대회에도 사용된답니다.

※ annual convention 연차 총회
annual convention for the Democratic/Republican Party 민주당/공화당 연차전당대회

> The International **Conference** of the British Medical Association will take place in Edinburgh this year.

영국의학협회의 국제회의는 올해 에딘버러에서 개최된다.

0062 ★★
conference
[kánfərəns]

- ⓝ 회의, 상담, 협의
- ⓟ confer ⓥ 협의하다, (학위 등을) 수여하다

 TOEIC 포인트 conference는 convention과 같은 의미로 사용되는 경우도 있지만 좀 더 형식적인 주제별 회의나 학술회의를 뜻합니다. 또 기업 내 문제 해결을 위한 소규모 미팅, 학교 내부 회의에도 사용됩니다.

> Professor Alice Wyman read a paper on the novels of Haruki Murakami at a **symposium** on contemporary Japanese literature.

앨리스 와이먼 교수는 현대 일본 문학에 관한 심포지엄에서, 무라카미 하루키의 소설에 관한 논문을 발표했다.

0063 ★
symposium
[simpóuziəm]

- ⓝ (청중 앞에서의) 토론회, 심포지엄

 TOEIC 포인트 symposium은 특정 주제를 놓고 전문가와 학자가 모여 발표나 토론을 하는 회의로, 연설자가 청중 앞에서 강연하고 그 후 강연자끼리 토론을 하거나 참가자와 질의응답 등을 하는 것을 의미합니다.

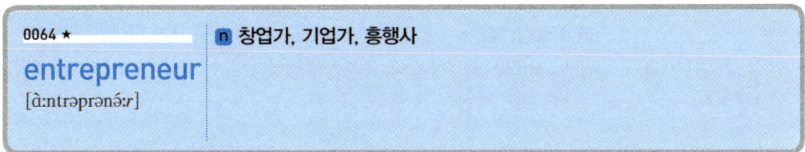

| entrepreneur | venture | speculation |

It is typical of **entrepreneurs** to sell off a business once it is successful and move on to a new idea.

하나의 사업이 일단 성공하면 그것을 매각하고, 새로운 기획으로 이행하는 것이 기업가의 전형이다.

0064 ★	ⓝ 창업가, 기업가, 흥행사
entrepreneur [ὰːntrəprənə́ːr]	

once it is~ 일단 ~하면 / move on (인생에서 다음 국면으로, 새로운 일로) 이행하다, 승진하다

Our shareholders are worried that the new **venture** in China may not deliver significant profits for the next five years.

우리 회사의 주주들은 중국에서의 새 벤처사업이 향후 5년간 두드러진 이익을 내지 못할까 우려하고 있다.

0065 ★★	ⓝ 벤처사업, 위험성이 큰 사업
venture [véntʃər]	ⓥ venture (into)~ ~에 도전하다

shareholder 주주 / significant 중대한, 의미 깊은, 현저한

Speculation can bring high financial rewards if it's successful, but it can also lead to financial ruin.

투기는 성공하면 엄청난 경제적 수익을 가져오지만 한편으로 파산을 초래할 수도 있다.

0066	ⓝ 투기, 추측, 억측
speculation [spèkjəléiʃən]	: speculation in future 선물투기
	ⓟ speculate ⓥ 투기하다, 추측하다
	speculative ⓐ 투기적인, 이론적인, 추리적인

reward 보수, 응보 / ruin 파탄, 폐허

43

Joe could not understand the writer's meaning, and expressed his **frustration** by throwing the book across the room.

작가의 의도를 이해하지 못한 조는 방 저편으로 책을 집어 던져 불만을 표출했다.

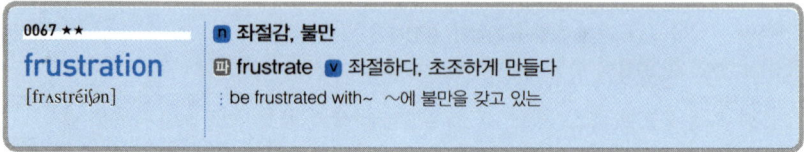

0067 ★★

frustration
[frʌstréiʃən]

ⓝ 좌절감, 불만

ⓟ frustrate ⓥ 좌절하다, 초조하게 만들다

: be frustrated with~ ~에 불만을 갖고 있다

Depression is one of the symptoms of a nervous **breakdown**.

우울증은 신경쇠약 증상 중 하나다.

As soon as you give us the **breakdown**, we will discuss it at the board meeting.

자세한 견적을 주시면, 바로 중역회의에서 논의하겠습니다.

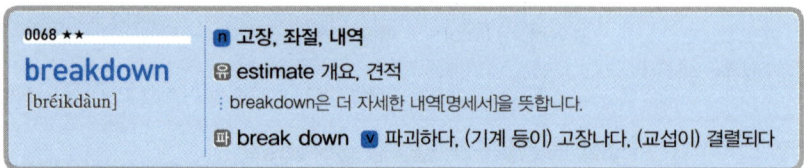

0068 ★★

breakdown
[bréikdàun]

ⓝ 고장, 좌절, 내역

ⓢ estimate 개요, 견적

: breakdown은 더 자세한 내역[명세서]을 뜻합니다.

ⓟ break down ⓥ 파괴하다, (기계 등이) 고장나다, (교섭이) 결렬되다

Our house-building project suffered a serious **setback** when the contractor went bankrupt.

우리 회사의 주택건설 프로젝트는 공사업체가 파산하여 큰 손실을 입었다.

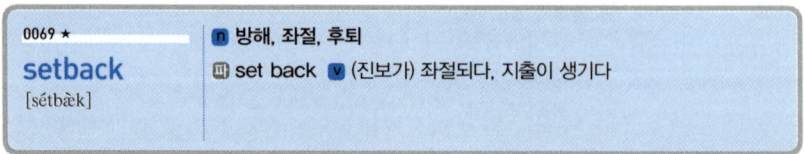

0069 ★

setback
[sétbæk]

ⓝ 방해, 좌절, 후퇴

ⓟ set back ⓥ (진보가) 좌절되다, 지출이 생기다

※ setback은 건설 규제의 일종으로, 인접한 집의 일조권 등을 침해하지 않도록 건축물의 일부를 부지의 경계선에서 일정 거리를 두고 짓는 것을 가리키기도 합니다.

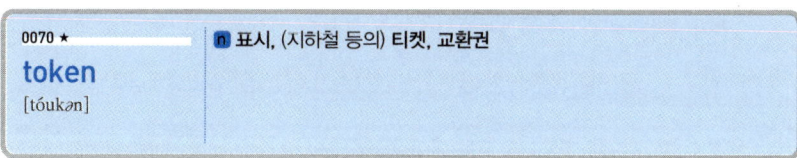

| token | hallmark | emblem |

❚ As a **token** of our appreciation, we are very pleased to present this gold
❚ watch to Mel for his thirty years of loyal service to our company.

멜이 30년간 우리 회사에 충성을 다한 것에 대한 감사의 표시로, 이 금시계를 증정하게 된 것을 무척 기쁘게 생각합니다.

0070 ★
token
[tóukən]

ⓝ 표시, (지하철 등의) 티켓, 교환권

※ 〈token을 사용한 표현〉
by the same token 같은 이유로 / for the token of (appreciation) (감사)의 표시로
token payment (국가간 채무 등에서) 일부를 지불하는 것

❚ Senator Agnes Ludlow's **hallmark** is her integrity, which is rather a rare
❚ quality among politicians.

상원의원인 아그네스 러드로우 씨의 훌륭한 점은 정치가로서는 보기 힘든 성실함이다.

0071 ★
hallmark
[hɔ́:lmɑ̀:rk]

ⓝ (고품질의) 표시, 좋은 평판, 특징
: 귀금속의 순도를 증명하는 표시에서 유래.

---

integrity 성실, 고결, 품위

❚ The chrysanthemum is an **emblem** of the Japanese royal family.

국화는 일본 왕실의 상징이다.

0072
emblem
[émbləm]

ⓝ (국가, 가문 등의) 문장, 상징

---

chrysanthemum 국화

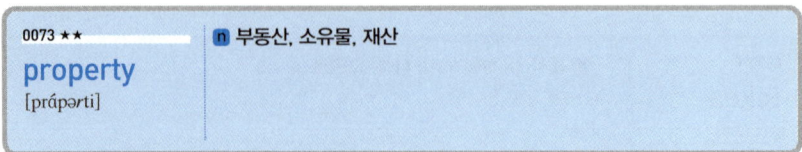

| property | asset | real estate |

The copyright on Ernest's novels will be the **property** of his heirs after his death.

어니스트의 소설 저작권은 그의 사후 상속인의 소유가 될 것이다.

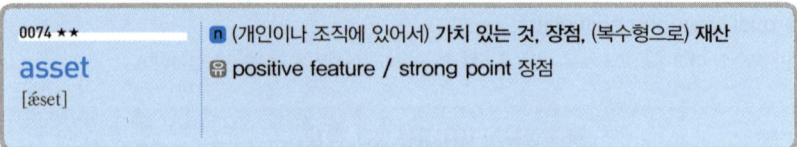

0073 ★★

property
[prápərti]

ⓝ 부동산, 소유물, 재산

※ intellectual property right(IPR) 지적재산권 / property tax 재산세

A strong sales division is our firm's most valuable **asset**.

강력한 영업부가 우리 회사의 가장 큰 장점이다.

0074 ★★

asset
[ǽset]

ⓝ (개인이나 조직에 있어서) 가치 있는 것, 장점, (복수형으로) 재산

ⓢ positive feature / strong point 장점

In order to save the company, we will have to sell our 20 acres of **real estate** in Connecticut as soon as possible.

회사를 살리기 위해서는 코네티컷 주에 있는 회사 소유의 부동산 20에이커를 조속히 매각해야만 한다.

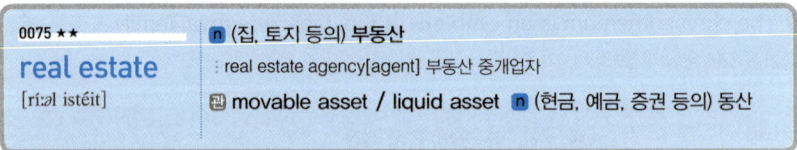

0075 ★★

real estate
[ríːəl istéit]

ⓝ (집, 토지 등의) **부동산**

: real estate agency[agent] 부동산 중개업자

ⓐ movable asset / liquid asset ⓝ (현금, 예금, 증권 등의) 동산

acre (면적의 단위) 에이커
※ 1 acre = 4,047m²

46

There's a **saying** in our country: "A bright sunset means a good catch the next day."

우리나라에는 '노을이 진하면 다음날에는 물고기가 잘 잡힌다'라는 속담이 있다.

0076 ★★	**n** 격언, 속담
saying [séiiŋ]	

On returning home after many years of working overseas, Ivan really felt the truth of the **proverb**, "There's no place like home."

오랫동안 해외에서 일하고 귀국한 아이반은 '고향만한 곳이 없다'는 속담을 절실하게 느꼈다.

0077 ★	**n** 속담, 금언, 교훈
proverb [právə:rb]	**ad** proverbial **a** 속담으로 사용되는, 잘 알려진

Professor Cain used to quote **aphorisms** of Shakespeare in his lectures.

케인 교수는 강의할 때 셰익스피어의 격언을 인용하곤 했다.

0078	**n** 경구, 격언
aphorism [ǽfərìzəm]	

quote 인용하다, (가격 등을) 견적 내다

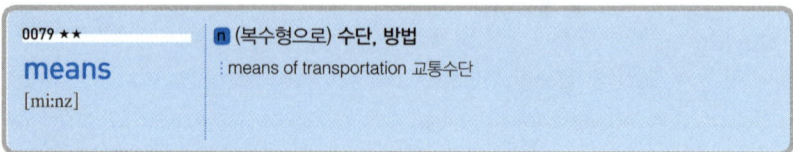

We know the suspect had the **means** and the opportunity to commit the murder, but he does not appear to have a motive.

우리들은 용의자가 살인을 저지를 수단과 기회가 있었다는 것을 알지만, 그에게는 동기가 없는 것처럼 보인다.

0079 ★★ **means** [miːnz]	⋒ (복수형으로) 수단, 방법 : means of transportation 교통수단

appear to~ ~처럼 보이다[여겨지다]
※ mean은 '평균'이라는 의미도 있습니다.

Students were impressed by Mr. Wing's inspiring lecture, which clearly showed the **measure** of his intellect.

학생들은 윙 씨의 멋진 강연에 감명을 받았다. 그것은 그의 높은 지성을 그대로 보여주는 것이었다.

0080 ★★ **measure** [méʒər]	⋒ 기준, 척도, 측정기구, (복수형으로) 수단, 대책 ⒱ (사이즈, 양 등을) 재다

When I was in elementary school, the teachers punished us if we did not bring a pencil, a notebook and a **ruler** to class with us every day.

내가 초등학생이었을 때 선생님들은 우리가 매일 수업 시간에 연필, 노트, 자를 가지고 오지 않으면 벌을 주었다.

0081 **ruler** [rúːlər]	⋒ 자 ⊞ triangle ruler ⋒ 삼각자 / scale ⋒ 저울, 체중계 tape measure ⋒ 줄자

punish 벌하다

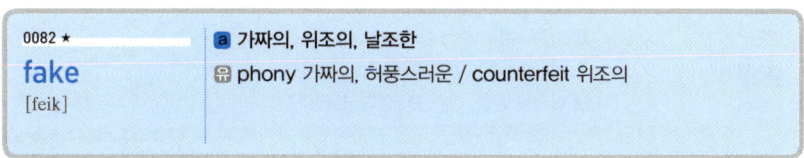

The criminal used a **fake** ID to open a bank account and get a driver's licence.

범인은 위조 신분증을 사용해 은행계좌를 개설했고 운전면허증을 취득했다.

0082 ★	@ 가짜의, 위조의, 날조한
fake	🔁 phony 가짜의, 허풍스러운 / counterfeit 위조의
[feik]	

ID(= identification) 신분증

John is so **shallow**. All he ever talks about is sports and video games.

존은 매우 천박한 녀석이다. 그가 하는 말은 모두 스포츠와 비디오게임에 관한 것뿐이다.

0083 ★★	@ (지식이나 언동이) **천박한**, (물이) **얕은**
shallow	
[ʃǽlou]	

Loris talks well, but I feel her knowledge is only **superficial**. We really need a consultant who is an expert in the field of Asian trade.

로리스는 말을 잘하지만 그녀의 지식은 피상적이라고 생각한다. 우리에게 실제로 필요한 것은 아시아 무역 분야를 전문으로 하는 컨설턴트다.

0084	@ 표면상의, 피상적인
superficial	🅟 superficially @ 표면적으로, 피상적으로, 얼핏
[sjùːpərfíʃəl]	🅟 on the surface @ 표면적으로는, 겉으로는

49

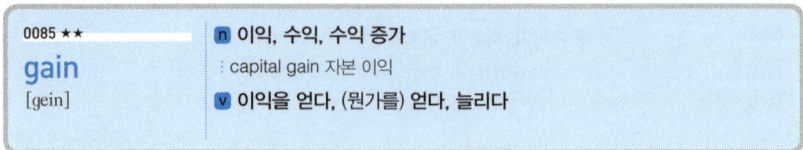

| gain | increase | increment |

According to our fiscal report, we seem to have managed to come through this period of depression with some **gain**.

우리 회사의 재정보고서에 따르면, 회사는 가까스로 이번 불경기를 잘 넘기고 수익을 낸 것 같다.

0085 ★★

gain
[gein]

n 이익, 수익, 수익 증가
: capital gain 자본 이익

v 이익을 얻다, (원가를) 얻다, 늘리다

---

fiscal report 재정보고서 / manage to 가까스로 ∼하다

There has been an enormous **increase** in the number of cooking programs on television in the last few years.

최근 몇 년 사이 TV 요리 프로그램의 수가 급증했다.

0086 ★★

increase
[ínkríːs]

n 증가, 수익 증가

v 늘어나다, (업적 등이) 신장하다

⊞ decrease **n** 절감, 수익 감소 **v** 감소하다

Not all the full-time workers get an annual pay raise in the form of a fixed **increment**.

정직원 모두가 정기 승급의 형태로 매년 급여가 올라가지는 않는다.

0087

increment
[ínkrəmənt]

n 증가, 수입 증가, 증식
: fixed increment 정기 승급

⊞ decrement **n** 감소, 가격 저하 **v** (수치가) 감소하다

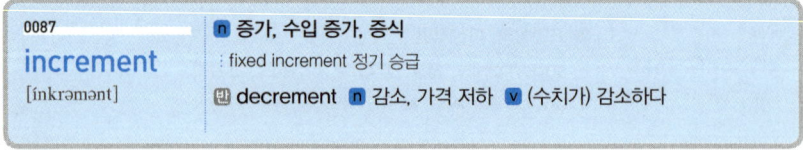

increase는 '생산량, 매상고, 사람 수 등의 증가, 수익 증가', increment는 '정해진 기본 금액(예금액, 기본급 등)에서 이율로 증가하는 금액, 수치의 증가'를 가리킵니다.

| compromise | admit | concede |

The two governments had no choice but to **compromise** on certain conditions so that the beef would be promptly imported into the country.

그 나라에 소고기가 즉시 수입되기 위해서 양국 정부는 몇 가지 조건들을 타협할 수밖에 없었다.

0088 ★★	**v** 타협하다, 화해하다
compromise	**n** 양보, 담판, 타협
[kámprəmàiz]	**유** conciliate / arbitrate 화해하다, 조정하다
	conciliation / arbitrate 화해, 조정

※ conciliate는 자발적인 화해, arbitrate는 법적 강제력에 의한 화해를 의미합니다.

Jean was **admitted** to Purdue University, which was her first choice.

진은 1지망이었던 퍼듀 대학의 입학 허가를 받았다.

Frank **admitted** that the fire at the factory broke out as a result of his negligence.

프랭크는 공장의 화재가 자신의 태만의 결과로 발생했음을 인정했다.

0089 ★★	**v** 허용하다, ~할 여지가 있다, (나쁜 짓을) 했다고 인정하다
admit	**파** admittance **n** (어느 장소에 들어가는 것의) 허가
[ədmít]	**파** admission **n** (입장, 입학 등의) 허가, 입장료

※ admission free 무료입장

The administration finally **conceded** its employees' right to take child-care leave.

경영진은 마침내 육아휴직에 관한 직원들의 권리를 인정했다.

0090	**v** (패배나 잘못을) 인정하다, 양보하다
concede	**파** concededly **ad** 명백히
[kənsíːd]	

※ concede는 '자만, 자부심'이라는 뜻의 conceit와 발음이 비슷하기 때문에 자주 혼동되니 조심하세요.

51

빈칸에 해당하는 단어를 문장에 맞춰 바꿔 가면서 써보세요. (제한시간 5분)

1. As a _____ of our appreciation, we are very pleased to present this gold watch to Mel for his thirty years of loyal service to our company.

2. It is typical of _____ to sell off a business once it is successful and move on to a new idea.

3. Depression is one of the symptoms of a nervous _____.

4. In his role as director of an agricultural cooperative, Jerry Condon flies all over the United States to attend farmers' _____.

5. A strong sales division is our firm's most valuable _____.

6. According to our fiscal report, we seem to have managed to come through this period of depression with some _____.

7. Students were impressed by Mr. Wing's inspiring lecture, which clearly showed the _____ of his intellect.

8. The criminal used a _____ ID to open a bank account and get a driver's licence.

9. Professor Cain used to quote _____ of Shakespeare in his lectures.

10. The two governments had no choice but to _____ on certain conditions so that the beef would be promptly imported into the country.

breakdown	aphorism	convention	entrepreneur
compromise	token	measure	fake
asset	gain		

해답은 418페이지에

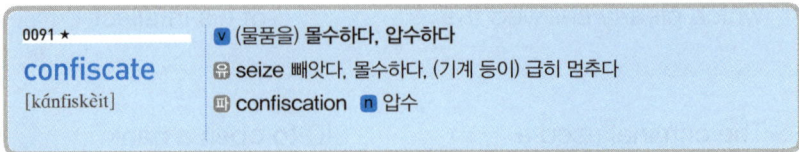

Sorry, your pine cone object has to be **confiscated**. You are not allowed to bring any plants or plant-related products into this country.

죄송하지만 당신의 소나무 가지를 몰수해야겠습니다. 이 나라에는 식물과 식물 관련 제품을 들여올 수 없습니다.

0091 ★ **confiscate** [kánfiskèit]	v (물품을) 몰수하다, 압수하다 유 seize 빼앗다, 몰수하다, (기계 등이) 급히 멈추다 파 confiscation n 압수

> **Useful 포인트** 테러 행위가 늘어난 요즘 공항에서는 화물 검사가 엄격해져, 기내에 반입할 수 있는 품목에 제약이 가해지고 있습니다.

If a full month rent is not paid in 10 days, you will **forfeit** your right to keep this condominium.

10일 이내에 한 달 분의 임대료를 지불하지 않으면 당신은 이 아파트에 거주할 수 있는 권한을 잃게 됩니다.

0092 ★★ **forfeit** [fɔ́ːrfit]	v (명예, 권리 등을) 잃다, 박탈당하다 n 몰수, 벌금 유 be deprived of~ ~를 박탈당하다 　　lose 잃다

You should never **waive** your right to demand payment for the damage of your car. The accident was entirely his fault.

사고는 전적으로 그의 책임이었기 때문에 당신은 절대 자동차 손상에 대한 배상을 요구할 권리를 포기해선 안 된다.

0093 ★ **waive** [weiv]	v (권리 등을) 포기하다, (벌 등을) 유예하다 유 abandon 방기하다 / give up 포기하다 　　not claim (자신의 소유권 등을) 주장하지 않다 파 waiver n 권리 포기

damage 손상, 손실

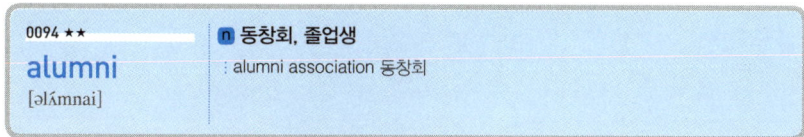

Smith College Alumni Association will hold its annual overnight retreat in Mt. Snow on July 15.

스미스 대학의 동창회는 연례 1박 엠티를 7월 15일에 마운트 스노우에서 가질 예정입니다.

0094 ★★	n 동창회, 졸업생
alumni [əlʌ́mnai]	: alumni association 동창회

※ alumnus는 단수형으로, 보통 복수형인 alumni를 사용합니다.

If your daughter is interested in applying to Pheaton College, my alma mater, I shall be happy to introduce her to the dean.

따님이 제 모교인 피튼 칼리지에 입학을 신청할 의향이 있다면 기꺼이 학과장에게 따님을 소개하겠습니다.

0095 ★★	n 모교, 출신학교
alma mater [ǽlmə méitər]	

 dean은 '학과장', president는 '학장', principal은 '교장'을 지칭합니다.

Many of my fellow sorority members have become my lifelong friends, while others have given me invaluable career advice.

여학생 클럽의 멤버 중에는 내 평생 친구가 된 사람도 많고, 경력에 귀중한 조언을 해주는 사람도 있다.

0096	n 여학생 클럽
sorority [sərɔ́(:)rəti]	

0097	n 남학생 클럽
fraternity [frətə́:rnəti]	

※ sorority와 fraternity의 멤버들은 스포츠클럽이나 동호회 등과 연결되어 한 집을 빌려 함께 생활하는 경우가 많기 때문에 졸업 후에도 강한 연대감을 유지합니다.

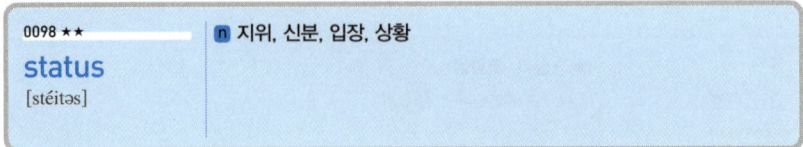

Teachers have high social **status**, but earn relatively low salaries.

교사는 사회적 지위는 높지만 급여는 비교적 낮다.

0098 ★★	n 지위, 신분, 입장, 상황
status	
[stéitəs]	

social status 사회적 지위 / relatively 비교적, 상대적으로

George's **standing** in his local community fell drastically after he was convicted of drunk driving.

조지는 음주운전으로 유죄 판결을 받은 후 지역사회에서의 입지가 곤두박질쳤다.

0099 ★★	n 지위, 신분, 입장, (자신이 놓인) 상황
standing	유 position 지위
[stǽndiŋ]	

drastically 대대적으로, 급격히 / be convicted of ~로 유죄를 선고받다 / drunk[drunk(en)/intoxicated] driving 음주운전

 미국에서는 음주운전을 DUI(=Driving Under the Influence), 즉 '음주 및 약품의 영향 하에서의 운전'
이라고 합니다. 반드시 술에만 적용되는 게 아닙니다.

The **reputation** of the workforce in the city had a big impact on our decision to relocate our factory there.

그 마을의 노동력에 대한 높은 평가가 그곳으로 공장을 이전하는 회사의 결정에 큰 영향을 미쳤다.

0100	n 좋은 평판, 호평
reputation	파 reputable a 호평을 받은, 평판이 좋은
[rèpjə(:)téiʃən]	

workforce (집합명사로) 노동력, 노동인구 / impact 영향, 반향, 충격

notice	alert	warning

According to my rental contract, I have to give the owner of my apartment two months' **notice** if I want to move out.

임대계약서에 따르면 이사 가기 2개월 전에 아파트 주인에게 그 사실을 알려야 한다.

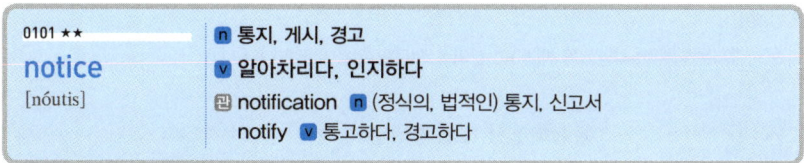

0101 ★★
notice
[nóutis]

- **n** 통지, 게시, 경고
- **v** 알아차리다, 인지하다
- 🔁 notification **n** (정식의, 법적인) 통지, 신고서
  notify **v** 통고하다, 경고하다

give a notice 고지하다, 통지하다

The weather bureau's tornado **alert** was issued too late for the residents to evacuate safely.

기상청의 토네이도 경보는 주민들이 안전하게 피난하기에는 너무 늦게 발령되었다.

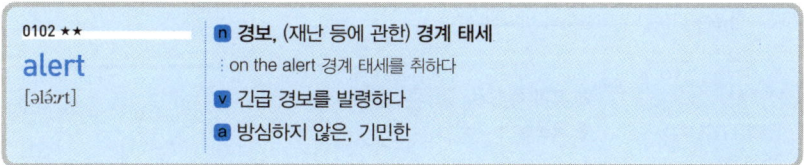

0102 ★★
alert
[əláːrt]

- **n** 경보, (재난 등에 관한) 경계 태세
  : on the alert 경계 태세를 취하다
- **v** 긴급 경보를 발령하다
- **a** 방심하지 않은, 기민한

evacuate 피난하다

All the flights have been canceled due to the hurricane **warning** in Florida.

플로리다에 내려진 허리케인 경보 때문에 모든 항공편이 결항되었다.

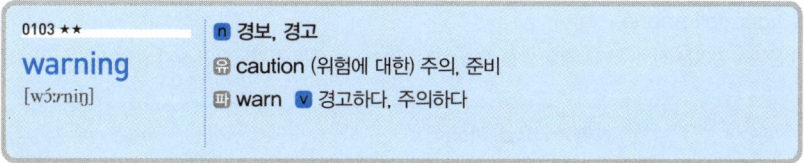

0103 ★★
warning
[wɔ́ːrniŋ]

- **n** 경보, 경고
- 🔁 caution (위험에 대한) 주의, 준비
- 🔁 warn **v** 경고하다, 주의하다

TOEIC 포인트 alert(경보)는 warning(경계경보)보다 좀 더 사태가 긴박할 때 사용하기 때문에 빠른 대응이 필요합니다.

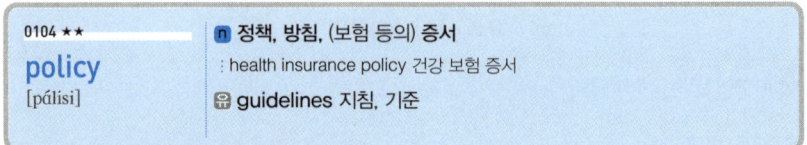

Our father's **policy** was to be always honest with his children.

아이들에게 언제나 솔직하자는 것이 우리 아버지의 방침이었다.

This insurance **policy** guarantees the payment of $500,000 in case of your death.

이 보험증서는 당신이 사망했을 때 50만 달러를 지급할 것을 보증합니다.

0104 ★★	n 정책, 방침, (보험 등의) 증서
policy	: health insurance policy 건강 보험 증서
[pálisi]	🔁 guidelines 지침, 기준

The **premium** for health insurance policies gets more expensive as people get older.

건강 보험료는 나이가 많아질수록 비싸진다.

0105 ★★	n 보험료, 상금, 할증료
premium	a 고품질의, 고급의
[prí:miəm]	

※ premium for long-term care insurance 장기요양 보험료 / premium gasoline 고급 휘발유

There will be no **surcharge** for transferring all your calls and messages to your cell phone.

당신에게 걸려온 전화나 메시지를 당신 휴대폰으로 전송하는 데는 추가요금이 들지 않습니다.

0106 ★★	n 추가요금, 과징금
surcharge	: surcharge on imports 수입 과징금
[sə́:rtʃɑ̀:rdʒ]	

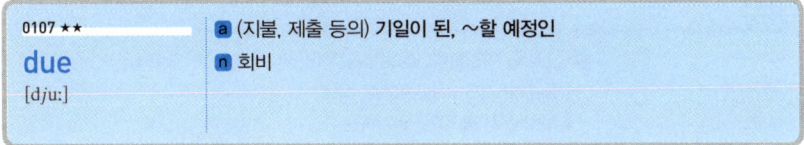

▌ Right now, I'm in my 20th week. And our baby is **due** early July.

현재 저는 임신 20주째이고, 아기는 7월 초에 태어날 예정입니다.

0107 ★★	ⓐ (지불, 제출 등의) 기일이 된, ~할 예정인
due [dju:]	ⓝ 회비

※ **due date** 마감일(=deadline), (보험 등의) 만기일, (출산의) 예정일

▌ His flight is **overdue** it should have arrived half an hour ago.

그가 탄 비행기가 늦어지고 있다. 벌써 30분 전에 도착했어야 하는데.

0108 ★★	ⓐ 기한이 지난, (지불 등이) 늦어지고 있는
overdue [òuvərdjúː]	㊤ past-due 기한이 지나

▌ I'm afraid you can't use this credit card; the **expiration** date was last month.

유감스럽게도 이 신용카드는 사용하실 수 없습니다. 지난달로 만기일이 지났습니다.

0109 ★★	ⓝ 기한 종료
expiration [èkspəréiʃən]	⑪ expire ⓥ 기한이 끝나다

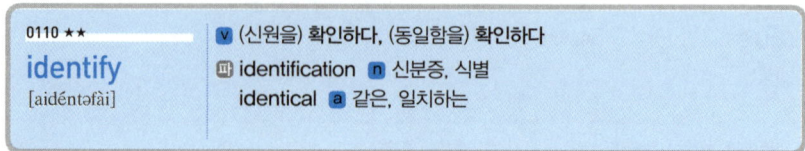

Bar codes are used to **identify** not only merchandise but also individual insects such as bees and beetles.
바코드는 상품의 분류만이 아니라 꿀벌이나 딱정벌레 같은 곤충의 개체식별에도 사용된다.

0110 ★★ **identify** [aidéntəfài]	**v** (신원을) 확인하다, (동일함을) 확인하다 **ᴰ** identification **n** 신분증, 식별 identical **a** 같은, 일치하는

 신분증(identification)은 기재 내용과 본인과 일치(identify)한다는 것을 확인하기 위한 것입니다.

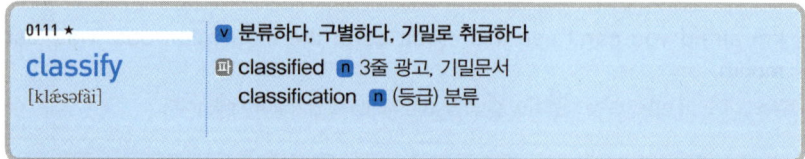

The books in the library are **classified** according to subject matter and author.
도서관의 책들은 주제와 저자별로 분류되어 있다.

If you want a clerical job, look it up in the **classifieds** under wanted ad.
사무직을 찾고 있다면 구인광고 아래의 3줄짜리 광고를 보는 게 좋다.

0111 ★ **classify** [klǽsəfài]	**v** 분류하다, 구별하다, 기밀로 취급하다 **ᴰ** classified **n** 3줄 광고, 기밀문서 classification **n** (등급) 분류

wanted ad 모집란, 구인광고

I would **categorize** Henry as a habitual liar; he never tells the truth.
나는 헨리를 상습적인 거짓말쟁이로 분류한다. 그는 절대 진실을 말하지 않는다.

0112 ★ **categorize** [kǽtəgəràiz]	**v** 분류하다 **ᴰ** category **n** 종류, 부류

 categorize는 classify와 의미가 비슷하지만 categorize는 예문처럼 개성이나 성격 등에 의한 분류에도 사용되는 반면, classify는 개성과 관련해서는 사용하지 않습니다.

60

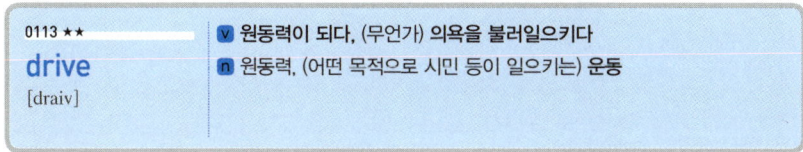

China's demand for raw materials is **driving** the economic expansion of resource-rich countries such as Australia and Canada.

중국의 원자재 수요는 천연자원이 풍부한 호주나 캐나다 등의 경제성장을 촉진하고 있다.

0113 ★★ **drive** [draiv]	v 원동력이 되다, (무언가) 의욕을 불러일으키다 n 원동력, (어떤 목적으로 시민 등이 일으키는) 운동

economic expansion 경기 확대, 경제성장 / resource-rich country 천연자원이 풍부한 나라

The new tax law will **impose** a great burden on people in the middle-income bracket.

새로운 세법은 중산층에게 매우 무거운 부담을 지울 것이다.

0114 ★ **impose** [impóuz]	v 억지로 밀어붙이다, 부과하다 : impose on/upon~ ~를 억지로 밀어붙이다, 예고 없이 방문하다 imposition n 강제, 강요, 과세

burden 부담 / middle-income bracket 중산층

You cannot **compel** the audience to applaud. Applause has to come spontaneously.

청중에게 박수를 강요할 수 없어. 박수는 자연스럽게 터져 나와야 하는 거지.

0115 ★ **compel** [kəmpél]	v 억지로 ~하도록 강요하다, 굴복시키다 compelling a 어쩔 수 없는, 절실한, 설득력이 있는

applaud 박수갈채를 보내다, 칭찬하다

61

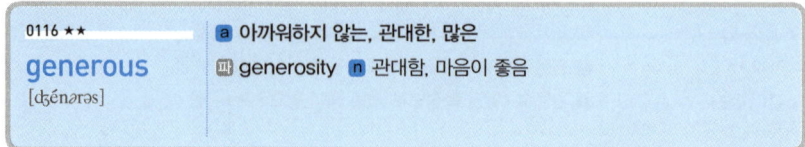

| generous | lenient | indulgent |

▎You shouldn't give **generous** gifts just to look good in the eyes of others.
다른 사람에게 좋게 보이기 위해 선물 공세를 펼치는 일은 그만두는 편이 낫다.

0116 ★★	ⓐ 아까워하지 않는, 관대한, 많은
generous [dʒénərəs]	▣ generosity ⓝ 관대함, 마음이 좋음

in the eyes of others 다른 사람의 눈에

▎A teacher's **lenient** attitude may be considered his or her weak point.
교사의 무른 태도는 단점으로 보일 수도 있다.

0117 ★	ⓐ (태도가) 무른, 관대한, 다정한
lenient [líːniənt]	ⓔ easygoing 허물없는, 편한
	▣ leniency ⓝ 관대함, 인자함, 연민

weak point 약점, 단점 ⟷ strong point 장점

▎My parents were very **indulgent** toward me; they let me do whatever I wanted.
부모님은 내게 무척이나 관대했다. 그분들은 내가 바라는 것은 무엇이든 들어주었다.

0118 ★	ⓐ 너그럽게 봐주는, 관대한
indulgent [indʌ́ldʒənt]	ⓔ tolerant 관용적인
	▣ indulge ⓥ (약이나 술 등에) 빠지다, 마음대로 하게 하다
	﹕indulge oneself in (쾌락, 취미 등에) 빠지다
	indulgence ⓝ (약, 술 등에) 탐닉하는 것

 indulge는 부정적인 의미를 지닐 때가 많습니다.
If parents indulge their children's every desire, they risk spoiling them.
아이들의 모든 욕구를 너그럽게 받아주면 그들을 망칠 우려가 있다.

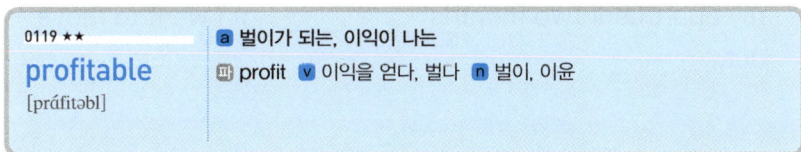

The general view is that most new businesses do not become **profitable** for at least three years.

대부분의 신규 사업은 적어도 3년간은 이익을 내지 못한다는 것이 일반적인 견해다.

0119 ★★	ⓐ 벌이가 되는, 이익이 나는
profitable	ⓟ profit ⓥ 이익을 얻다, 벌다 ⓝ 벌이, 이윤
[práfitəbl]	

general view 일반적인 견해, 종합적인 사고

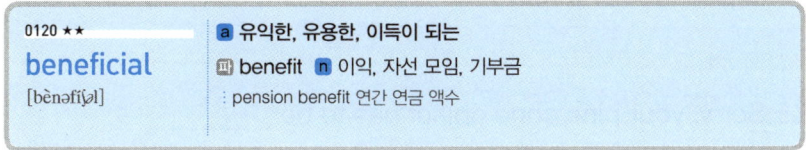

We would very much like to be given the opportunity to discuss how our technology could be **beneficial** to your industry.

우리 회사의 기술이 귀사에 얼마나 도움이 될지 이야기할 기회가 꼭 있었으면 합니다.

0120 ★★	ⓐ 유익한, 유용한, 이득이 되는
beneficial	ⓟ benefit ⓝ 이익, 자선 모임, 기부금
[bènəfíʃəl]	: pension benefit 연간 연금 액수

technology 기술, 과학기술

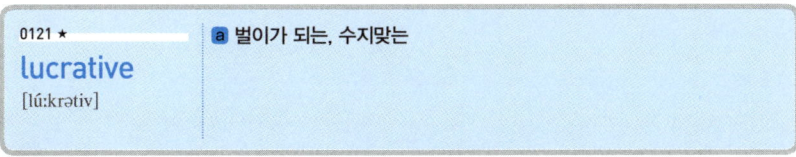

It is unrealistic to expect to get a **lucrative** job immediately after you graduate from university.

대학을 졸업하자마자 높은 연봉의 일자리를 얻는 것을 기대하는 것은 현실적으로 불가능하다.

0121 ★	ⓐ 벌이가 되는, 수지맞는
lucrative	
[lúːkrətiv]	

TOEIC 포인트 profitable은 '사업상 이윤이 큰', lucrative는 '벌이가 좋은'이라는 의미입니다.

63

빈칸에 해당하는 단어를 문장에 맞춰 바꿔 가면서 써보세요. (제한시간 5분)

1. According to my rental contract, I have to give the owner of my apartment two months' _____ if I want to move out.

2. My parents were very _____ toward me; they let me do whatever I wanted.

3. The _____ of the workforce in the city had a big impact on our decision to relocate our factory there.

4. Sorry, your pine cone object has to be _____. You are not allowed to bring any plants or plant-related products into this country.

5. The _____ for health insurance policies gets more expensive as people get older.

6. I'm afraid you can't use this credit card; the _____ date was last month.

7. Bar codes are used to _____ not only merchandise but also individual insects such as bees and beetles.

8. The new tax law will _____ a great burden on people in the middle-income bracket.

9. Smith College _____ Association will hold its annual overnight retreat in Mt. Snow on July 15.

10. We would very much like to be given the opportunity to discuss how our technology could be _____ to your industry.

힌트	reputation	premium	confiscate	alumni
	expiration	notice	impose	identify
	indulgent	beneficial		

해답은 418페이지에

CD 05

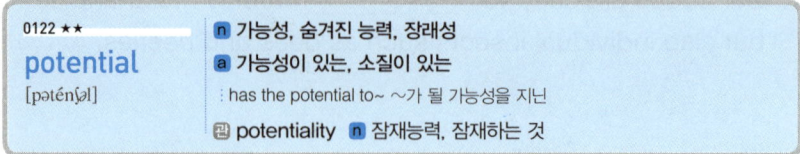

| potential | probability | prospect |

Trudy has the **potential** to become the most successful sales executive in the history of the company.

트루디는 회사 역사상 가장 성공한 판매 담당 중역이 될 가능성이 있다.

0122 ★★	n 가능성, 숨겨진 능력, 장래성
potential	a 가능성이 있는, 소질이 있는
[pətén∫əl]	: has the potential to~ ~가 될 가능성을 지닌
	파 potentiality n 잠재능력, 잠재하는 것

sales executive 판매 담당 중역

You have a higher **probability** of dying in an air crash than of winning first prize in the lottery.

복권 1등에 당첨되는 것보다 비행기 사고로 죽을 가능성이 더 높다.

0123 ★★	n 확률, 공산
probability	파 probable a 다분히 있을 법한, 일어날 수 있는
[prὰbəbíləti]	

※ probability는 확률[우연]에 의한 가능성, potential은 능력에 의한 가능성을 말합니다.

After a successful round of talks between the leaders of the two countries, **prospects** for peace in the region seem brighter.

두 나라 사이의 정상회담이 성공적으로 끝난 이후로 이 지역 평화에 대한 전망은 밝을 것으로 보인다.

0124 ★★	n 예정, 예상, 기대, 전망
prospect	동 expectation 예상, 기대
[práspèkt]	outlook 전망, 시야
	파 prospective a 전망이 있는, 예상되는, 장래의

round of talks 회담, 협의

| versatile | adaptable | diverse |

Will is not a great musician but he is very **versatile**; he plays piano, guitar, trumpet and violin.

윌은 위대한 음악가는 아니지만 다재다능하다. 그는 피아노, 기타, 트럼펫, 바이올린을 연주할 수 있다.

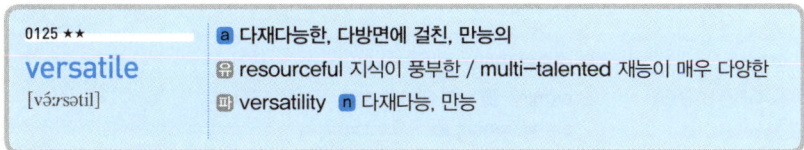

0125 ★★
versatile
[vɔ́ːrsətil]

ⓐ 다재다능한, 다방면에 걸친, 만능의
ⓢ resourceful 지식이 풍부한 / multi-talented 재능이 매우 다양한
ⓟ versatility ⓝ 다재다능, 만능

Being **adaptable** and also trilingual, Cathy was immediately chosen to work in the UN Office in Geneva.

캐시는 적응력이 뛰어나고 3개 국어를 할 수 있기 때문에 곧바로 제네바의 UN사무국 근무에 선발되었다.

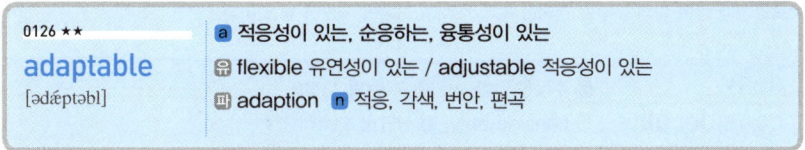

0126 ★★
adaptable
[ədǽptəbl]

ⓐ 적응성이 있는, 순응하는, 융통성이 있는
ⓢ flexible 유연성이 있는 / adjustable 적응성이 있는
ⓟ adaption ⓝ 적응, 각색, 번안, 편곡

Because of his **diverse** experience, David Goodwin developed strong skills as a business consultant.

데이비드 굿윈은 다양한 경험 덕분에 비즈니스 컨설턴트로서의 강력한 실력을 계발할 수 있었다.

0127
diverse
[divɔ́ːrs]

ⓐ 다양한, 분산한, 여러 가지의
ⓢ various 각종의, 다양한 / miscellaneous 각종의, 잡다한
ⓟ diversity ⓝ 다양성, 상이점
diversify ⓥ 다양화하다, 다각화하다

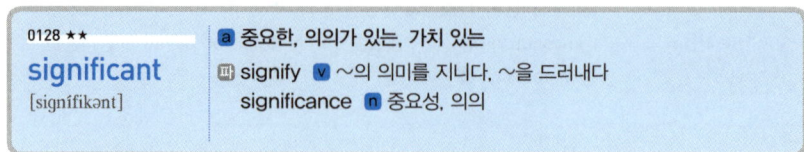

| significant | considerable | noteworthy |

The City just landed one of the most **significant** investments in years; a factory to manufacture two million printers annually.

그 시(市)는 최근 몇 년 사이에 가장 중요한 기업 투자를 유치했다. 연 200만 대의 프린터를 생산하는 공장이 그것이다.

0128 ★★	**a** 중요한, 의의가 있는, 가치 있는
significant	**파** signify **v** ~의 의미를 지니다, ~을 드러내다
[signífikənt]	significance **n** 중요성, 의의

land 손에 넣다, 획득하다, 착륙시키다 / investment 투자, 출자

Keen's **considerable** experience in the field of robotics will make him a great asset to our organization.

로봇공학에 관한 킨의 풍부한 경험은 우리 조직에 귀중한 자산이 될 것이다.

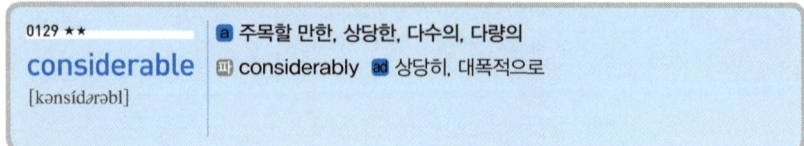

0129 ★★	**a** 주목할 만한, 상당한, 다수의, 다량의
considerable	**파** considerably **ad** 상당히, 대폭적으로
[kənsídərəbl]	

robotics 로봇공학 / asset 가치 있는 것, 자산, 유산

 considerate(배려 깊은, 친절한)와 착각하지 않도록 조심하세요.

Professor Gregory has written more than 50 academic papers, but unfortunately only two or three are **noteworthy**.

그레고리 교수는 50편 이상의 학술논문을 썼지만 유감스럽게도 특별히 주목할 만한 것은 두세 편 밖에 없다.

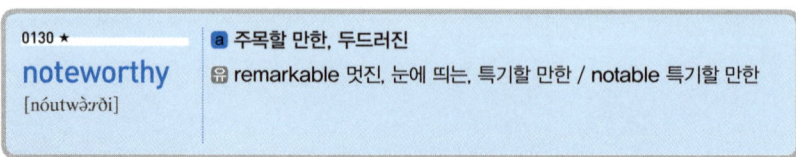

0130 ★	**a** 주목할 만한, 두드러진
noteworthy	**유** remarkable 멋진, 눈에 띄는, 특기할 만한 / notable 특기할 만한
[nóutwə̀ːrði]	

academic papers 학술논문

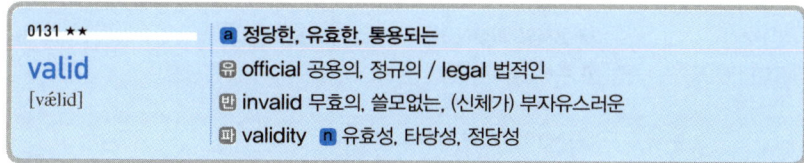

Everyone who uses a company vehicle must have a **valid** motor pool checkout card.

회사 차량을 사용하는 모든 사람들은 정규 주차장 출입카드를 소지해야 한다.

0131 ★★	ⓐ 정당한, 유효한, 통용되는
valid	ⓢ official 공용의, 정규의 / legal 법적인
[vǽlid]	ⓐ invalid 무효의, 쓸모없는, (신체가) 부자유스러운
	ⓓ validity ⓝ 유효성, 타당성, 정당성

vehicle 자동차, 일반적인 교통수단 / motor pool (회사차 등을 위해 사용하는) 주차장

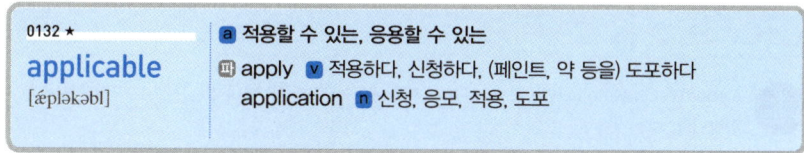

We regret to inform you that we cannot offer you the post because your experience, though very impressive, is not entirely **applicable** to this type of work.

유감스럽게도 귀하에게는 이 일을 맡길 수 없음을 알려드립니다. 귀하는 매우 인상적인 경력을 가지고 계시지만 이런 종류의 일에 완벽하게 적합하지는 않다고 생각하기 때문입니다.

0132 ★	ⓐ 적용할 수 있는, 응용할 수 있는
applicable	ⓓ apply ⓥ 적용하다, 신청하다, (페인트, 약 등을) 도포하다
[ǽpləkəbl]	application ⓝ 신청, 응모, 적용, 도포

not entirely~ 완전히[아주] ~라고는 (말할 수 없다)

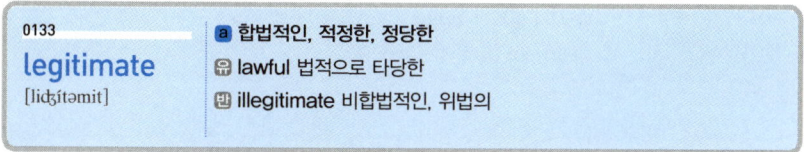

The lawyers decided that my claim to my late uncle's estate was a **legitimate** one.

변호사들은 돌아가신 할아버지의 소유지에 대한 내 (소유권) 주장이 합법적이라고 결론내렸다.

0133	ⓐ 합법적인, 적정한, 정당한
legitimate	ⓢ lawful 법적으로 타당한
[lidʒítəmit]	ⓐ illegitimate 비합법적인, 위법의

claim 제기, 신청, 주장, 민원, 요구

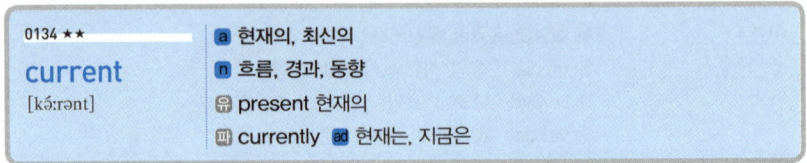

| current | contemporary | topical |

Our **current** CEO has succeeded in rescuing the company from possible bankruptcy and putting it back in the black.

현직 CEO(최고경영책임자)는 회사를 파산 위기에서 구하고, 흑자경영으로 돌리는 데 성공했다.

0134 ★★

current
[kɔ́:rənt]

ⓐ 현재의, 최신의
ⓝ 흐름, 경과, 동향
ⓢ present 현재의
ⓟ currently ⓐⓓ 현재는, 지금은

My professor believes that we must read literary classics before we can appreciate **contemporary** novels.

나의 교수님은 현대소설을 이해하기 위해서는 먼저 고전문학을 읽어야 한다고 생각하신다.

0135 ★★

contemporary
[kəntémpərèri]

ⓐ 현대의, 지금 존재하는, 동시대의
ⓝ 동시대의 물건, 현대, 현대 작품, 동년배

 modern과 contemporary는 문학, 미술 작품 등에서는 '근대'와 '현대'라는 식으로 구별해 사용되고 있습니다.

We always try to pick up the most **topical** subjects for our morning news show 〈Good Morning U.S.A.〉

우리 방송국의 아침 뉴스 쇼 〈굿모닝 USA〉에서는 항상 가장 화제가 되고 있는 테마를 다루려고 노력하고 있다.

0136 ★

topical
[tápikəl]

ⓐ 시사 문제의, 화제의
ⓢ up-to-date 최신의, 요즘

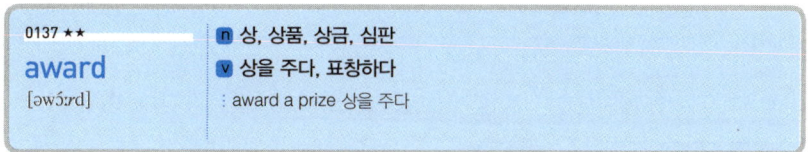

award　　　grant　　　runner-up

Gareth Foster won the **award** for the most promising young novelist. The prize was a Rolex wrist watch.

개러스 포스터는 가장 장래가 유망한 신인 소설가로서 상을 받았다. 상품은 롤렉스 손목시계였다.

0137 ★★	**n** 상, 상품, 상금, 심판
award	**v** 상을 주다, 표창하다
[əwɔ́ːrd]	: award a prize 상을 주다

promising 전도유망한, 앞으로 (재능이) 성장할

The government is thinking of cutting its **grants** to museums and encouraging them to raise funds from private sources.

정부는 박물관에 지급하는 보조금을 중단하고 개인들로부터의 기금을 모으도록 장려하는 것을 고려하고 있다.

0138 ★★	**n** 보조금, 장학금, 주어지는 것
grant	**v** (원조를) 주다, (부탁을) 들어주다
[grænt]	

encourage 장려하다, 용기를 주다, ~하도록 하다 / raise funds 기금을 모으다

The winner of the race was disqualified for using illegal drugs, and so the gold medal went to the **runner-up**.

그 경주의 우승자는 불법 약물을 복용하는 바람에 자격이 박탈되었다. 그래서 준우승자가 금메달을 받았다.

0139 ★	**n** 차점자, 2위
runner-up	
[rʌ́nər-ʌp]	

be disqualified 자격을 박탈당하다, 자격을 잃다

2위는 first runner-up, 3위는 second runner-up이 됩니다. 때로는 first prize위에 grand prize(특상, 대상)가 있는 경우도 있습니다.

▌ After a lot of behind-the-scenes effort, our office finally **landed** the project.

수많은 보이지 않는 노력의 결과로 우리 회사는 마침내 그 프로젝트를 손에 넣었다.

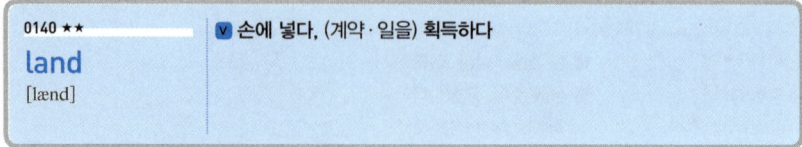

0140 ★★
land
[lænd]

Ⓥ 손에 넣다, (계약·일을) 획득하다

behind-the-scenes effort 보이지 않는 곳에서의 노력
※ land에는 '착지[착륙]하다, 착지'의 뜻도 있습니다.
It was a windy day, and we had a difficult time landing our kites.
바람이 강한 날이라 연을 땅으로 내리는 게 힘들었다.

▌ If you are sick for more than two days, you must **obtain** a doctor's letter.

이틀 이상 병결일 때는 의사에게서 진단서를 받아야 한다.

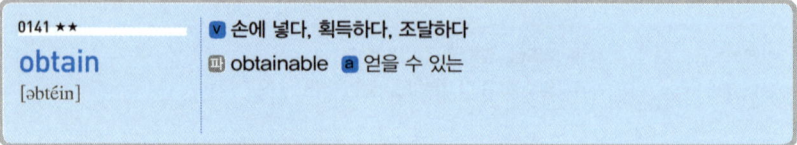

0141 ★★
obtain
[əbtéin]

Ⓥ 손에 넣다, 획득하다, 조달하다
Ⓐ obtainable Ⓐ 얻을 수 있는

doctor's letter 의사 진단서
※ 진단서는 doctor's certificate, doctor's diagnosis 등으로 표현합니다.

▌ Some people believe it is more important to **acquire** wisdom than to acquire wealth.

부를 얻는 것보다 지혜를 얻는 것이 더 소중하다고 믿고 있는 사람들이 있다.

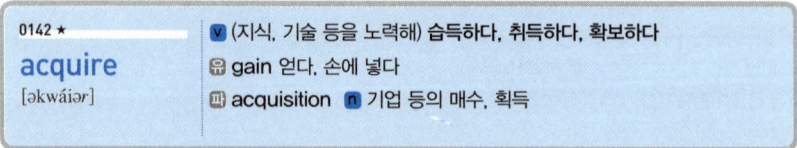

0142 ★
acquire
[əkwáiər]

Ⓥ (지식, 기술 등을 노력해) 습득하다, 취득하다, 확보하다
Ⓢ gain 얻다, 손에 넣다
Ⓐ acquisition Ⓝ 기업 등의 매수, 획득

※ M&A(Mergers and Acquisitions)는 기업의 인수합병을 뜻합니다.

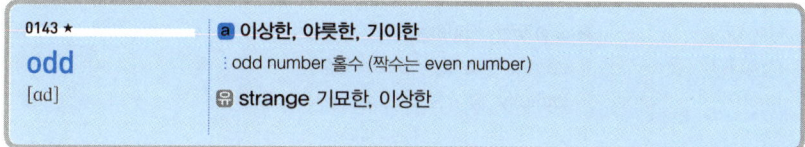

| odd | peculiar | bizarre |

I think Frank might be under too much pressure at work; his behavior has been rather **odd** recently.

프랭크는 일에 대한 중압감이 너무 큰 것 같다. 최근 그의 행동이 더 이상해졌다.

| 0143 ★

 odd
 [ɑd] | ⓐ 이상한, 야릇한, 기이한
 : odd number 홀수 (짝수는 even number)
 ⓢ strange 기묘한, 이상한 |

pressure 압력, 스트레스 / behavior 행동, 동작, 행동거지

There were some **peculiar** characteristics about the case that eventually led to the identification of the criminal.

그 사건의 특이한 특징들은 결과적으로 범인 색출로 이어졌다.

| 0144 ★★

 peculiar
 [pikjúːljər] | ⓐ 기묘한, 특이한, 독특한
 ⓢ strange 이상한 / abnormal 이상한
 ⓜ peculiarity ⓝ 독특한 특징, 기묘한 태도 |

lead to ~라는 (결론으로) 이끌다

I think body-piercing is **bizarre**, but some people consider it perfectly normal.

나는 신체에 피어싱을 하는 것을 이상하다고 생각하지만 그것을 지극히 정상이라고 생각하는 사람도 있다.

| 0145

 bizarre
 [bizάːr] | ⓐ 기묘한, 기분이 나쁜
 ⓢ weird 이상한, 기괴한 |

body-piercing 신체 피어싱

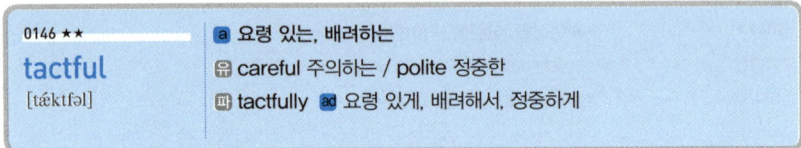

Try to be very **tactful** when you approach a would-be client for the first time.

잠재 고객에게 처음 접근할 때는 매우 요령 있게 행동하세요.

0146 ★★	ⓐ 요령 있는, 배려하는
tactful	ⓢ careful 주의하는 / polite 정중한
[tǽktfəl]	ⓓ tactfully ⓐⓓ 요령 있게, 배려해서, 정중하게

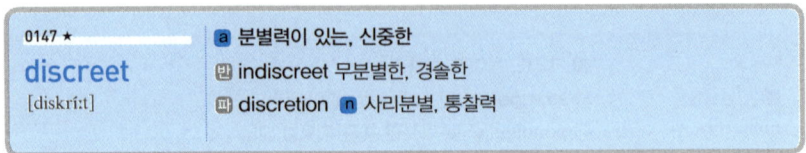

The chairperson of the board asked the executive members to be **discreet** in passing their judgment.

이사회 회장은 임원들에게 신중하게 판단을 내릴 것을 요구했다.

0147 ★	ⓐ 분별력이 있는, 신중한
discreet	ⓐ indiscreet 무분별한, 경솔한
[diskríːt]	ⓓ discretion ⓝ 사리분별, 통찰력

It was not **prudent** of you to invest all your money in the stock market.

네 모든 돈을 주식시장에 투자한 것은 분별력 있는 행동이라고 할 수 없다.

0148 ★	ⓐ 신중한, 분별력 있는, 앞을 내다보는
prudent	ⓓ prudence ⓝ 신중함, 분별, 빈틈없음
[prúːdənt]	prudential ⓝ 신중을 요하는 업무
	ⓐ 신중한

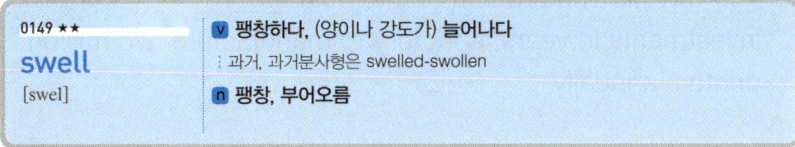

swell   inflate   expand

▌ We could see the **swelling** river from the helicopter.

우리는 헬리콥터에서 물이 불어나고 있는 강을 볼 수 있었다.

0149 ★★	ⓥ 팽창하다, (양이나 강도가) 늘어나다
swell	: 과거, 과거분사형은 swelled-swollen
[swel]	ⓝ 팽창, 부어오름

 '벌레 등에 물려 부어오르다'라는 표현에도 swell을 사용합니다.

My foot swelled up like a melon after the mosquito bite.

모기에 물린 발이 멜론처럼 부풀어 올랐다.

그 밖에 '건강한, 멋진'이라는 의미도 있습니다.

Hello, Jim. You're looking swell!

어이, 짐! 건강해 보이네!

▌ It took 20 minutes to **inflate** the enormous balloon.

그 거대한 풍선을 부풀리는 데 20분이 걸렸다.

0150 ★★	ⓥ 부풀리다, 팽창시키다, (물가 등을) 끌어올리다
inflate	ⓟ inflatable ⓐ 부풀게 할 수 있는
[infléit]	inflation ⓝ 팽창, 인플레이션, (물가의) 폭등

▌ Ralph decided to **expand** his publishing business.

랄프는 자신의 출판 사업을 확장하기로 했다.

0151 ★★	ⓥ 확대하다, 연장하다, (고무처럼) 늘어나다
expand	ⓢ stretch ⓥ (고무가) 늘어나다, (신체를) 늘리다
[ikspǽnd]	ⓟ expansion ⓝ 확대, 확장, 발전

빈칸에 해당하는 단어를 문장에 맞춰가면서 써 보세요. (제한시간 5분)

1. The City just landed one of the most _____
   investments in years; a factory to manufacture two million
   printers annually.

2. Will is not a great musician but he is very _____ ; he
   plays piano, guitar, trumpet and violin.

3. Trudy has the _____ to become the most successful
   sales executive in the history of the company.

4. Everyone who uses a company vehicle must have a _____
   motor pool checkout card.

5. My professor believes that we must read literary classics
   before we can appreciate _____ novels.

6. Try to be very _____ when you approach a would-be client for the first time.

7. Some people believe it is more important to _____ wisdom than to acquire wealth.

8. There were some _____ characteristics about the case that eventually led to the identification of the criminal.

9. The winner of the race was disqualified for using illegal drugs, and so the gold medal went to the _____ .

10. Ralph decided to _____ his publishing business.

significant	peculiar	potential	versatile
contemporary	runner-up	valid	tactful
expand	acquire		

해답은 418페이지에

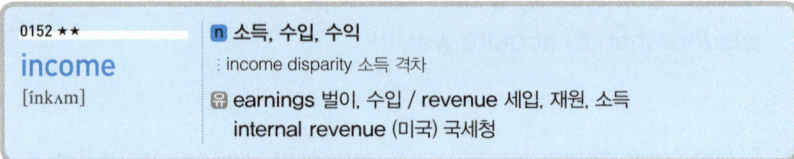

| income | remuneration | proceed |

While credit cards are very useful, there is a danger that they can lead us to spend more than our **income**.

신용카드는 매우 편리한 반면, 우리가 수입 이상의 돈을 쓰도록 만드는 위험을 수반한다.

0152 ★★

income
[ínkʌm]

n 소득, 수입, 수익

: income disparity 소득 격차

동 earnings 벌이, 수입 / revenue 세입, 재원, 소득
  internal revenue (미국) 국세청

The law firm offers a high **remuneration**, but works you like a slave.

그 법률사무소는 높은 보수를 지불하지만 사람들을 노예처럼 부려먹는다.

0153 ★★

remuneration
[rimjùːnəréiʃən]

n 보수, 급료

동 wage / salary 급료, 임금

파 remunerate v ~에 대해 보답하다, 보수를 지불하다
  remunerate one's achievement 성과에 대해 보답하다

---

 remuneration은 급여(salary)도 되지만 변호사 선임비용이나 집필 보수 등도 포함됩니다.

The **proceeds** from the sale of the building paid off the debt.

빌딩 매각 대금으로 부채를 상환했다.

0154 ★★

proceed
[prəsíːd]

n (복수형으로) (상품, 부동산 등을 팔아 얻은) 매각 대금

v 나아가다, 출발하다

파 proceedings n (복수형으로) 의사록, 소송절차, 국회심의

| support | endorse | ratify |

After his parents died in an accident, Seiji had to **support** himself by taking whatever jobs came his way.

세이지는 부모님이 사고로 돌아가신 후로 닥치는대로 일을 해서 <u>스스로</u> 살아가야만 했다.

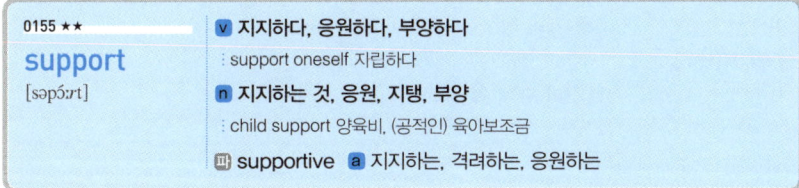

0155 ★★

support
[səpɔ́ːrt]

v 지지하다, 응원하다, 부양하다
: support oneself 자립하다
n 지지하는 것, 응원, 지탱, 부양
: child support 양육비, (공적인) 육아보조금
파 supportive a 지지하는, 격려하는, 응원하는

If you would like to cash this check, you will have to **endorse** it.

이 수표를 현금으로 바꾸려면 뒤에 이서해 주세요.

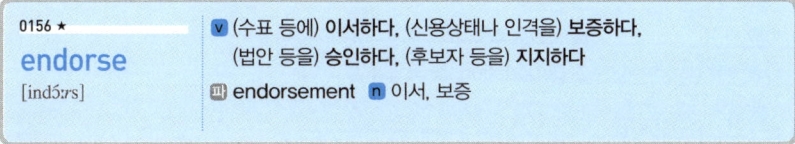

0156 ★

endorse
[indɔ́ːrs]

v (수표 등에) 이서하다, (신용상태나 인격을) 보증하다,
(법안 등을) 승인하다, (후보자 등을) 지지하다
파 endorsement n 이서, 보증

 endorsement(이서)는 수표를 현금으로 바꾸기 위해 그 뒷면에 수취인이 서명하는 일을 가리킵니다.

The treaty will not come into force until every signatory nation **ratifies** it.

모든 조인국이 비준할 때까지 조약은 발효되지 않는다.

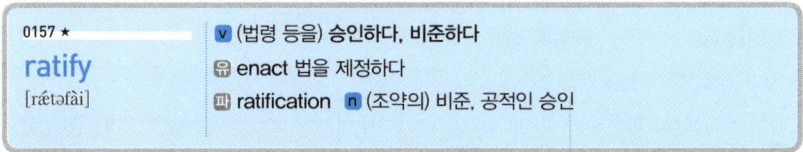

0157 ★

ratify
[rǽtəfài]

v (법령 등을) 승인하다, 비준하다
반 enact 법을 제정하다
파 ratification n (조약의) 비준, 공적인 승인

※ signatory는 조인국(sign)에서 유래된 말. 서명자는 signee라고 합니다.

 signature와 autograph를 혼동하지 않도록 조심하세요. '(서류에) 서명해 주세요.'는 'Sign your name, please.'이지만 '(유명인 등에게) 사인 좀 해주세요.'라고 할 때는 'May I have your autograph?'라고 해야 합니다.

| refuge | deport | exile |

After the volcano erupted, residents of the island were forced to take **refuge**.

화산이 분화한 후, 섬 주민들은 부득이하게 피난할 수 밖에 없었다.

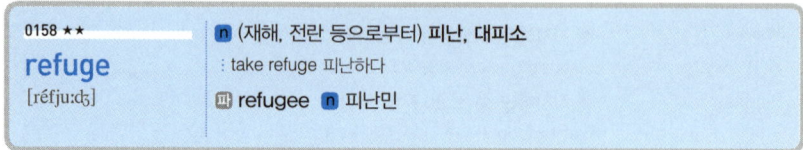

| 0158 ★★

refuge
[réfjuːʤ] | ⓝ (재해, 전란 등으로부터) 피난, 대피소
ː take refuge 피난하다
ⓟ refugee ⓝ 피난민 |

volcano 화산 / erupt 분화하다

Immigration Services have **deported** 520 people who illegally entered the country this year.

올해 이민국은 520명의 밀입국자를 국외로 추방했다.

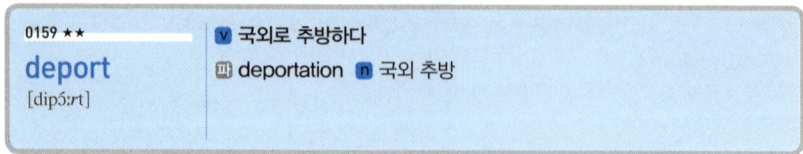

| 0159 ★★

deport
[dipɔ́ːrt] | ⓥ 국외로 추방하다
ⓟ deportation ⓝ 국외 추방 |

Immigration Service 이민국

The new people's government decided to **exile** their country's former king.

새로운 국민의 정부는 전 국왕을 국외로 추방하기로 결정했다.

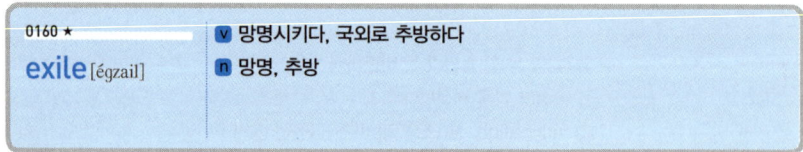

| 0160 ★
exile [éɡzail] | ⓥ 망명시키다, 국외로 추방하다
ⓝ 망명, 추방 |

TOEIC 포인트 exile은 '그 나라의 국적을 가진 사람을 국외로 추방 처분하는 것'이고, deport는 '외국 국적을 가진 사람을 불법체류 등의 이유로 강제 추방하는 것'을 말합니다.

faint | collapse | incapacitate

The rush-hour train was so hot and crowded that an elderly woman **fainted**.

출퇴근 시간대의 전철은 무척 무덥고 혼잡했기 때문에 한 할머니가 실신했다.

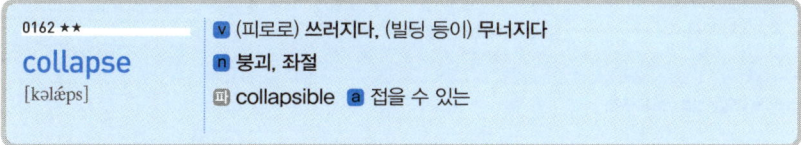

0161 ★★	v 정신을 잃다, 기절하다
faint	n 기절
[feint]	a 몽롱한

> **TOEIC 포인트** faint의 유의어 pass out은 자동사로 쓰일 때는 '정신을 잃다, 의식이 없어지다'이고, 목적어를 취해 타동사로 쓰일 때는 '배포하다'라는 뜻이 됩니다.

pass out the test papers 시험지를 나눠주다

Betty **collapsed** into bed after an exhausting day.

베티는 힘든 하루를 끝내고 너무 피곤해 침대에 쓰러졌다.

0162 ★★	v (피로로) 쓰러지다, (빌딩 등이) 무너지다
collapse	n 붕괴, 좌절
[kəlǽps]	ᴾ collapsible a 접을 수 있는

※ collapsible[foldable] chair 접이식 의자 / collapsible[foldable] umbrella 접는 우산

During the Big Blackout in New York, the train system was completely **incapacitated**, and many people were forced to walk home.

뉴욕에서 대정전이 발생한 동안에 철도망이 완전히 마비되어 많은 사람들이 걸어서 집에 갈 수밖에 없었다.

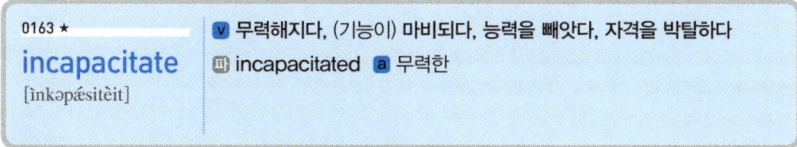

0163 ★	v 무력해지다, (기능이) 마비되다, 능력을 빼앗다, 자격을 박탈하다
incapacitate	ᴾ incapacitated a 무력한
[inkəpǽsitèit]	

> **Useful 포인트** Big Blackout(=huge power outage, 대정전)은 1977년과 2003년 8월에 뉴욕 시에서 발생했던 대규모 정전을 가리킵니다. 교통망이 큰 혼란을 빚어 많은 사람이 선로를 따라 걸어 집에 가거나, 고층 빌딩을 수십 층씩 걸어 올라가야 했으며, 교통신호도 꺼졌기 때문에 근처에 사는 사람들이 교통정리를 하러 나와야만 했습니다.

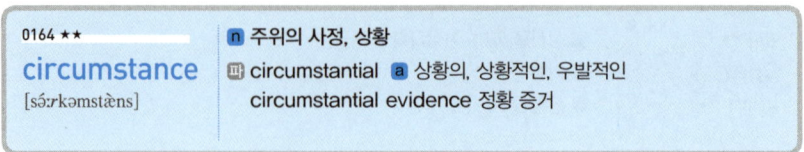

> To understand why a child is failing in school, it is important to find out about his or her domestic **circumstances**.

아이가 학교에서 왜 낙오하는지 이해하기 위해서는 그의(그녀의) 가정환경을 아는 것이 중요하다.

0164 ★★
circumstance
[sə́ːrkəmstæ̀ns]

- **n** 주위의 사정, 상황
- **파** circumstantial **a** 상황의, 상황적인, 우발적인
  circumstantial evidence 정황 증거

> The **circumference** of this island is only three kilometers. We can easily paddle around it in a canoe.

이 섬의 전체 둘레는 3킬로미터밖에 안 되기 때문에 카누로 쉽게 일주할 수 있다.

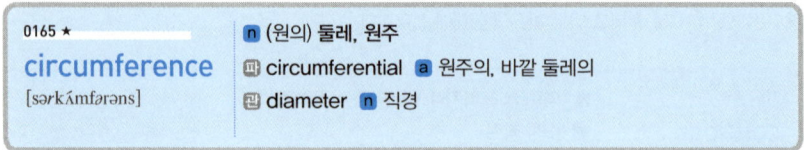

0165 ★
circumference
[sərkʌ́mfərəns]

- **n** (원의) 둘레, 원주
- **파** circumferential **a** 원주의, 바깥 둘레의
- **반** diameter **n** 직경

paddle 페달을 밟다, 노를 젓다

> If you know someone in the city office, you might be able to **circumvent** the red tape.

시청에 아는 사람이 있으면 까다로운 사무절차를 피할 수 있다.

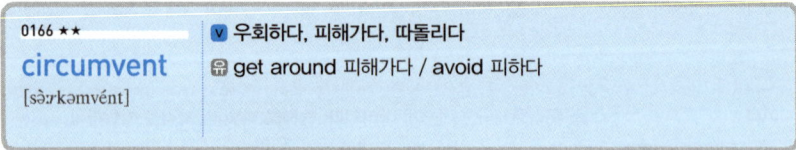

0166 ★★
circumvent
[sə̀ːrkəmvént]

- **v** 우회하다, 피해가다, 따돌리다
- **유** get around 피해가다 / avoid 피하다

the red tape (관공서 등의 까다로운) 사무절차, 형식주의

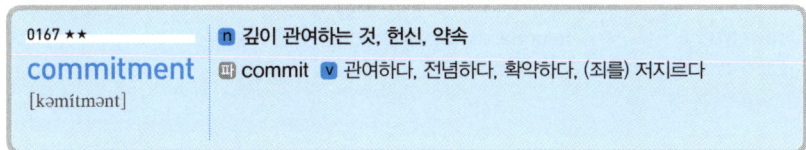

Helen could not take the job in New York because she had such strong family **commitments** in Los Angeles.

헬렌은 LA에 있는 가족과의 유대감이 매우 강해서 뉴욕의 일자리를 받아들일 수 없었다.

0167 ★★	**n** 깊이 관여하는 것, 헌신, 약속
commitment [kəmítmənt]	**파** commit **v** 관여하다, 전념하다, 확약하다, (죄를) 저지르다

Devotion to one company for the whole of one's working life now seems an old-fashioned idea.

요즘은 한 회사에서 평생 헌신적으로 일하는 것은 낡은 생각으로 여겨진다.

0168 ★★	**n** 헌신, 헌신적인 애정, 무언가에 전념하는 것
devotion [divóuʃən]	**파** devote **v** (시간이나 에너지를) 쏟다, 바치다 : devote oneself to~ ~에 자신의 모든 것을 바치다, 전념하다

I really admire Mary's **dedication** to helping people less fortunate than herself.

나는 메리가 자신보다 불우한 사람들을 돕기 위해 헌신하는 것을 정말 존경한다.

0169 ★	**n** (인생, 시간을) 바치는 것, 헌정
dedication [dèdəkéiʃən]	**파** dedicate **v** 열중하다, 전념하다, 바치다

less fortunate 혜택을 받지 못한, 불우한

▌ I took back the sweater to the store for a **refund** because it didn't fit.
스웨터 사이즈가 맞지 않아서 가게에 가서 환불했다.

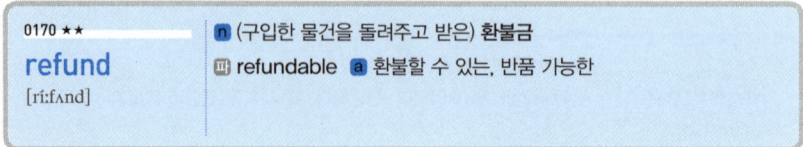

0170 ★★

refund
[ríːfʌnd]

ⓝ (구입한 물건을 돌려주고 받은) **환불금**

ⓟ refundable ⓐ 환불할 수 있는, 반품 가능한

▌ The accounting department deals with **reimbursement** of travel expenses at the end of each month.
경리부에서 매달 말에 출장 경비 환급 업무를 담당한다.

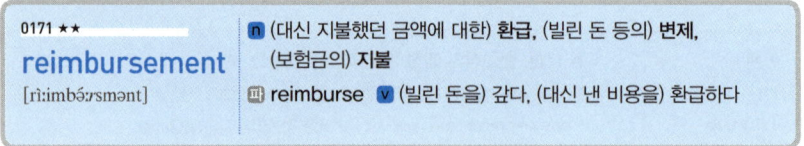

0171 ★★

reimbursement
[rìːimbə́ːrsmənt]

ⓝ (대신 지불했던 금액에 대한) **환급**, (빌린 돈 등의) **변제**, (보험금의) **지불**

ⓟ reimburse ⓥ (빌린 돈을) 갚다, (대신 낸 비용을) 환급하다

▌ If the company does not pay Jerry sufficient **compensation** for his injury, he is threatening to take legal action.
제리는 그 회사가 자신의 상해에 대해 충분히 보상하지 않으면 법적 조치를 취할 것이라고 협박하고 있다.

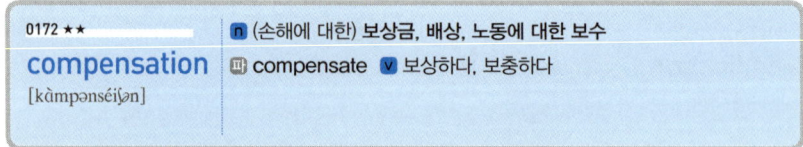

0172 ★★

compensation
[kàmpənséiʃən]

ⓝ (손해에 대한) **보상금**, **배상**, 노동에 대한 보수

ⓟ compensate ⓥ 보상하다, 보충하다

take legal action 법적 조치를 취하다, 재판 등을 하다
※ '산재보험'은 Compensation Liability Insurance 또는 Workmanship Compensation이라고 합니다.

TOEIC 포인트 reimbursement는 자신이 대신 낸 돈을 받는 것이고, compensation은 누군가 피해를 입었을 때 손해배상으로 지불되는 것을 가리킵니다.

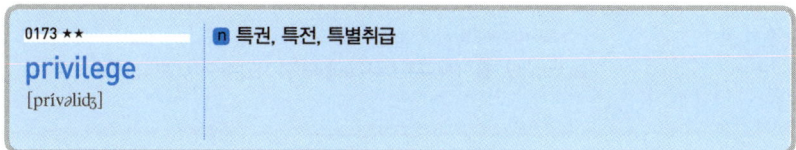

| privilege | immunity | exemption |

It was a great **privilege** for me to do research under the supervision of such an eminent scholar as Professor Lucas.

루카스 교수 같은 저명한 학자의 지도 하에 연구할 수 있었던 것은 대단한 특권이었다.

0173 ★★	**n** 특권, 특전, 특별취급
privilege [prívəlidʒ]	

supervision 감독, 지휘, 지도 / eminent 저명한, 우수한, 지위나 신분이 높은

HIV kills people by destroying their **immunity** to many diseases.

에이즈 바이러스는 여러 가지 병에 대한 면역력을 파괴해 사람들을 사망에 이르게 한다.

The criminal was promised **immunity** from prosecution if he gave testimony against his associates.

범인은 자신의 공범에게 불리한 증언을 하고 처벌받지 않는다는 약속을 받았다.

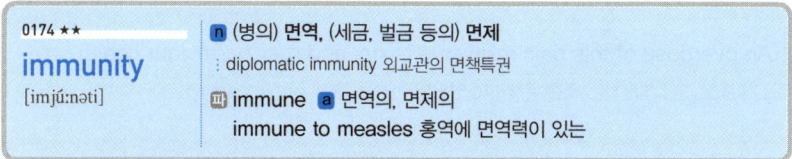

0174 ★★	**n** (병의) 면역, (세금, 벌금 등의) 면제
immunity [imjúːnəti]	: diplomatic immunity 외교관의 면책특권 **파** immune **a** 면역의, 면제의 　immune to measles 홍역에 면역력이 있는

HIV=human immunodeficiency virus 인체 면역 결핍 바이러스, 에이즈 바이러스
testimony 증언 / associate 공범, 공동경영자

Military service is compulsory, but members of religious organizations can be granted **exemptions**.

병역은 강제적이지만 종교단체의 회원은 면제를 받는 경우가 있다.

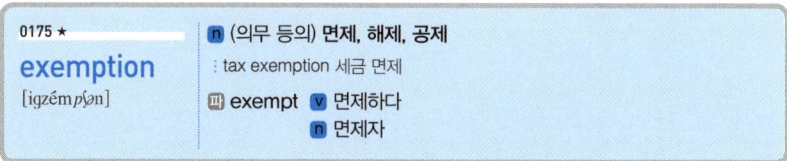

0175 ★	**n** (의무 등의) 면제, 해제, 공제
exemption [igzémpʃən]	: tax exemption 세금 면제 **파** exempt **v** 면제하다 　　　　　 **n** 면제자

| fatal | lethal | toxic |

▌Cancer is no longer a **fatal** disease if it is treated at an early stage.
암은 초기 단계에서 치료한다면 더 이상 생명을 위협하는 병이 아니다.

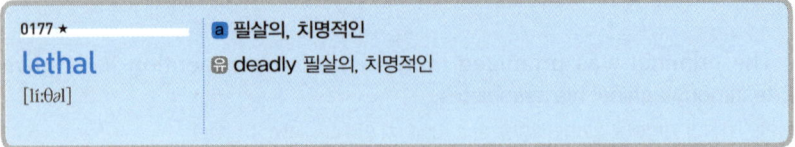

0176 ★★	ⓐ 치명적인, 파멸적인
fatal	: fatal mistake[flaw] 치명적인 실수[결함]
[féitəl]	⑩ fatality ⓝ 재해, 재난, (사고에 의한) 사망자수, 치명적인 것

▌The victim was murdered by a **lethal** dose of poison.
피해자는 치사량의 독극물로 살해되었다.

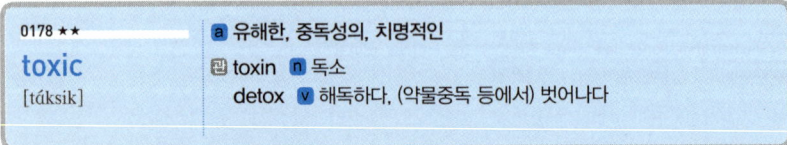

0177 ★	ⓐ 필살의, 치명적인
lethal	ⓢ deadly 필살의, 치명적인
[líːθəl]	

▌An overdose of this pain reliever is **toxic**, and may harm your health.
이 진통제를 과다 복용하는 것은 유해하며 당신의 건강을 해칠 우려가 있습니다.

0178 ★★	ⓐ 유해한, 중독성의, 치명적인
toxic	⑪ toxin ⓝ 독소
[tάksik]	detox ⓥ 해독하다, (약물중독 등에서) 벗어나다

overdose 과다 복용 / pain reliever 진통제

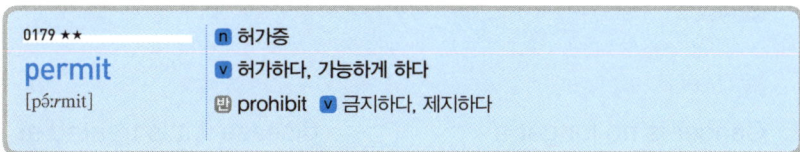

After passing the written test, you will be given a learner's **permit**, which allows you to practice on the road.

필기시험을 통과하면 도로에서 연습하는 것이 허가되는 임시 면허증을 받게 됩니다.

0179 ★★	n 허가증
permit	v 허가하다, 가능하게 하다
[pɔ́ːrmit]	반 prohibit v 금지하다, 제지하다

 learner's permit은 미국의 임시 운전면허증으로 필기시험 후에 교부됩니다. 임시 면허증을 받으면 교관이나 운전면허 소지자가 동승해 실제 도로에서 연습할 수 있습니다.

I'm afraid you can't use this parking space without written **consent** from the building management.

빌딩 관리부서의 동의서가 없으면 이 주차 공간을 이용할 수 없습니다.

0180 ★	n 승낙, 동의
consent	v 승낙하다, 동의하다
[kənsént]	

The economic **sanctions** against the country are making it harder for the people to obtain daily necessities such as food and fuel.

그 나라에 대한 경제제재는 그 나라 국민이 식량이나 연료 등의 생활필수품을 구하는 것을 더욱 힘들게 만든다.

0181	n 허가, 인가, 제재
sanction	
[sǽŋkʃən]	

daily necessities 일용품, 생활필수품

 sanction mark는 품질합격증이고, sanctions against the terrorist country는 테러지원국에 대한 제재를 가리킵니다.

빈칸에 해당하는 단어를 문장에 맞춰 바꿔 가면서 써보세요. (제한시간 5분)

1. The law firm offers a high _____, but works you like a slave.

2. Cancer is no longer a _____ disease if it is treated at an early stage.

3. After the volcano erupted, residents of the island were forced to take _____.

4. The accounting department deals with _____ of travel expenses at the end of each month.

5. To understand why a child is failing in school, it is important to find out about his or her domestic _____.

6. Helen could not take the job in New York because she had such strong family_____ in Los Angeles.

7. During the Big Blackout in New York, the train system was completely _____, and many people were forced to walk home.

8. It was a great _____ for me to do research under the supervision of such an eminent scholar as Professor Lucas.

9. If you would like to cash this check, you will have to _____ it.

10. I'm afraid you can't use this parking space without written _____ from the building management.

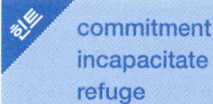

commitment	remuneration	circumstance	endorse
incapacitate	privilege	reimbursement	fatal
refuge	consent		

해답은 419페이지에

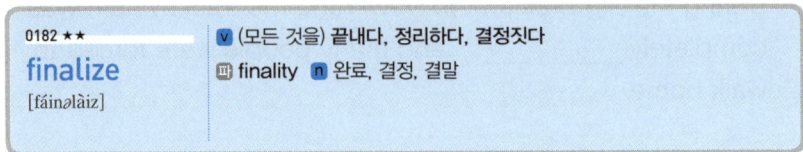

We are now **finalizing** the details of our round-the-world trip with our travel agent.

우리는 지금 여행사 관계자와 세계 일주 여행의 세부 사항을 결정지으려던 참이다.

0182 ★★	v (모든 것을) 끝내다, 정리하다, 결정짓다
finalize	델 finality n 완료, 결정, 결말
[fáinəlàiz]	

I regret having to **terminate** your employment due to the financial difficulties our company is currently going through.

유감스럽지만 현재 우리 회사가 겪고 있는 재정위기 때문에 귀하와의 고용계약을 중단할 수밖에 없습니다.

0183 ★	v 끝내다, (고용관계나 계약 등을) 해지하다, 중도에 중단하다,
terminate	해고하다
[tɜ́ːrmənèit]	델 termination n 종료, 만료, 해고

TOEIC 포인트 regret having to는 regret+주어+have to의 동명사 형태로 '~해야만 하는 것을 유감스럽게 생각하다'라는 의미입니다. regret to have done (~해버린 것을 후회하다)와의 차이점에 주의하세요.

Fighting between the two countries officially **ceased** as soon as the peace treaty was signed.

평화조약이 체결되자마자 두 나라 사이의 전투가 공식적으로 중단되었다.

0184 ★	v 중단하다, 정지하다
cease	: cease fire 휴전하다, 싸움을 끝내다
[siːs]	

peace treaty 평화조약, 강화조약

90

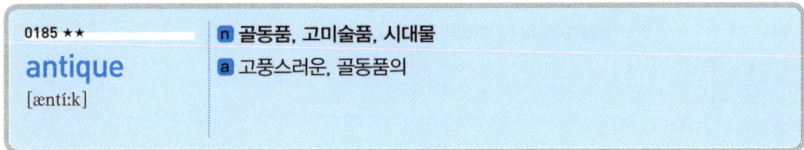

My wife wants to replace all our **antique** furniture to give our house a more contemporary look.

아내는 우리 집을 좀 더 현대적인 모습으로 변화시키기 위해 골동품 가구를 전부 바꾸고 싶어한다.

0185 ★★	n 골동품, 고미술품, 시대물
antique [æntíːk]	a 고풍스러운, 골동품의

contemporary look 현대적, 모던한 느낌의 외관

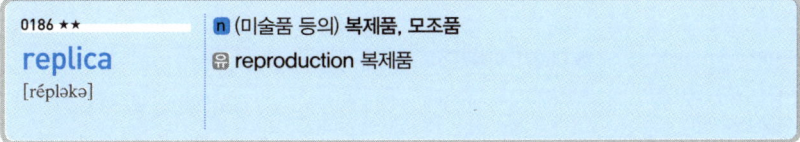

This bracelet is an exact **replica** of one that was worn by Princess Diana.

이 팔찌는 다이애나 왕세자비가 착용했던 것과 똑같은 복제품이다.

0186 ★★	n (미술품 등의) 복제품, 모조품
replica [répləkə]	≒ reproduction 복제품

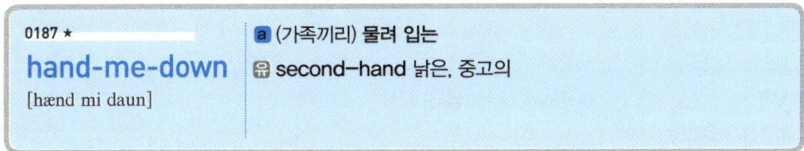

Helen comes from a big family, and spent her childhood wearing **hand-me-down** clothes.

헬렌은 대가족이었기 때문에 어린 시절에는 형제들의 옷을 물려 입었다.

0187 ★	a (가족끼리) 물려 입는
hand-me-down [hænd mi daun]	≒ second-hand 낡은, 중고의

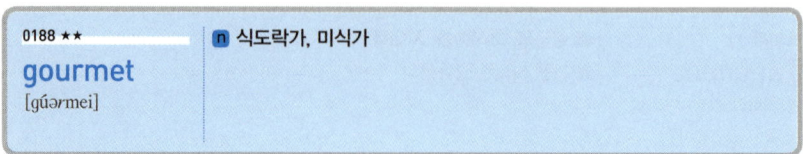

You should ask Pat about the recipe. He is a real **gourmet** especially where French cuisine is concerned.

요리법에 관해서는 팻에게 물으면 된다. 그는 진정한 미식가이며, 특히 프랑스 요리에 관해서 그렇다.

0188 ★★

gourmet
[gúərmei]

n 식도락가, 미식가

Dave's doctor told him to eat less, but he is such a **gourmand** that he's finding it very difficult to do.

데이브의 담당 의사는 좀 더 식사량을 줄이라고 했지만 그는 상당한 대식가이기 때문에 실천에 어려움을 겪고 있다.

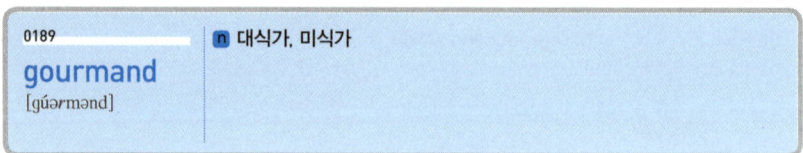

0189

gourmand
[gúərmənd]

n 대식가, 미식가

My mother is quite a **connoisseur** of Louis XV furniture. She can go on talking about it for hours.

어머니는 루이 15세 시대의 가구에 대한 상당한 식견이 있다. 그와 관련된 주제라면 몇 시간이고 계속 말씀하신다.

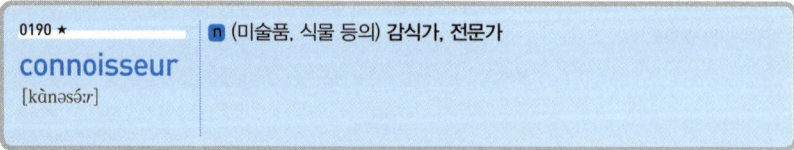

0190 ★

connoisseur
[kànəsə́ːr]

n (미술품, 식물 등의) 감식가, 전문가

Louis XV furniture 루이 15세 시대의 프랑스 가구 (Louis XV는 루이 더 피프틴이라고 발음합니다.)

Useful 포인트 유럽의 왕들은(특히 프랑스나 영국 등) 자신의 치세 때 건축양식이나 인테리어, 가구 등을 모두 자신이 디자인했습니다.

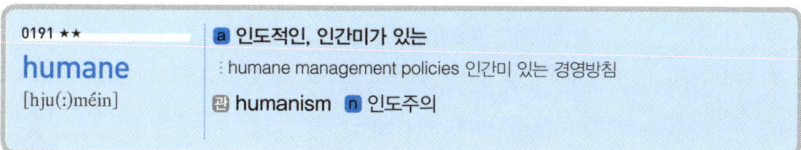

| humane | sympathetic | compassionate |

Kendall Inc. seems to attract many job applicants due to their **humane** management policies.

캔들 사의 인간미 넘치는 경영방침이 많은 구직자들을 끌어들이는 것 같다.

0191 ★★

humane
[hju(:)méin]

ⓐ 인도적인, 인간미가 있는

: humane management policies 인간미 있는 경영방침

ⓟ humanism ⓝ 인도주의

Useful 포인트 human(인간의, 인류의)과 철자가 비슷하기 때문에 잘못 사용하지 않도록 조심하세요.

As human resources manager, you should try to be **sympathetic** to all employees if they come to you with a complaint.

당신은 인사팀장으로서 불만을 갖고 찾아오는 모든 사원을 이해하려고 노력해야만 한다.

0192 ★★

sympathetic
[sìmpəθétik]

ⓐ 동정적인, 배려가 있는, 공감하는

ⓟ sympathy ⓝ 동정, 공감, 찬성

Useful 포인트 인사부는 personnel department라고도 하지만 최근에는 '인재'라는 의미를 포함한 human resources department로 사용하는 경우가 많습니다.

Living near the dog pound taught Laura to be **compassionate** toward abandoned animals.

유기견 보호소 근처에 살았던 로라는 버려진 동물에 대한 동정심을 배웠다.

0193

compassionate
[kəmpǽʃənit]

ⓐ 정이 깊은, 동정적인

ⓟ compassion ⓝ 동정, 배려, 자비

---

pound (동물) 보호소 / abandoned animals 버려진 동물들

argue	persuade	induce

If you are not prepared to **argue** with people, you will never get what you want in life.

다른 사람과 논의할 준비가 되어 있지 않다면 당신은 결코 인생에서 원하는 것을 얻을 수 없을 것이다.

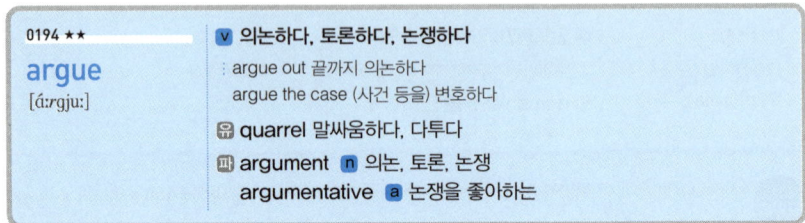

0194 ★★
argue
[áːrgjuː]

ⓥ 의논하다, 토론하다, 논쟁하다
: argue out 끝까지 의논하다
  argue the case (사건 등을) 변호하다
⑤ quarrel 말싸움하다, 다투다
⑪ argument ⓝ 의논, 토론, 논쟁
  argumentative ⓐ 논쟁을 좋아하는

An extensive report on the disastrous earthquake **persuaded** many people to volunteer to help the victims.

파괴적인 지진에 관한 방대한 보고서는 많은 사람들을 피해자 돕기에 참여하게 했다.

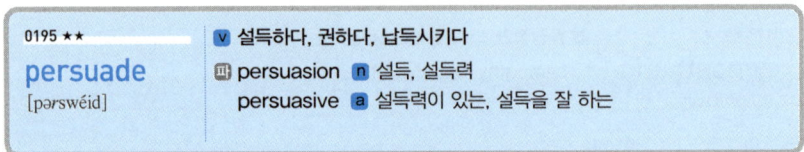

0195 ★★
persuade
[pərswéid]

ⓥ 설득하다, 권하다, 납득시키다
⑪ persuasion ⓝ 설득, 설득력
  persuasive ⓐ 설득력이 있는, 설득을 잘 하는

disastrous 비참한, 파멸적인, 파괴적인 / extensive report 방대한 보고서

It is rather difficult to **induce** those reckless teenagers to obey the traffic laws.

무모한 10대에게 교통법규를 지키도록 설득하는 일은 매우 힘들다.

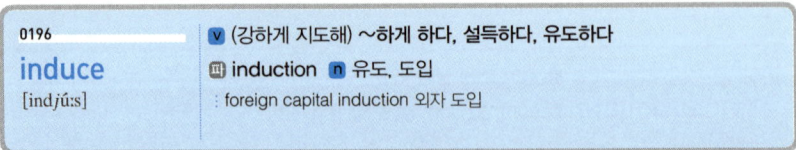

0196
induce
[indjúːs]

ⓥ (강하게 지도해) ~하게 하다, 설득하다, 유도하다
⑪ induction ⓝ 유도, 도입
: foreign capital induction 외자 도입

94

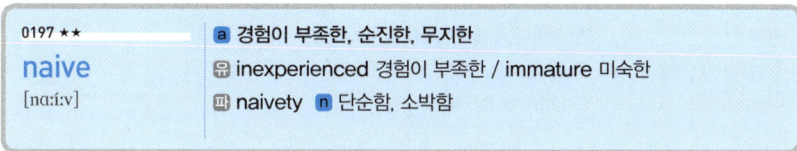

Wendy thinks all Japanese people still wear kimonos in Japan. She is so **naive**.

웬디는 모든 일본인이 아직도 기모노를 입는다고 생각한다. 그녀는 무척 순진하다.

0197 ★★	ⓐ 경험이 부족한, 순진한, 무지한
naive [nɑːíːv]	ⓢ inexperienced 경험이 부족한 / immature 미숙한
	ⓟ naivety ⓝ 단순함, 소박함

If you want to sell your products, you must be prepared to listen to our customers' **candid** opinions.

제품을 팔려면 고객의 솔직한 의견에 귀를 기울일 준비가 되어 있어야만 한다.

0198 ★★	ⓐ 솔직한, 숨김없는
candid [kǽndid]	ⓢ frank 솔직한, 명백한 / truthful 정직한

Kyle gave **ingenuous** answers to all of his students' questions about sex.

카일은 성에 관한 학생들의 모든 질문에 솔직하게 대답했다.

0199	ⓐ 솔직한, 분명한
ingenuous [indʒénjuəs]	ⓢ honest 솔직한, 정직한

 ingenious(창의적인, 생각이 풍부한)와 비슷하기 때문에 틀리지 않도록 조심해야 합니다.

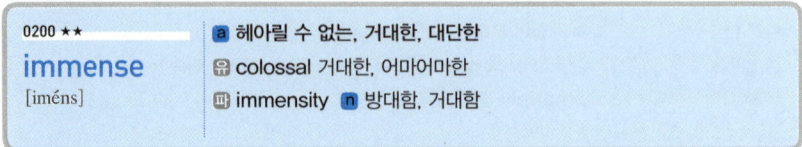

There is an **immense** amount of work to do before we can even begin to build a new model spaceship.

먼저 방대한 양의 업무를 처리하지 않으면 신형 우주선을 만들 수 없다.

0200 ★★	ⓐ 헤아릴 수 없는, 거대한, 대단한
immense	ⓢ colossal 거대한, 어마어마한
[iméns]	ⓜ immensity ⓝ 방대함, 거대함

before we can even begin to build (우선 ~를 하지 않으면) ~를 만들 수조차 없다.
※ 유의어 colossal의 관련어 Colosseum은 '대경기장, 대극장'의 의미로 고대 로마의 원형 경기장(The Colosseum)에서 유래한 것입니다.

This **enormous** fall in company profits must be dealt with as soon as possible.

이번에 발생한 기업 이익의 막대한 손실은 조속히 처리해야만 한다.

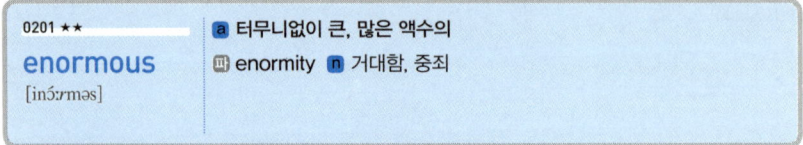

0201 ★★	ⓐ 터무니없이 큰, 많은 액수의
enormous	ⓜ enormity ⓝ 거대함, 중죄
[inɔ́ːrməs]	

company profits 기업이익 / deal with 처리하다(deal-dealt-dealt로 활용됩니다.)

The **hefty** policeman was able to lift the fallen rock off the road very easily.

기골이 장대한 경찰관은 도로에 떨어진 낙석을 아주 간단하게 들어 올릴 수 있었다.

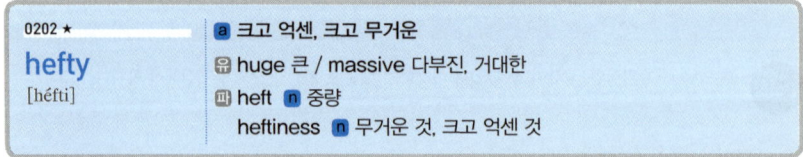

0202 ★	ⓐ 크고 억센, 크고 무거운
hefty	ⓢ huge 큰 / massive 다부진, 거대한
[héfti]	ⓜ heft ⓝ 중량
	heftiness ⓝ 무거운 것, 크고 억센 것

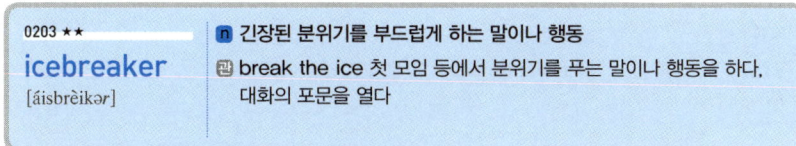

| icebreaker | defrost | thaw |

Bernice's **icebreaker** speech helped all the new trainees feel less nervous.
분위기를 푸는 버니스의 연설은 신인 실습생들의 긴장을 푸는 데 유용했다.

0203 ★★	n 긴장된 분위기를 부드럽게 하는 말이나 행동
icebreaker [áisbrèikər]	숙 break the ice 첫 모임 등에서 분위기를 푸는 말이나 행동을 하다, 대화의 포문을 열다

trainee 훈련생, 실습생 / feel nervous 긴장하고 있는, 흥분한

This refrigerator is a 50-year-old antique; it is still in good working condition, but has to be **defrosted** every two weeks or so.
이 냉장고는 50년이나 된 골동품이다. 아직 제대로 작동하고 있지만 2주마다 성에를 제거해줘야만 한다.

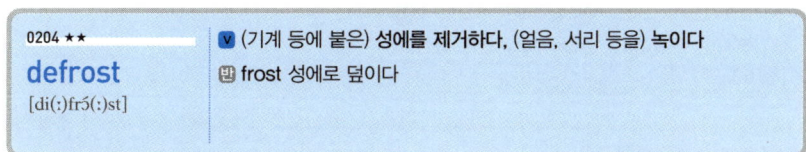

0204 ★★	v (기계 등에 붙은) 성에를 제거하다, (얼음, 서리 등을) 녹이다
defrost [di(:)frɔ́(:)st]	반 frost 성에로 덮이다

Every year, mountain climbers die in the Alps due to avalanches during the spring **thaw**.
매년 알프스에서는 봄에 눈이 녹아 발생하는 눈사태 때문에 등산가들이 사망한다.

When you **thaw** frozen meat, be sure to keep it in the refrigerator. Do not **thaw** it at room temperature.
냉동육을 해동할 때는 반드시 냉장고 안에 넣으세요. 실온에서 해동하지 않도록 하세요.

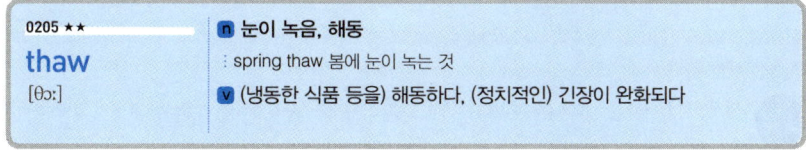

0205 ★★	n 눈이 녹음, 해동
thaw [θɔ:]	: spring thaw 봄에 눈이 녹는 것
	v (냉동한 식품 등을) 해동하다, (정치적인) 긴장이 완화되다

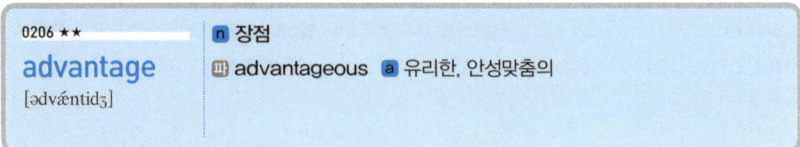

| advantage | merit | virtue |

▎ I still have one **advantage** over you: my expertise in the car industry.
내게는 그래도 당신보다 더 뛰어난 점이 있는데 그건 자동차산업에 대한 전문지식이지.

0206 ★★	n 장점
advantage [ədvǽntidʒ]	ᆅ advantageous a 유리한, 안성맞춤의

expertise 전문지식, 기술

▎ The new spaceship is not perfect; nevertheless, it has **merit**.
신형 우주선은 완벽하지는 않지만 나름 가치가 있다.

0207 ★★	n (칭찬받아 마땅한) 장점, 가치
merit [mérit]	ᆅ demerit 단점, 결점

nevertheless ~임에도 불구하고

▎ Alison's only **virtue** is that she is an expert in developing design software, and so she is indispensable to our company.
앨리슨의 유일한 장점은 그녀가 디자인 소프트웨어 개발에 있어서 전문가라는 점이다. 따라서 그녀는 우리 회사에 없어서는 안 될 존재다.

0208 ★	n 장점, 덕, 고결함
virtue [vɔ́ːrtʃuː]	ᆅ virtuous a 덕이 있는, 고결한

indispensable 불가결한, 필수적인

 업계에는 Nobody is indispensable(대체할 수 있는 인재는 없다)이라는 관습적인 표현이 있습니다.

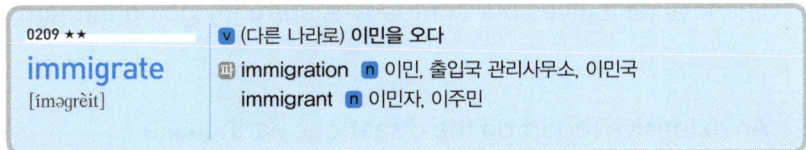

| immigrate | emigrate | migrate |

Europeans who **immigrated** to America in the early 1900's first landed on Ellis Island in New York.

1900년대 초에 미국으로 이민 온 유럽 사람들은 뉴욕의 엘리스 섬에 처음으로 발을 디뎠다.

0209 ★★	ⓥ (다른 나라로) **이민을 오다**
immigrate [íməgrèit]	ⓟ immigration ⓝ 이민, 출입국 관리사무소, 이민국 immigrant ⓝ 이민자, 이주민

The first group of Japanese people to **emigrate** to Seattle arrived in the early Meiji Period.

메이지 시대 초기에 일본인 이민 일세대가 시애틀에 도착했다.

0210 ★★	ⓥ (다른 나라로) **이민을 가다, 이주하다**
emigrate [éməgrèit]	ⓟ emigration ⓝ (다른 나라로의) 이주 emigrant ⓝ (다른 나라로 떠나는) 이민자

 immigrate는 '이민하여 입국하다', emigrate는 '이민하기 위해 출국하다'의 의미가 있습니다.

Canada geese **migrate** south in the fall and spend the winter in Florida.

캐나다 기러기는 가을이 되면 남쪽으로 이동해 플로리다에서 겨울을 보낸다.

0211 ★★	ⓥ (사람이나 새 등이) **이동하다, 이주하다**
migrate [máigreit]	ⓟ migration ⓝ (사람이나 동물의) 이동, 이주

99

빈칸에 해당하는 단어를 문장에 맞춰 바꿔 가면서 써보세요. (제한시간 5분)

1. I regret having to_____ your employment due to the financial difficulties our company is currently going through.

2. An extensive report on the disastrous earthquake _____ many people to volunteer to help the victims.

3. You should ask Pat about the recipe. He is a real _____, especially where French cuisine is concerned.

4. Kendall Inc. seems to attract many job applicants due to their _____ management policies.

5. Helen comes from a big family, and spent her childhood wearing _____ clothes.

6. If you want to sell your products, you must be prepared to listen to our customers' _____ opinions.

7. The _____ policeman was able to lift the fallen rock off the road very easily.

8. Canada geese _____ south in the fall and spend the winter in Florida.

9. I still have one _____ over you: my expertise in the car industry.

10. Every year, mountain climbers die in the Alps due to avalanches during the spring _____.

힌트			
advantage	terminate	hand-me-down	humane
gourmet	migrate	persuade	candid
thaw	hefty		

해답은 419페이지에

| administration | execution | minister |

> My boss is very dynamic and creative, but his weak point is **administration** of the business.

내 상사는 매우 정력적이고 창조적이지만 사업 관리에 약점이 있다.

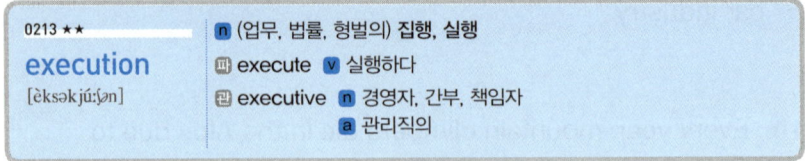

0212 ★★

administration
[ədmìnistréiʃən]

- n 관리, 운영, 행정
- 관 administrator n 관리자, 감시자, 행정관
- 파 administer v (업무 등을) 관리하다, 운영하다

> These orders are vital for national security; there must be absolutely no delay in their **execution**.

이 명령들은 국가 안보에 필수적이기 때문에 결코 실행에 지체가 있어서는 안 된다.

0213 ★★

execution
[èksəkjúːʃən]

- n (업무, 법률, 형벌의) 집행, 실행
- 파 execute v 실행하다
- 관 executive n 경영자, 간부, 책임자
  - a 관리직의

> The **minister** declared the couple husband and wife, and the newly married couple kissed each other.

목사는 두 사람을 부부로 선언했고 신혼부부는 서로에게 키스했다.

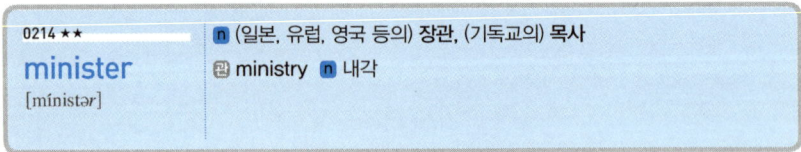

0214 ★★

minister
[mínistər]

- n (일본, 유럽, 영국 등의) 장관, (기독교의) 목사
- 관 ministry n 내각

 정부기관의 이름에서 미국의 경우는 department가 '부'나 '성', bureau가 '국' 등으로 사용됩니다. Department of State(DOS)는 '미 국무부', Federal Bureau of Investigation은 '연방수사국'이라는 뜻입니다.

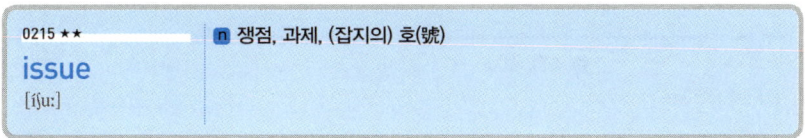

| issue | agenda | minutes |

Dealing with global warming is perhaps the most important **issue** currently facing the human race.

지구온난화에 대처하는 것이 아마도 현재 인류가 직면하고 있는 최대 과제일 것이다.

0215 ★★

issue
[íʃuː]

n 쟁점, 과제, (잡지의) 호(號)

TOEIC 포인트

issue는 agenda처럼 정식 의제는 아니지만 토론해서 해결할 만한 과제, 문제라는 의미입니다. 또 July 4th issue에서처럼 '(잡지 등의) 7월 4일호'라는 뜻도 있으니까 주의하세요.

With permission of the Chair, I would like to begin with the first item on today's **agenda**, "how to deal with the new mega-shopping complex project."

의장님께서 허락하신다면 오늘 의제의 첫 번째 안건으로 '새로운 대형 쇼핑센터 프로젝트에 어떻게 대처해야 하는가?'로 시작하고 싶습니다.

0216 ★★

agenda
[ədʒéndə]

n 의제

TOEIC 포인트

with permission of the Chair(의장의 허락 아래)는 회의를 시작할 때 늘 쓰는 말입니다. 여기서 chair 는 '의자'라는 뜻이 아니라는 점을 주의하세요.

If no one volunteers to take the **minutes** for today's meeting, we will have to take turns and start from the top of the alphabet. I'm afraid it is your turn, Adams.

오늘 회의에서 회의록을 작성하겠다고 신청하시는 분이 아무도 없다면, 알파벳순으로 순서를 정하겠습니다. 죄송하지만 아담스, 당신 차례입니다.

0217 ★

minutes
[mínits]

n (복수형으로) 의사록, (회의 등의) 기록
: take minutes 의사록을 작성하다

| process | procedure | protocol |

For non-EU citizens, obtaining a work visa in an EU country is a long and difficult **process**.

유럽연합 미가입국의 국민들이 유럽연합 가입국의 취업 비자를 받으려면 오랜 시간과 까다로운 절차를 거쳐야만 한다.

0218 ★★	**n** 과정, 절차
process	
[práses]	

When shutting down the computer system, it is important to follow the correct **procedure**.

컴퓨터 시스템을 종료할 때는 올바른 순서를 따르는 게 중요하다.

0219 ★★	**n** 순서, 절차
procedure	
[prəsíːdʒər]	

 procedure는 '사무적인 절차', process는 '제조과정, 처리공정'의 뜻으로 사용되는 경우가 많습니다.

When you're allocating seats for the banquet, please study the seating **protocol** carefully so that none of the guests is offended.

연회의 자리를 배치할 때에는 단 한 명의 손님이라도 불쾌하지 않도록 의전을 잘 고려해 주세요.

0220 ★	**n** 의례, 의전
protocol	
[próutəkɔ̀(ː)l]	

allocate 할당하다, 배치하다

| delinquent | mischievous | disobedience |

In regard to your **delinquent** account, we will be forced to discontinue your telephone service as of this coming Friday, May 13th.

요금을 체납하셨기 때문에 오는 5월 13일 금요일부터 귀하의 전화 서비스를 중단할 수밖에 없습니다.

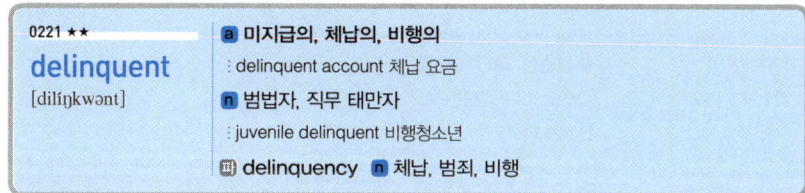

0221 ★★
delinquent
[dilíŋkwənt]

ⓐ 미지급의, 체납의, 비행의
: delinquent account 체납 요금
ⓝ 범법자, 직무 태만자
: juvenile delinquent 비행청소년
ⓟ delinquency ⓝ 체납, 범죄, 비행

in regard to ∼에 관해, ∼건으로 / discontinue 중단하다, 끊다

Lily was suspended from school for three days for her **mischievous** behavior. She was found writing graffiti on the bathroom wall.

릴리는 장난을 쳐서 3일간 정학을 당했다. 그녀는 화장실 벽에 낙서를 하다가 들켰다.

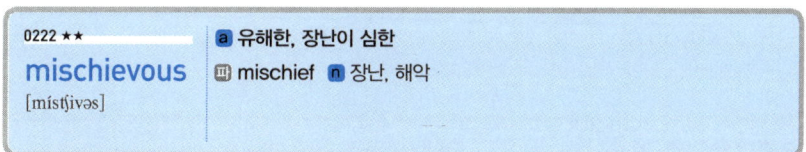

0222 ★★
mischievous
[místʃivəs]

ⓐ 유해한, 장난이 심한
ⓟ mischief ⓝ 장난, 해악

be suspended from∼ ∼때문에 정직[정학] 처분되다 / graffiti 낙서, 장난으로 쓴 글

At our factory we have to deal with several explosive chemicals. **Disobedience** of work rules may cost you your life as well as your job.

우리 공장은 폭발성 화학물질을 다룬다. 작업 규칙을 위반하면 당신의 직업뿐만 아니라 생명을 빼앗을 수도 있다.

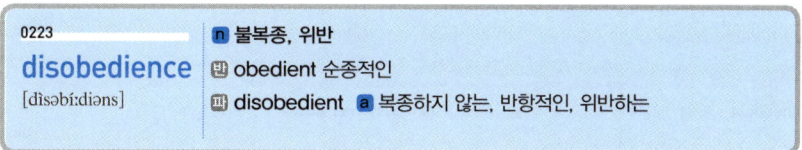

0223
disobedience
[dìsəbíːdiəns]

ⓝ 불복종, 위반
ⓐ obedient 순종적인
ⓟ disobedient ⓐ 복종하지 않는, 반항적인, 위반하는

explosive chemical 폭발성 화학물질

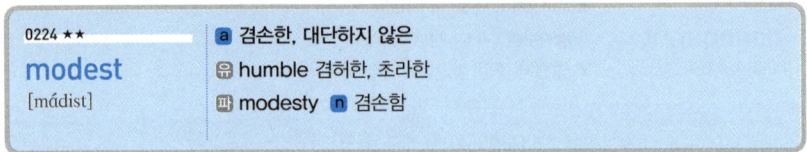

Don't be so **modest**! We all know that you have made extraordinary achievements in the field of genetics.

너무 겸손해하지 않으셔도 됩니다. 우리 모두 당신이 유전학 분야에서 놀라운 성과를 올렸다는 사실을 알고 있습니다.

0224 ★★	ⓐ 겸손한, 대단하지 않은
modest	ⓗ humble 겸허한, 초라한
[mάdist]	ⓟ modesty ⓝ 겸손함

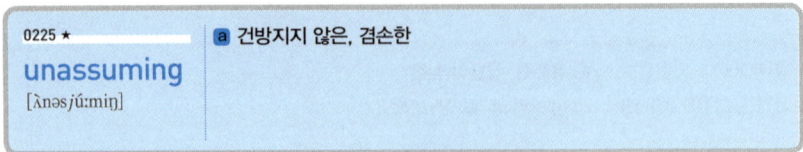

Meg Leeds' acceptance speech was **unassuming**, and she gave most of the credit for her success to her colleagues.

맥 리드는 수락 연설에서 자기 자랑을 하지 않고 동료들에게 성공의 공로를 돌렸다.

0225 ★	ⓐ 건방지지 않은, 겸손한
unassuming	
[ʌ̀nəsjúːmiŋ]	

acceptance speech 취임 연설, (후보) 수락 연설 / give the credit to~ 공로를 ~에게 돌리다

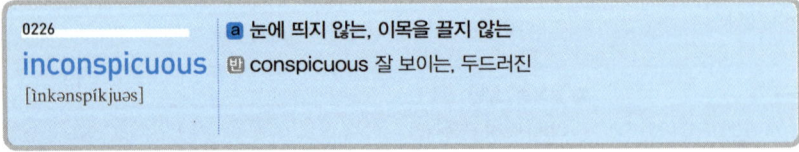

Gareth is so shy about speaking French that he always does his best to remain **inconspicuous** in language classes.

개러스는 프랑스어를 하는 것을 쑥스러워하기 때문에 어학 수업시간에 늘 눈에 띄지 않으려고 노력한다.

0226	ⓐ 눈에 띄지 않는, 이목을 끌지 않는
inconspicuous	ⓐ conspicuous 잘 보이는, 두드러진
[ìnkənspíkjuəs]	

shy about ~를 잘 못하다, ~하는 것을 부끄러워하다 / remain inconspicuous 눈에 띄지 않다

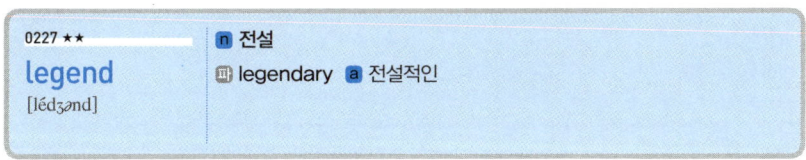

| legend | myth | superstition |

According to a **legend** among Native Americans in Alaska, it was a raven that gave life to everything that exists in this world.

알래스카의 미국 원주민의 전설에 따르면, 이 세상에 존재하는 모든 것에 생명을 부여한 것은 갈가마귀였다고 한다.

| 0227 ★★ **legend** [lédʒənd] | n 전설
파 legendary a 전설적인 |

raven 갈가마귀

Many people still believe in the **myth** of men being the stronger gender.

많은 사람들은 여전히 남성이 보다 강한 성(性)이라는 통념을 믿고 있다.

| 0228 ★★ **myth** [miθ] | n 신화, (잘못된) 사회 통념
: mythology의 약자 |

gender (사회적) 성, 성별

It used to be a common **superstition** among sailors that beginning a voyage on a Friday would bring bad luck.

선원들 사이에서는 금요일에 출항하는 것은 불운을 불러온다는 미신이 일반적이었다.

| 0229 ★ **superstition** [sjùːpərstíʃən] | n 미신, 속설
파 superstitious a 미신에 사로잡힌 |

TOEIC 포인트 legend는 사실인 경우가 많지만 myth나 superstition은 사실에 기반하지 않거나 근거가 없는 경우가 많습니다.

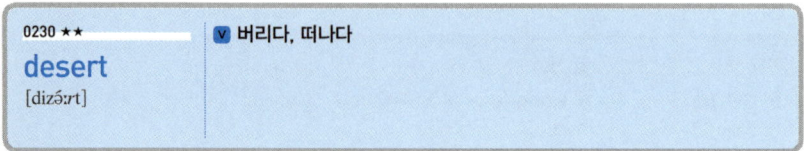

Marla is seeking a divorce because her husband **deserted** her and their three children.

말라는 남편이 자신과 세 아이를 버렸기 때문에 이혼하려고 한다.

0230 ★★ **desert** [dizə́:rt]	**v** 버리다, 떠나다

 desert(사막)와 철자가 같지만 발음이 다르므로 주의하세요. 사막의 발음기호는 [dézərt] 입니다.

Neglecting children and leaving them unattended is one of the major problems in raising children.

아이들을 돌보지 않거나 방치하는 것은 자녀 양육의 중요한 문제점 중 하나다.

0231 ★★ **neglect** [niglékt]	**v** 방임하다, 게을리하다, 소홀히 하다 **파** negligence **n** 태만, 부주의, 방치 negligent **a** 태만한, 무관심한, 부주의한

unattended 돌보지 않는, (환자나 유아 옆에) 아무도 없는

Somebody has **abandoned** an old car right outside my front door!

누군가가 우리 현관 바로 앞에 고물차를 버렸어!

0232 ★★ **abandon** [əbǽndən]	**v** 버리다 **유** dump (쓰레기 등을) 버리다

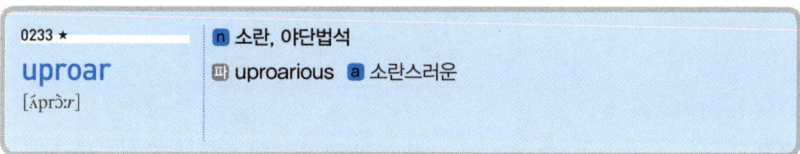

| uproar | hubbub | racket |

There was an **uproar** in Parliament yesterday when the governing party tried to force a vote on its controversial new national security measures.

어제 여당이 논란이 되고 있는 새로운 국가안전보장대책법을 강행 표결 처리하려고 하는 바람에 의회에서 고함이 오가는 소동이 벌어졌다.

| 0233 ★

uproar
[ʌ́prɔ̀ːr] | **n** 소란, 야단법석

파 uproarious **a** 소란스러운 |

try to force 강행하다, 억지로 시도하다 / controversial 논쟁의 핵심인, 의견이 갈라진
national security 국가안전보장 / measures (복수형으로) 대책, 방법

Ken raised his voice so that he could be heard above the **hubbub** of the noisy party.

켄은 소란스러운 군중 사이에서 자신의 소리를 듣게 하기 위해 목소리를 높였다.

| 0234 ★

hubbub
[hʌ́bʌb] | **n** 왁자지껄 사람들이 떠드는 소리 |

Students were punished for raising a **racket** last night in their dorm.

학생들은 어젯밤 기숙사에서 소동을 부려 벌을 받았다.

| 0235

racket
[rǽkit] | **n** 큰 소동, 소음 |

raise a racket 난리를 피우다

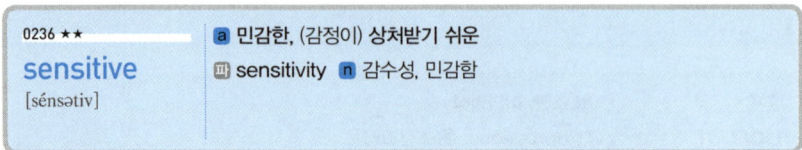

Cats and dogs as animal companions are said to be **sensitive** to their owners' moods. 개와 고양이는 반려동물로서 주인의 기분에 민감하다고 한다.

0236 ★★	@ 민감한, (감정이) 상처받기 쉬운
sensitive [sénsətiv]	파 sensitivity n 감수성, 민감함

animal companions 반려동물

sensitive는 '상처받기 쉬운, 다혈질의, 신경질적인' 같은 부정적인 이미지도 강합니다. sensible (지각 있는)이라는 긍정적인 이미지의 단어와 헷갈려선 안 됩니다.

Don't get mad when I call you 'Dumpling.' Don't be to sensitive.
너를 '경단'이라고 불렀다고 그렇게 화내지 마. 너무 예민하게 굴지 마.

You are employed as a trainee at this store. So during the on-the-job training period, we ask you to be **observant** and try to learn the trade.
너는 이 가게에 실습생으로 채용되었다. 그러니 실습 기간 동안 잘 관찰하면서 이 업종에 대해 배우길 바란다.

0237 ★★	@ 잘 관찰하는, 주의 깊은, 잘 알아차리는
observant [əbzɔ́:rvənt]	파 observation n 관찰, 관찰력

on-the-job training (OJT) 실습, 교육훈련 / trade (어느 분야의) 직업, 업종

If I had been more **perceptive**, I would not have missed the chance to buy a house before real estate prices soared.
내가 좀 더 통찰력이 있었더라면 부동산 가격이 뛰기 전에 집을 살 기회를 놓치지 않았을 텐데.

0238 ★	@ (매사에 대한) 감각이 예민한, 통찰력이 있는
perceptive [pərséptiv]	파 perception n 지각, 직관

would not have~ ~하지 않았을 텐데 / soar 급등하다

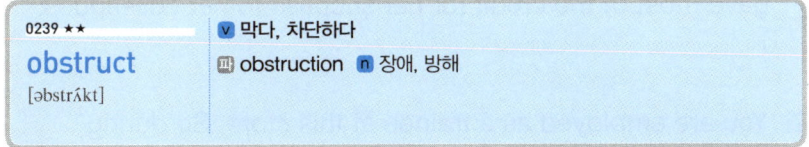

| obstruct | hinder | impede |

| Our house is always dark because the big oak in the front yard **obstructs** the sun.

우리 집은 앞마당의 큰 떡갈나무에 햇빛이 가려 늘 어둡다.

0239 ★★	ⓥ 막다, 차단하다
obstruct [əbstrʌ́kt]	ⓜ obstruction ⓝ 장애, 방해

 obstacle과 obstruction은 비슷한 뜻 같지만 엄격하게 따지면 obstacle은 '장애물 그 자체', obstruction은 '장애'를 의미합니다.
obstacle in the throat 목을 막은 이물질 (그 자체)
obstruction in the throat 목이 메는 증상

| A lack of funds has continually **hindered** George's ambition to be a successful inventor.

자금 부족 문제는 조지가 발명가로서 성공하고자 하는 야망을 계속해서 방해했다.

0240 ★	ⓥ 방해하다, 장애가 되다
hinder [híndər]	ⓜ hindrance ⓝ 방해, 방해물

inventor 발명가

| If those curious onlookers had not **impeded** the fire engine, the fire would have been put out much sooner.

호기심 가득한 구경꾼들이 소방차를 방해하지 않았다면 화재를 좀 더 빨리 진화할 수 있었을 텐데.

0241	ⓥ 방해하다, 저해하다
impede [impíːd]	ⓜ impediment ⓝ 방해, 저해

fire engine 소방차 / put out (불 등을) 끄다

빈칸에 해당하는 단어를 문장에 맞춰 형태를 바꿔 보세요. (제한시간 5분)

1. Meg Leeds' acceptance speech was _____, and she gave most of the credit for her success to her colleagues.

2. You are employed as a trainee at this store. So during the on-the-job training period, we ask you to be _____ and try to learn the trade.

3. My boss is very dynamic and creative, but his weak point is _____ of the business.

4. In regard to your _____ account, we will be forced to discontinue your telephone service as of this coming Friday, May 13th.

5. Many people still believe in the _____ of men being the stronger gender.

6. Dealing with global warming is perhaps the most important
_____ currently facing the human race.

7. _____ children and leaving them unattended is one
of the major problems in raising children.

8. Our house is always dark because the big oak in the front
yard _____ the sun.

9. When shutting down the computer system, it is important
to follow the correct _____.

10. Students were punished for raising a _____ last
night in their dorm.

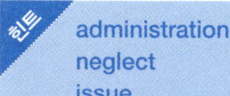

administration	procedure	observant	delinquent
neglect	unassuming	myth	racket
issue	obstruct		

해답은 419페이지에

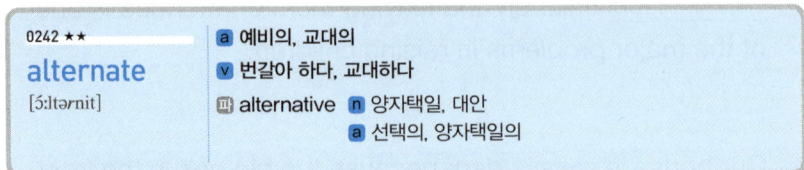

| alternate | substitute | surrogate |

We should choose an **alternate** day for the meeting in case some of the participants can't make it on July 17th.

참가자 중 7월 17일에 참석할 수 없는 사람이 있을지 모르니 예비로 하루를 더 골라 놓죠.

0242 ★★

alternate
[ɔ́ːltərnit]

ⓐ 예비의, 교대의
ⓥ 번갈아 하다, 교대하다
ⓟ alternative ⓝ 양자택일, 대안
　　　　　　　 ⓐ 선택의, 양자택일의

This recipe requires sour cream, but if you don't like the flavor, yogurt can be used as a **substitute**.

이 요리에는 사워크림이 필요한데 그 향이 싫다면 요구르트를 대신 사용해도 된다.

0243 ★

substitute
[sʌ́bstitjùːt]

ⓝ 대신하는 사람, 대용품
ⓥ 대체하다, 대용하다
ⓟ substitution ⓝ 대리, 대용

---

recipe 요리법

Joan's parents died when she was just a child, but her uncle Albert was so kind to her that she regarded him as a **surrogate** father.

조앤의 부모님은 그녀가 어렸을 때 돌아가셨지만 삼촌인 알버트가 무척 살가웠기 때문에 그녀는 그를 아버지처럼 생각했다.

0244 ★

surrogate
[sə́ːrəgèit]

ⓐ 대리의, 대용의
ⓝ 대리인
ⓥ (누군가를) 대신하다

---

regard someone as 누군가를 ~로 생각하다, ~로 간주하다

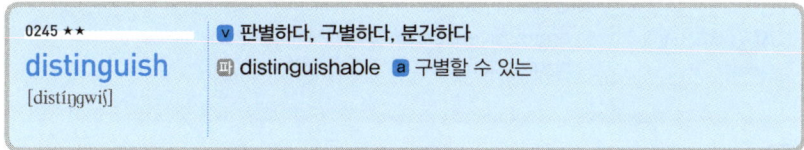

Carrie is so ignorant about plants that she cannot **distinguish** tulips from pansies.

캐리는 식물에 관해 정말 무지하기 때문에 튤립과 팬지를 구별하지 못한다.

0245 ★★	v 판별하다, 구별하다, 분간하다
distinguish [distíŋgwiʃ]	파 distinguishable a 구별할 수 있는

The new Civil Rights Acts makes it illegal to **discriminate** against anyone on the basis of age, gender, ethnicity, physical ability or religion.

새로운 민권법에 의하면 연령, 성, 인종, 신체적 능력, 종교를 바탕으로 사람을 차별하는 것은 불법이다.

0246 ★★	v 차별하다, 구별하다
discriminate [diskrímǝneit]	동 differentiate 구별하다, 식별하다 파 discrimination n 차별, 구별 　 discriminatory a 식별 가능한, 차별적인

Discerning the faint trail of footprints led to establishing the identity of the murderer.

희미한 발자국의 흔적을 식별함으로써 살인범의 신원을 밝힐 수 있었다.

0247	v (색이나 차이를) 분간하다, 식별하다
discern [disɔ́ːrn]	파 discernible a 식별 가능한, 분간할 수 있는

establish the identity 신원을 확인하다, 인물을 밝혀내다

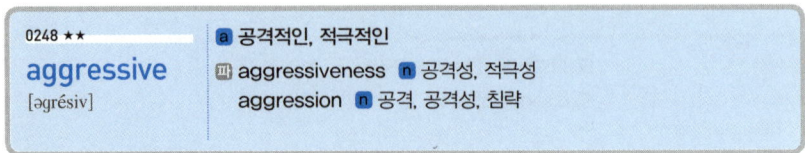

| aggressive | hostile | taciturn |

▌I don't care to shop at Foster's; the sales staff is too **aggressive**.
나는 포스터즈에서 쇼핑하는 걸 별로 안 좋아해. 판매원들이 너무 적극적이야.

0248 ★★	ⓐ 공격적인, 적극적인
aggressive	ⓜ aggressiveness ⓝ 공격성, 적극성
[əgrésiv]	aggression ⓝ 공격, 공격성, 침략

 aggressive는 예문처럼 부정적인 의미로만 사용되는 것이 아니라, aggressive sales staff(적극적인 영업사원)처럼 긍정적인 의미로 사용되는 경우도 많답니다.

▌One example of a **hostile** environment may be an area that has a high dioxin count. It may be hazardous to your health and that of your offspring.
유해한 환경의 일례로는 다이옥신 농도가 높은 지역을 들 수 있다. 그곳은 당신과 당신 아이의 건강에도 해롭다.

0249 ★★	ⓐ (환경 등에) 유해한, 적대적인
hostile	ⓜ hostility ⓝ 적의, 반감
[hástəl]	

dioxin count 다이옥신 농도 / hazardous to~ ～에 해가 되다

▌I am sorry to say Megan's morose and **taciturn** attitude is alienating many of her classmates.
유감스럽게도 매건의 까다롭고 무뚝뚝한 태도는 많은 학급 친구들을 멀어지게 만든다.

0250	ⓐ 과묵한, 무뚝뚝한
taciturn	
[tǽsitə̀ːrn]	

morose 까다로운, 무뚝뚝한 / alienate 멀리하다, 소원하게 되다

116

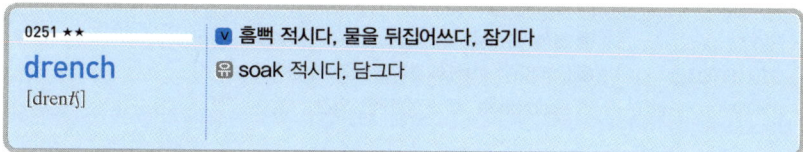

Kim's car stalled in the middle of nowhere, and so she had to walk home and got **drenched** in the shower.

킴은 차가 외진 곳에서 고장나는 바람에 걸어서 집에 가야 했는데 갑작스러운 소나기로 흠뻑 젖었다.

0251 ★★	**Ⓥ** 흠뻑 적시다, 물을 뒤집어쓰다, 잠기다
drench [drenʧ]	**Ⓢ** soak 적시다, 담그다

stall 차가 멈추다, 엔진이 꺼지다

The company had to expand their sales market into remote areas since their product had already **saturated** the market in the city.

그 회사의 제품은 이미 시장에서 포화 상태였기 때문에 판매시장을 먼 곳까지 확대할 수밖에 없었다.

0252 ★	**Ⓥ** 완전히 잠기다, 포화시키다, 과잉 공급하다
saturate [sǽtʃərit]	**Ⓟ** saturation **Ⓝ** 포화

remote area 원격지

I was so **immersed** in my work that I lost track of time and missed an important appointment.

일에 열중한 나머지 시간 가는 줄 몰라 중요한 약속을 놓쳤다.

0253 ★	**Ⓥ** (물 속에) 담그다, 몰두하게 하다
immerse [imə́ːrs]	**Ⓟ** immersion **Ⓝ** 몰두, (액체에) 담금

lose track of time 시간의 경과를 잊다

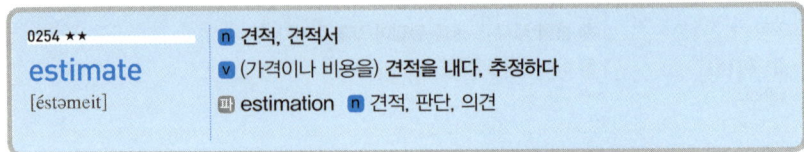

The construction costs are likely to rise far above the original **estimate** as a result of delays caused by bad weather.
악천후에 따른 지연으로 건설비가 당초 견적을 대폭 웃돌 것으로 보인다.

0254 ★★

estimate
[éstəmeit]

- n 견적, 견적서
- v (가격이나 비용을) 견적을 내다, 추정하다
- 파 estimation n 견적, 판단, 의견

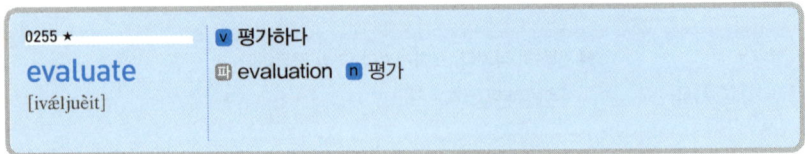

The committee was unable to **evaluate** the proposal because it lacked sufficient information on the financing of the project.
프로젝트 자금 조달 방법에 대한 충분한 정보가 없었기 때문에 위원회는 그 제안을 평가할 수 없었다.

0255 ★

evaluate
[ivǽljuèit]

- v 평가하다
- 파 evaluation n 평가

---

lack information 정보가 부족하다

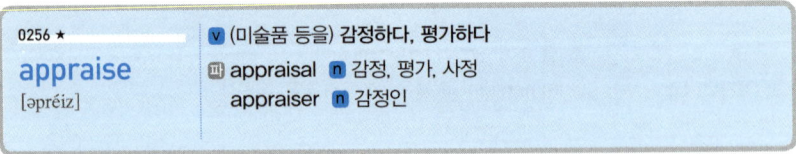

Before we can insure this jewelry, you must have it **appraised** by an expert to determine its value.
이 보석에 보험을 들기 전에 그 가치를 결정하기 위해 전문가의 감정을 받아주세요.

0256 ★

appraise
[əpréiz]

- v (미술품 등을) 감정하다, 평가하다
- 파 appraisal n 감정, 평가, 사정
- appraiser n 감정인

---

determine 결정하다

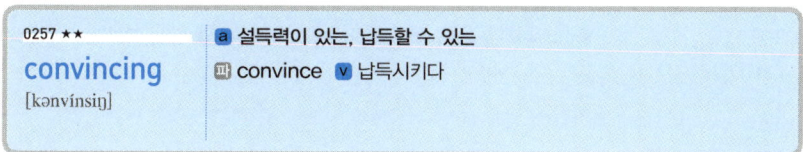

Bette's argument was **convincing** enough for her co-workers to vote for a strike.

베트의 주장은 꽤나 설득력이 있어서 동료들은 파업 찬반투표를 했다.

0257 ★★	ⓐ 설득력이 있는, 납득할 수 있는
convincing	ⓟ convince ⓥ 납득시키다
[kənvínsiŋ]	

vote for a strike 파업 찬반투표를 하다

The witness's testimony didn't sound **credible** and failed to convince the jury.

증인의 증언은 신빙성이 없어서 배심원을 납득시키지 못했다.

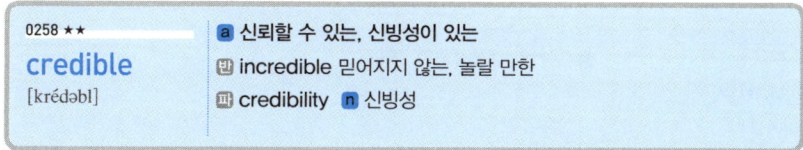

0258 ★★	ⓐ 신뢰할 수 있는, 신빙성이 있는
credible	ⓞ incredible 믿어지지 않는, 놀랄 만한
[krédəbl]	ⓟ credibility ⓝ 신빙성

witness 목격자, 증인 / testimony 증언, 진술

Alex's explanation for the staff reshuffle was **plausible** but not convincing.

직원의 인사 이동에 대한 알렉스의 설명은 그럴듯했지만 납득할 수는 없었다.

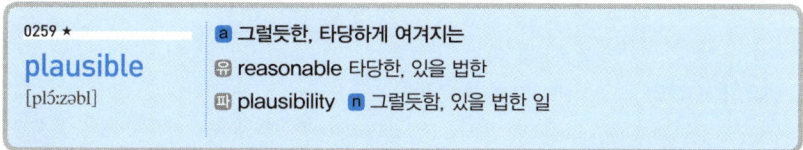

0259 ★	ⓐ 그럴듯한, 타당하게 여겨지는
plausible	ⓢ reasonable 타당한, 있을 법한
[plɔ́ːzəbl]	ⓟ plausibility ⓝ 그럴듯함, 있을 법한 일

reshuffle 교체, (내각 등의) 개각, 인사 이동

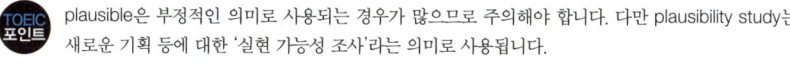

plausible은 부정적인 의미로 사용되는 경우가 많으므로 주의해야 합니다. 다만 plausibility study는 새로운 기획 등에 대한 '실현 가능성 조사'라는 의미로 사용됩니다.

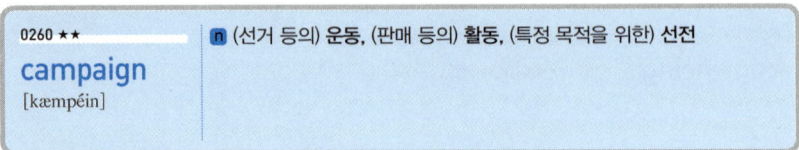

| campaign | ballot | electorate |

The senatorial **campaign** got started today with a debate among the six candidates.

상원의원의 선거운동은 후보 6명의 토론으로 오늘 시작되었다.

| 0260 ★★

campaign
[kæmpéin] | **n** (선거 등의) **운동**, (판매 등의) **활동**, (특정 목적을 위한) **선전** |

senatorial (미국) 상원의원의
※ **senator** 상원의원 / **representative** 하원의원

It was pointed out that in the last presidential election the **ballot** card in the state was not clearly formatted and confused many voters.

지난 대통령 선거 때 주(州)의 투표용지 형태가 명확하지 않아서 많은 유권자를 혼란에 빠뜨렸다는 지적이 나왔다.

| 0261 ★

ballot
[bǽlət] | **n** (무기명의) **투표용지, 투표** |

point out 지적하다 / **president election** 대통령 선거 / **ballot card** 투표용지

If he had visited his **electorate** more often, Mr. Reynolds would have won.

레이놀즈 씨가 유권자들을 좀 더 자주 방문했다면 당선되었을 것이다.

| 0262

electorate
[iléktərit] | **n** 유권자
回 electoral **a** 선거의 |

120

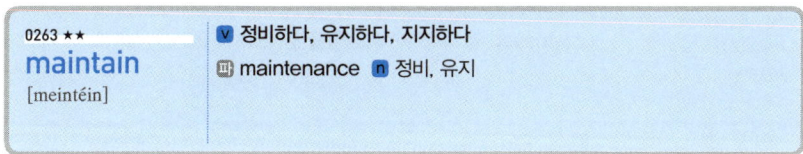

| *maintain* | *retain* | *uphold* |

We use a service company to **maintain** equipment such as elevators and escalators in the facility.

우리는 그 시설 내의 엘리베이터와 에스컬레이터 등의 설비를 유지 관리하는 데 용역회사를 이용하고 있다.

0263 ★★
maintain
[meintéin]

Ⓥ 정비하다, 유지하다, 지지하다
Ⓜ maintenance Ⓝ 정비, 유지

Be sure to **retain** the bottom half of the ticket in order to claim your luggage.

수하물을 찾기 위해서는 티켓의 하단 부분을 계속 가지고 있어야 합니다.

The first sign of aging is the weakening of **retaining** one's short-term memory.

노화의 첫 징후 중 하나는 단기기억의 유지가 어려워진다는 점이다.

0264 ★
retain
[ritéin]

Ⓥ 지속하다, 유지하다, 계속하다
Ⓜ retention Ⓝ 유지, 보유, 기억력

It is especially serious when politicians break the law, because it is their duty to **uphold** it.

법을 유지하는 것이 정치인들의 책임이기 때문에 그들이 법을 어기는 것은 특히 심각한 일이다.

0265 ★
uphold
[ʌphóuld]

Ⓥ 지지하다, 지탱하다

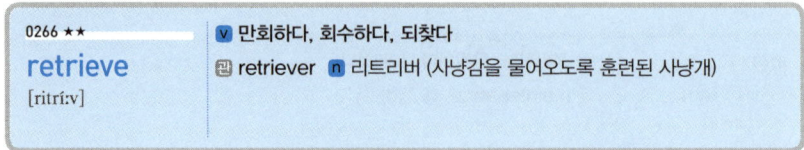

I had to go to the lost and found office to **retrieve** my briefcase, which I left on a bus.

버스에 놓고 내린 서류가방을 찾기 위해 분실물센터에 가야했다.

0266 ★★	v 만회하다, 회수하다, 되찾다
retrieve [ritríːv]	팽 retriever n 리트리버 (사냥감을 물어오도록 훈련된 사냥개)

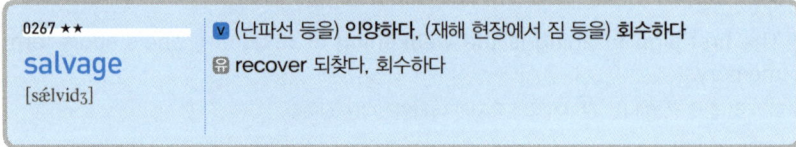

The survivors of the earthquake are now busy trying to **salvage** personal possessions from the ruins of their homes.

지진 생존자들은 폐허가 된 집에서 개인 소지품들을 꺼내느라 열심이다.

0267 ★★	v (난파선 등을) 인양하다, (재해 현장에서 짐 등을) 회수하다
salvage [sǽlvidʒ]	유 recover 되찾다, 회수하다

survivor (사고 등의) 생존자 / possessions 소유물, 소지품 / ruins 폐허, 유적

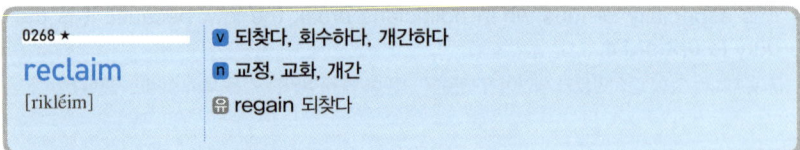

A new war broke out because the nation wanted to **reclaim** territory it had lost in the previous war.

그 나라는 이전 전쟁에서 잃은 영토를 되찾길 원했기 때문에 새로운 전쟁이 시작되었다.

0268 ★	v 되찾다, 회수하다, 개간하다
reclaim [rikléim]	n 교정, 교화, 개간
	유 regain 되찾다

territory 영토, 영지

| appropriately | consequently | aptly |

We are expected to dress **appropriately** for the reception: a long dress or a tux.

연회에는 긴 드레스와 턱시도라는 적절한 복장을 하고 가야 한다.

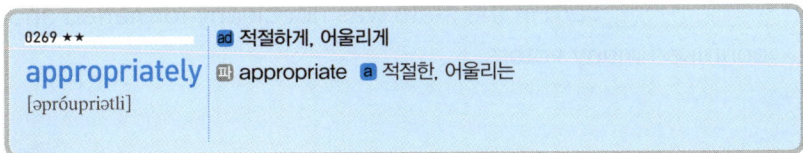

0269 ★★   ad 적절하게, 어울리게
appropriately
[əpróupriətli]   파 appropriate   a 적절한, 어울리는

 be expected는 원래 '~할 것으로 기대되다'라는 뜻인데 실제로는 명령에 가까워서, Your attendance is expected.는 '너는 출석해야만 한다.'는 뜻이 됩니다.

Henry has already bounced two checks this month. **Consequently**, his bank has charged him a $24 fee per check for insufficient funds.

헨리는 이번 달에도 두 번이나 수표를 부도냈다. 그 결과 은행은 예금 잔고 부족으로 수표를 끊을 때마다 장당 24달러의 수수료를 청구했다.

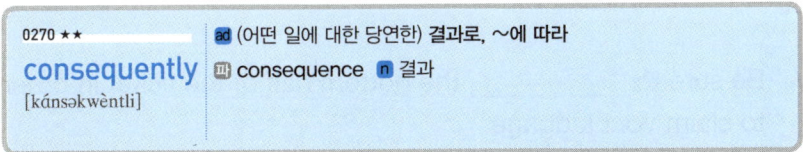

0270 ★★   ad (어떤 일에 대한 당연한) 결과로, ~에 따라
consequently
[kánsəkwèntli]   파 consequence   n 결과

bounce a check (계좌에 잔고가 없어) 개인수표를 부도내다 / insufficient funds 잔고 부족

Veronica's report **aptly** described the crises our company currently faces.

베로니카의 보고서는 현재 우리 회사가 직면한 위기를 정확하게 서술했다.

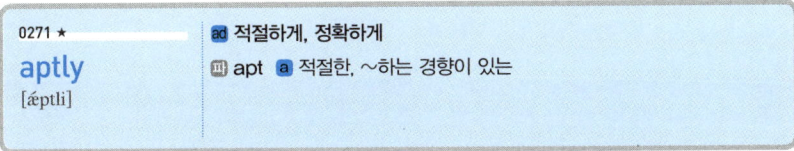

0271 ★   ad 적절하게, 정확하게
aptly
[ǽptli]   파 apt   a 적절한, ~하는 경향이 있는

빈칸에 해당하는 단어를 문장에 맞춰 형태를 바꿔 보세요. (제한시간 5분)

1. It was pointed out that in the last presidential election the _____ card in the state was not clearly formatted and confused many voters.

2. One example of a _____ environment may be an area that has a high dioxin count. It may be hazardous to your health and that of your offspring.

3. Carrie is so ignorant about plants that she cannot _____ tulips from pansies.

4. Be sure to _____ the bottom half of the ticket in order to claim your luggage.

5. We should choose an _____ day for the meeting in case some of the participants can't make it on July 17th.

6. The company had to expand their sales market into remote areas since their product had already _____ the market in the city.

7. Henry has already bounced two checks this month. _____, his bank has charged him a $24 fee per check for insufficient funds.

8. The committee was unable to _____ the proposal because it lacked sufficient information on the financing of the project.

9. I had to go to the lost and found office to _____ my briefcase, which I left on a bus.

10. The witness's testimony didn't sound _____ and failed to convince the jury.

힌트			
alternate	distinguish	hostile	ballot
retain	saturate	evaluate	credible
retrieve	consequently		

해답은 419페이지에

Unit 10

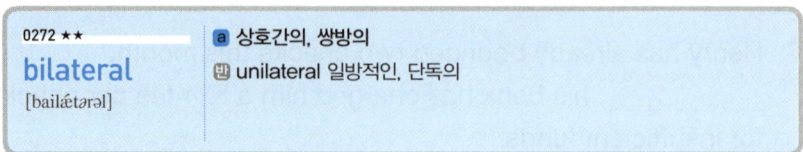

| bilateral | mutual | reciprocal |

Japan and the US have a **bilateral** agreement about accepting short-stay travelers without visas.

미국과 일본 사이에는 비자 없이 단기 체류 여행자를 받아들이는 상호협정이 있다.

0272 ★★

bilateral
[bailǽtərəl]

ⓐ 상호간의, 쌍방의

ⓟ unilateral 일방적인, 단독의

Meg and Ted found out that they had some **mutual** hobbies that drew them together.

멕과 테드는 서로를 가깝게 만드는 몇 개의 공통적인 취미를 가지고 있다는 사실을 발견했다.

0273 ★★

mutual
[mjúːtʃuəl]

ⓐ 공통의, 상호간의

Shortly after Japan's prime minister visited China, the Chinese premier made a **reciprocal** visit to Japan.

일본 총리가 중국을 방문한지 얼마 안 있어 중국 총리가 일본을 답방했다.

0274 ★★

reciprocal
[risíprəkəl]

ⓐ 상호간의, 답례의

ⓥ reciprocate ⓥ 답례하다, 주고받다
   reciprocation ⓝ 답례, 보복, 교환

| budget | revenue | financial statement |

The **budget** forecast for the next fiscal year is going to be discussed at the next board meeting.

다음 회계연도로 잡힌 예산이 다음 이사회 회의에서 논의될 예정이다.

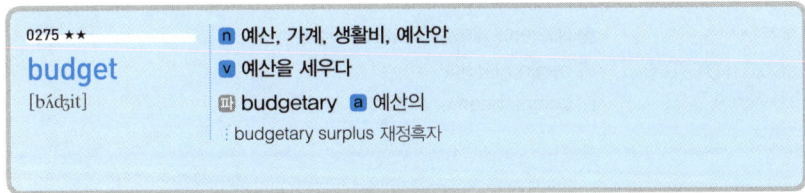

0275 ★★
budget
[bʌ́dʒit]

n 예산, 가계, 생활비, 예산안
v 예산을 세우다
파 budgetary a 예산의
: budgetary surplus 재정흑자

One of the responsibilities of the regional manager is to monitor **revenues** and expenses.

지역 담당 매니저의 책임 중 하나는 수입과 지출을 감독하는 것이다.

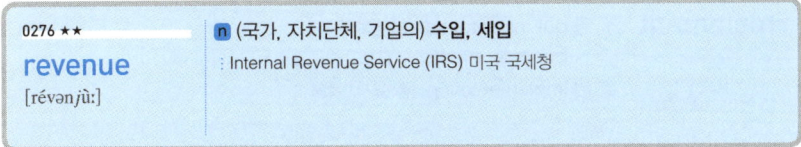

0276 ★★
revenue
[révən ju:]

n (국가, 자치단체, 기업의) 수입, 세입
: Internal Revenue Service (IRS) 미국 국세청

regional manager 지역 담당 매니저 / monitor 감시하다, 지켜보다

The company's **financial statement** confirms my suspicion that it is in danger of bankruptcy.

그 회사의 재무제표를 보고 회사가 파산 위기에 있다는 내 의심이 확실해졌다.

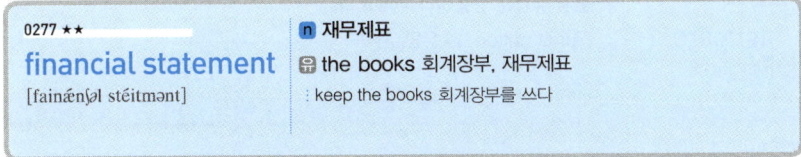

0277 ★★
financial statement
[fainǽnʃəl stéitmənt]

n 재무제표
유 the books 회계장부, 재무제표
: keep the books 회계장부를 쓰다

suspicion 의혹, 의심 / bankruptcy 파산, 도산

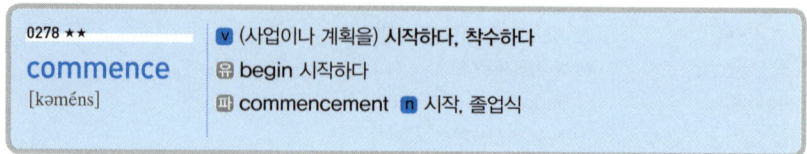

The new school year will **commence** earlier than usual this year on September 6th.

올해는 예년보다 이른 9월 6일에 새 학기가 시작된다.

0278 ★★ **commence** [kəméns]	Ⓥ (사업이나 계획을) **시작하다, 착수하다** 🔄 begin 시작하다 Ⓜ commencement Ⓝ 시작, 졸업식

The situation hasn't improved drastically even though the Equal Employment Opportunity Law was **implemented** a long time ago.

꽤 오래전에 남녀고용평등법이 시행되었지만 상황이 크게 나아졌다고는 할 수 없다.

0279 ★★ **implement** [ímpləmənt]	Ⓥ (법률이나 계획을) **실시하다, 실행하다, 시행하다** 🔄 put into practice 실행하다 become effective (법률 등이) 발효되다, 실시되다 Ⓜ implementation Ⓝ 실시, 실행

drastically 과감히, 대대적으로 / Equal Employment Opportunity Law (EEO) 남녀고용평등법

The demonstration was peaceful until a few radical demonstrators **instigated** violence against the police.

몇몇 과격한 시위자들이 경찰에게 폭력적인 도발을 하기 전까지 시위는 평화로웠다.

0280 ★★ **instigate** [ínstəgèit]	Ⓥ 부추기다, 선동하다, 유발하다 Ⓜ instigation Ⓝ 유인, 자극

radical 과격한, 급진적인

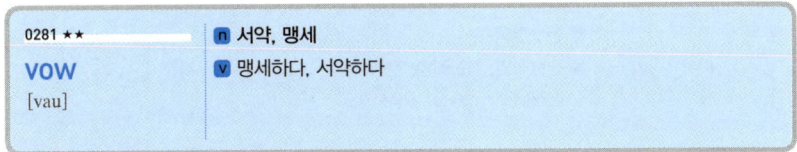

| vow | pledge | oath |

Nowadays, couples are increasingly writing their own wedding **vows** rather than sticking to the traditional ones.

최근에는 전통적인 방식을 고집하지 않고 직접 혼인 서약을 작성하는 커플들이 늘고 있다.

0281 ★★	n 서약, 맹세
vow	v 맹세하다, 서약하다
[vau]	

stick to~ ~를 고집하다, 집착하다 / wedding vow 혼인 서약

※ '~하기로 맹세하다'라고 할 때는 vow to~가 됩니다.

The prime minister vowed to pull the country's economy out of its long slump.

총리는 이 나라를 오랜 불경기에서 탈출시키겠다고 맹세했다.

At the initiation ceremony, Wei **pledged** to obey all the rules faithfully. After that he became a full-pledged member of the Boy Scouts.

웨이는 가입식에서 모든 규칙을 충실히 따르기로 서약했다. 그리고 나서 그는 정식으로 보이스카우트 회원이 되었다.

0282 ★★	v 서약하다, 보증하다, 담보로 넣다
pledge	n 서약, 약속, (대학 클럽 등의) 서약자
[pledʒ]	

initiation ceremony (클럽 등의) 가입식 / a full-pledged member 정식 회원

In law courts, it is customary for witnesses to swear an **oath** to tell the truth before giving testimony.

법정에서는 증인이 증언하기 전에 진실만을 말하겠다고 선서하는 것이 관례이다.

0283 ★★	n 서약, 선서, 서약서
oath	
[ouθ]	

customary 관례의, 관습적인 / swear an oath (법정에서) 선서하다 / give testimony 증거를 제출하다, 증언하다

I usually like **progressive** artists, but Hirst's work is too experimental for my taste.

나는 보통 혁신적인 예술가들을 좋아하지만 허스트의 작품은 너무 실험적이라 좋아하지 않는다.

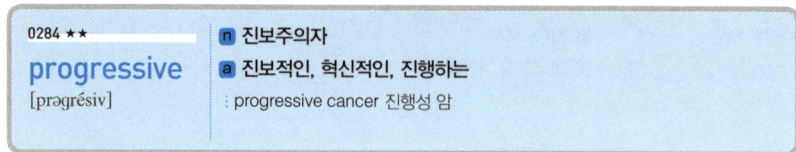

0284 ★★
progressive
[prəgrésiv]

n 진보주의자

a 진보적인, 혁신적인, 진행하는

: progressive cancer 진행성 암

experimental 실험적인

My father's views on marriage were very **conservative**. He believed the husband should go out to work, and the wife should stay at home.

결혼에 대한 아버지의 생각은 매우 보수적이었다. 아버지는 남편은 밖에 나가서 일하고, 아내는 집에 있어야만 한다고 믿었다.

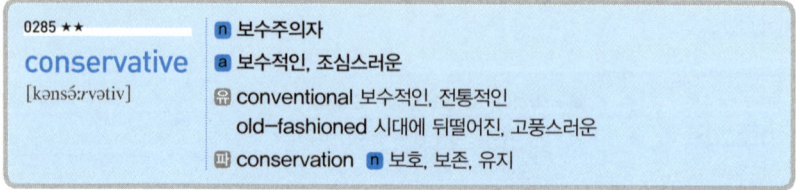

0285 ★★
conservative
[kənsɔ́:rvətiv]

n 보수주의자

a 보수적인, 조심스러운

유 conventional 보수적인, 전통적인
    old-fashioned 시대에 뒤떨어진, 고풍스러운

파 conservation n 보호, 보존, 유지

Bob is such a **conformist**. He hates to stand out from the crowd.

밥은 체제 순응적이다. 그는 무리에서 눈에 띄는 것을 무척 싫어한다.

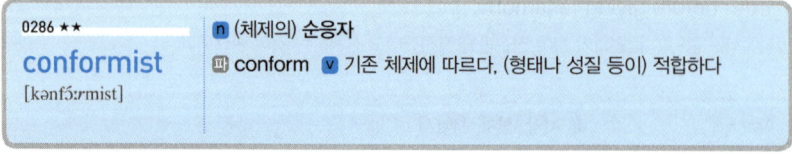

0286 ★★
conformist
[kənfɔ́:rmist]

n (체제의) 순응자

파 conform v 기존 체제에 따르다, (형태나 성질 등이) 적합하다

stand out 눈에 띄다, 도드라지다

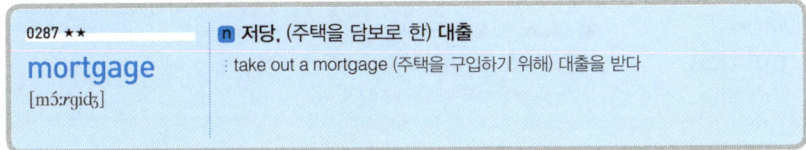

Since interest rates went up, I've had trouble keeping up with my **mortgage** payments.

금리가 오른 다음부터 대출 상환을 유지하는 게 어려워졌다.

0287 ★★ **mortgage** [mɔ́ːrgidʒ]	n 저당, (주택을 담보로 한) 대출 : take out a mortgage (주택을 구입하기 위해) 대출을 받다

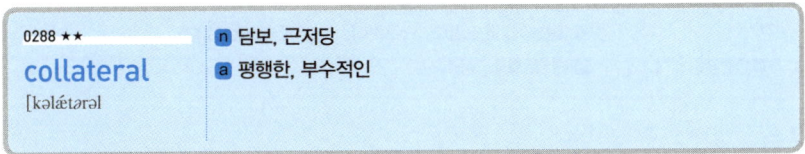

The bank agreed to let Mark have a business loan on condition that he put up his house as **collateral**.

은행은 마크가 자택을 담보로 제공하는 것을 조건으로 기업 대출을 승인했다.

0288 ★★ **collateral** [kəlǽtərəl]	n 담보, 근저당 a 평행한, 부수적인

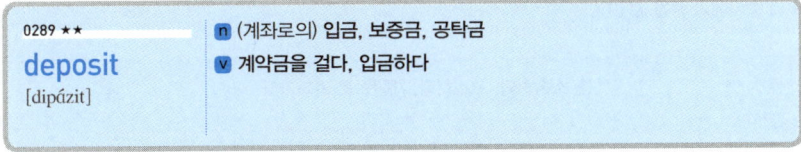

Nancy was lucky to find an apartment in the center of town that did not require a security **deposit**.

낸시는 다행스럽게도 시내 중심지에서 보증금이 필요 없는 아파트를 발견했다.

0289 ★★ **deposit** [dipázit]	n (계좌로의) 입금, 보증금, 공탁금 v 계약금을 걸다, 입금하다

※ security deposit은 미국 등에서 아파트를 임대할 경우에 지불하는 일종의 보증금입니다.

131

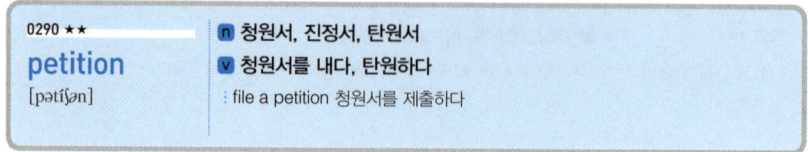
A group of citizens who care for wild animals filed a **petition** to abolish the city zoo.

야생동물을 사랑하는 시민들이 시립동물원을 폐지해야 한다는 청원서를 제출했다.

0290 ★★ **petition** [pətíʃən]	n 청원서, 진정서, 탄원서 v 청원서를 내다, 탄원하다 : file a petition 청원서를 제출하다

After losing his case at the district court, the defendant decided to **appeal** to the higher court.

피고는 지방법원에서 패소한 후 고등법원에 상소하기로 결정했다.

0291 ★★ **appeal** [əpíːl]	v (여론에) 호소하다, 요구하다, (재판에서) 상소하다 n 애원, 호소, 상소

lose a case (재판에서) 패소하다, (논쟁 등에서) 지다 / appeal to~ ~에 상소하다

The company **sued** us for not having the merchandise delivered in time for their annual sale, thus causing them a lot of financial damage.

그 회사는 1년에 한 번 열리는 세일 행사에 상품이 제때 배달되지 않아 막대한 경제적 손실을 입었다며 우리 회사에 소송을 걸었다.

0292 ★★ **sue** [sjuː]	v 소송하다, 고소하다, 재판으로 가져가다

financial damage 경제적 손실

qualification	eligibility	criteria

The school needs to find someone who has the **qualifications** to teach English-to-Chinese translation.

그 학교는 영중(英中) 번역을 가르칠 자격이 있는 사람을 찾아야 한다.

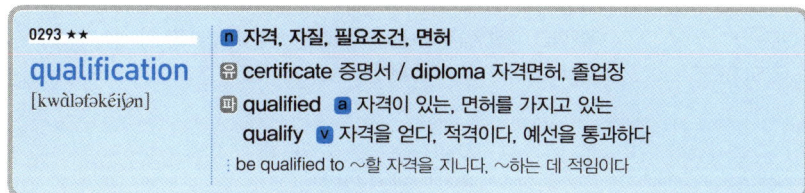

0293 ★★

qualification
[kwὰləfəkéiʃən]

ⓝ 자격, 자질, 필요조건, 면허
ⓟ certificate 증명서 / diploma 자격면허, 졸업장
ⓟ qualified ⓐ 자격이 있는, 면허를 가지고 있는
　qualify ⓥ 자격을 얻다, 적격이다, 예선을 통과하다
: be qualified to ～할 자격을 지니다, ～하는 데 적임이다

Duncan's application for a scholarship was turned down because he did not fully meet the criteria for **eligibility**.

자격 기준을 만족시키지 못했기 때문에 던컨의 장학금 신청은 기각되었다.

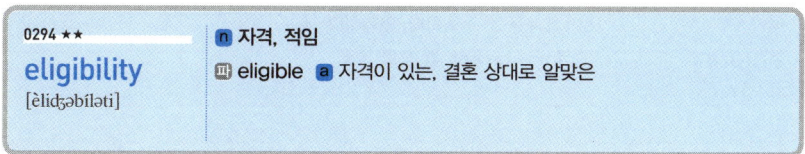

0294 ★★

eligibility
[èlidʒəbíləti]

ⓝ 자격, 적임
ⓟ eligible ⓐ 자격이 있는, 결혼 상대로 알맞은

※ eligible driver 운전면허 소지자 / eligible for a loan 융자를 받을 자격이 있는

Keeping an eye on the company's daily output is one of the key **criteria** for stockholders.

회사의 일일 생산량을 주시하는 것은 주주의 중요 덕목 중 하나다.

0295 ★★

criteria
[kraiti(:)əriə]

ⓝ 기준, 지표

※ 단수형은 criterion인데 복수형 criteria로 사용되는 경우가 많습니다.

> Anyone divulging confidential information about the company to outsiders will be **dismissed** immediately.

회사의 기밀 정보를 외부인에게 누설하는 사람은 즉시 해고될 것이다.

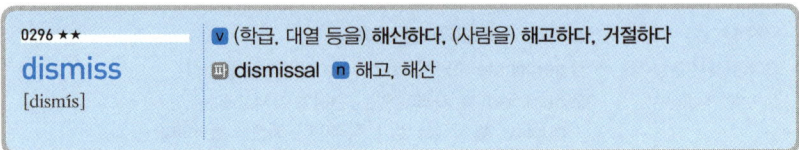

0296 ★★	v (학급, 대열 등을) 해산하다, (사람을) 해고하다, 거절하다
dismiss	ᵐ dismissal ⓝ 해고, 해산
[dismís]	

divulge (정보 등을) 폭로하다, 누설하다 / confidential information 기밀 정보

> The board meeting was **adjourned** as soon as the directors voted on the last agenda item.

이사회는 이사들이 최종 안건에 투표하자마자 정회되었다.

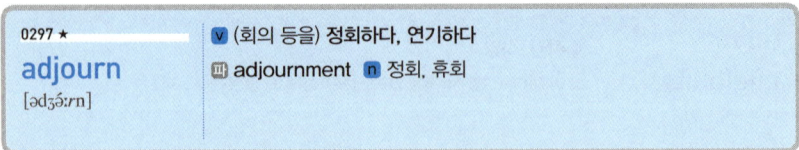

0297 ★	v (회의 등을) 정회하다, 연기하다
adjourn	ᵐ adjournment ⓝ 정회, 휴회
[ədʒɔ́ːrn]	

board meeting 이사회 / director 임원, 중역

> The uprising in November **liberated** the country from foreign occupation.

11월에 일어난 봉기는 그 나라를 외국의 점령으로부터 해방시켰다.

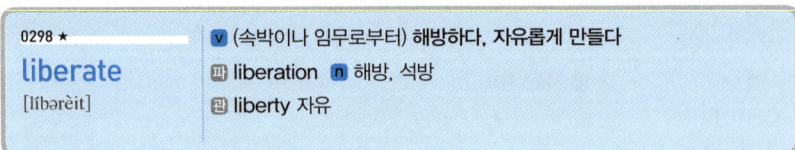

0298 ★	v (속박이나 임무로부터) 해방하다, 자유롭게 만들다
liberate	ᵐ liberation ⓝ 해방, 석방
[líbərèit]	ꝗ liberty 자유

uprising 봉기, 반란, 폭동 / foreign occupation 외국에 의한 지배, 점령

TOEIC 포인트 liberty는 '쟁취한 자유', freedom은 '원래 가지고 있는, 또는 주어진 자유'라는 뜻이 있습니다.

| parliament | judiciary | legislature |

Parliament will reconvene on September 1st after the members have returned from the summer recess.

의회는 의원들이 여름휴가에서 돌아온 후인 9월 1일에 재소집된다.

0299 ★★	**n** 의회, 국회
parliament	
[pɑ́ːrləmənt]	

reconvene (의회 등을) 다시 소집하다 / summer recess 여름휴가

Last year the government attempted to introduce reforms to the nation's **judiciary**, but a group of powerful judges and lawyers blocked them.

정부는 작년에 국가의 사법제도에 개혁을 도입하려고 시도했지만 힘센 판사들과 변호사들이 그것을 저지했다.

0300 ★	**n** 사법부, 사법제도
judiciary	**a** 사법의, 재판의
[dʒuːdíʃièri]	**파** judicial **a** 재판의, 공정한, 판단력이 있는

attempt to ~하려고 시도하다 / reform 개혁, 개선 / block 저지하다, 방해하다

The **legislature** is now debating a proposed law to completely ban smoking in public places.

의회는 현재 공공장소에서 흡연을 완전히 금지하도록 제안한 법안을 심의 중이다.

0301 ★	**n** 입법부, 의회
legislature	**파** legislate **v** 법률을 제정하다
[lédʒislèitʃər]	legislative **a** 입법상의, 입법권이 있는

debate 심의하다, 토의하다 / ban 금지하다, 제지하다

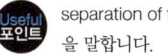 separation of three powers: administration, legislation and judiciary는 '삼권분립; 행정, 입법, 사법'을 말합니다.

빈칸에 해당하는 단어를 문장에 맞춰 형태를 바꿔 보세요. (제한시간 5분)

1. In law courts, it is customary for witnesses to swear an
   _____ to tell the truth before giving testimony.

2. Japan and the US have a _____ agreement about
   accepting short-stay travelers without visas.

3. Bob is such a _____. He hates to stand out from the
   crowd.

4. One of the responsibilities of the regional manager is to
   monitor _____ and expenses.

5. The situation hasn't improved drastically even though the
   Equal Employment Opportunity Law was _____ a
   long time ago.

6. The company _____ us for not having the merchandise delivered in time for their annual sale, thus causing them a lot of financial damage.

7. Nancy was lucky to find an apartment in the center of town that did not require a security _____.

8. The board meeting was _____ as soon as the directors voted on the last agenda item.

9. Duncan's application for a scholarship was turned down because he did not fully meet the criteria for _____.

10. The _____ is now debating a proposed law to completely ban smoking in public places.

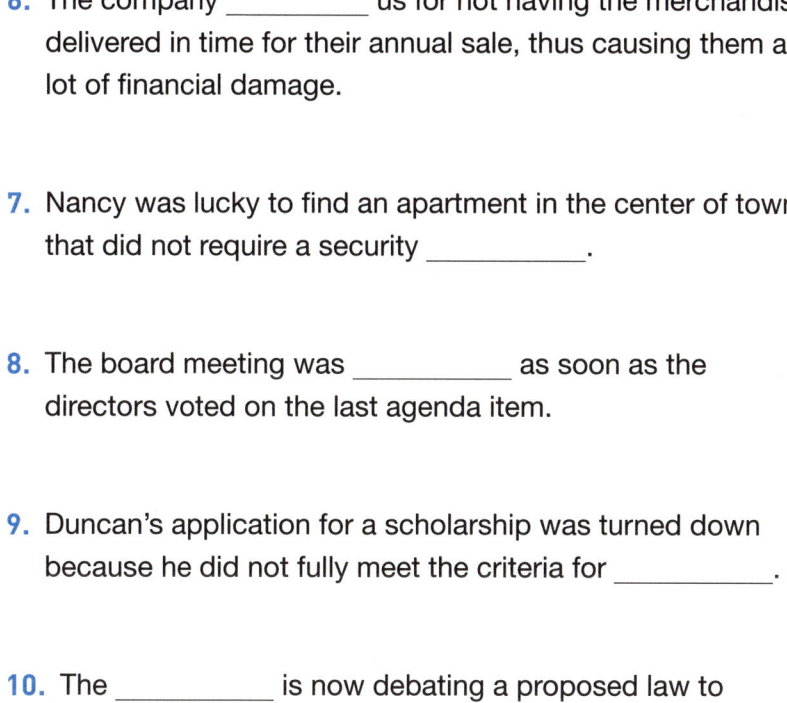

힌트	revenue	oath	bilateral	legislature
	conformist	sue	eligibility	implement
	adjourn	deposit		

해답은 419페이지에

| subsidize | sustain | resuscitate |

This tourism promotion film was **subsidized** by the US State Department.

이 관광 홍보영화는 미 국무부의 지원금으로 만들어졌다.

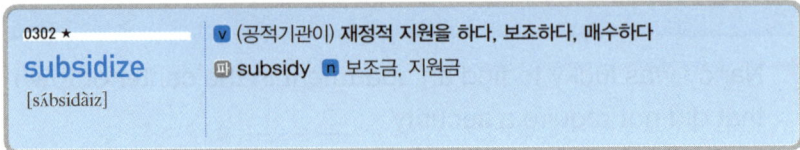

0302 ★	v (공적기관이) 재정적 지원을 하다, 보조하다, 매수하다
subsidize	⑪ subsidy ⓝ 보조금, 지원금
[sʌ́bsidàiz]	

promotion film 홍보용 영화 / US State Department 미 국무부

After **sustained** losses in the market, the price of steel finally began to pick up as a result of the war that broke out in the Middle East.

시장에서 지속적인 손실을 겪고 있던 철강 가격은 중동에서 터진 전쟁의 결과로 마침내 가격이 상승하기 시작했다.

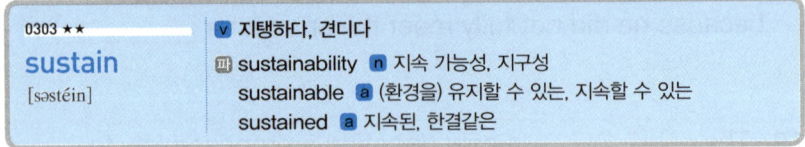

0303 ★★	v 지탱하다, 견디다
sustain	⑪ sustainability ⓝ 지속 가능성, 지구성
[səstéin]	sustainable ⓐ (환경을) 유지할 수 있는, 지속할 수 있는
	sustained ⓐ 지속된, 한결같은

pick up (경기, 가격 등이) 상승하다, 좋아지다 / break out (전쟁, 분쟁 등이) 일어나다, 터지다

The paramedics arrived quickly at the scene of the accident, and were able to **resuscitate** the driver, who had stopped breathing.

응급 구조대원들은 사고현장에 신속히 도착하여 호흡이 정지되어 있던 운전자를 소생시킬 수 있었다.

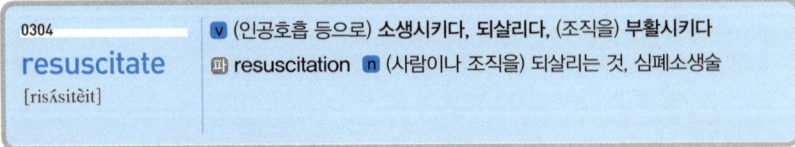

0304	v (인공호흡 등으로) 소생시키다, 되살리다, (조직을) 부활시키다
resuscitate	⑪ resuscitation ⓝ (사람이나 조직을) 되살리는 것, 심폐소생술
[risʌ́sitèit]	

paramedics 응급 구조대원

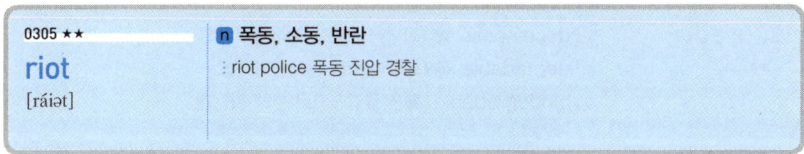

The acquittal of the police officer who allegedly killed an unarmed suspect led to a **riot** outside the courthouse.

무기를 소지하지 않은 용의자를 살해한 혐의를 받고 있는 경찰관이 무죄 판결을 받자 법원 밖에서 폭동이 일어났다.

0305 ★★	n 폭동, 소동, 반란
riot [ráiət]	: riot police 폭동 진압 경찰

allegedly 주장하는 바에 따르면 / **unarmed suspect** 무기를 소지하지 않은 용의자

Over the past few years, there has been an increase in **vandalism** of art exhibits by visitors to the museum.

최근 몇 년 동안, 미술관 입장객에 의한 미술 전시품 파괴 행위가 증가하고 있다.

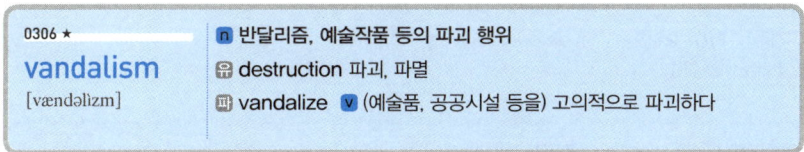

0306 ★	n 반달리즘, 예술작품 등의 파괴 행위
vandalism [vǽndəlìzm]	윤 destruction 파괴, 파멸
	파 vandalize v (예술품, 공공시설 등을) 고의적으로 파괴하다

The old City Hall is scheduled for **demolition** this summer to make way for a new building on the site.

낡은 시 청사는 그 부지에 새로운 건물을 짓기 위해 올 여름 해체될 예정이다.

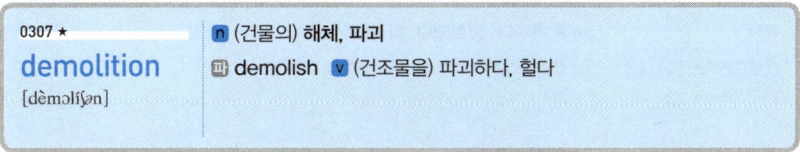

0307 ★	n (건물의) 해체, 파괴
demolition [dèməlíʃən]	파 demolish v (건조물을) 파괴하다, 헐다

make way for (응급차 등에) 길을 비켜주다, 양보하다 / **on the site** 그 부지에

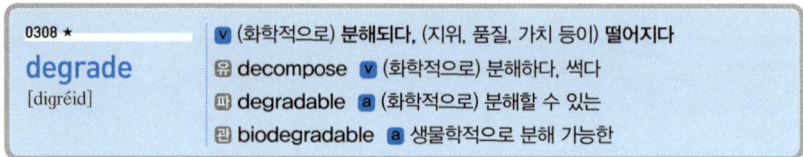

Vegetable, meat, wood, and paper products **degrade** biologically, but plastic, nylon and vinyl products do not.

채소, 고기, 목재, 종이제품 등은 생물학적으로 분해되지만 플라스틱, 나일론, 비닐 제품은 그렇지 않다.

0308 ★	
degrade [digréid]	**v** (화학적으로) **분해되다**, (지위, 품질, 가치 등이) **떨어지다**
	유 decompose **v** (화학적으로) 분해하다, 썩다
	파 degradable **a** (화학적으로) 분해할 수 있는
	파 biodegradable **a** 생물학적으로 분해 가능한

The 600 year-old castle had **deteriorated** so badly that the city government finally decided to appropriate a budget to restore it.

600년이나 된 성은 붕괴가 많이 진행된 상태라 마침내 시 정부는 성을 복원하기 위한 예산을 책정하기로 했다.

0309 ★	
deteriorate [dití(:)əriərèit]	**v** (품질이) **악화되다, 나빠지다**
	파 deterioration **n** 악화, 하락

appropriate 배당하다, 책정하다 / restore 복원하다, 복구하다

Throughout history, older people have invariably felt that the moral sense of the younger generation has **degenerated**.

역사를 통틀어 연장자들은 늘 젊은 세대의 도덕성이 타락하고 있다고 느꼈다.

0310	
degenerate [didʒénəreit]	**v** 퇴화하다, 변질되다, 타락하다
	파 degeneration **n** 퇴화, 변질, 타락

invariably 항상, 늘, 변함없이 / younger generation 젊은 세대

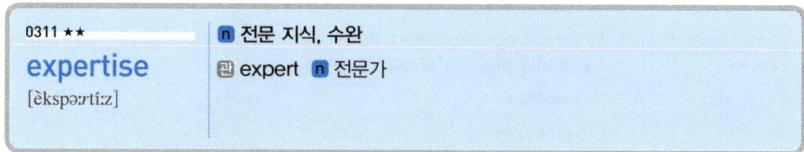

| expertise | ingenuity | dexterity |

Ms. Gonzalez's management **expertise** was what saved the company from disaster during the depression.

곤잘레스 씨의 경영 전문 지식이 불경기 때 회사를 재앙으로부터 구했다.

0311 ★★	n 전문 지식, 수완
expertise	판 expert n 전문가
[èkspəːrtíːz]	

disaster 재앙, 재해 / depression 불경기, 불황

Frances shows great **ingenuity** in solving problems, but tends to be a bit lazy if she does not have a challenging task to do.

프란시스는 문제 해결에 뛰어난 창의력을 발휘하지만, 도전적인 일이 아니면 게으름을 피우는 경향이 있다.

0312 ★	n 창의력, 독창성
ingenuity	파 ingenious a (발명의) 재능이 있는, 창의성이 뛰어난
[ìndʒənjúːəti]	

tend to ~하는 경향이 있다

Playing any kind of musical instrument requires a high level of physical **dexterity**.

어떤 악기든 연주하려면 높은 수준의 신체적 기민함이 필요하다.

0313 ★	n 손재주가 있음, 기민함, 빈틈없음
dexterity	유 skillfulness 능숙함, 손재주가 있음, 교묘함
[dekstérəti]	파 dexterous a (손재주가) 뛰어난, 기민한, 빈틈없는

physical dexterity 신체적인 기민함

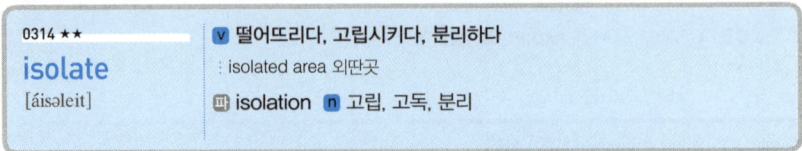
| isolate | quarantine | segregate |

We are worried about our grandfather living in such an **isolated** area all by himself, but he refuses to move in with us.

우리는 외딴곳에서 혼자 살고 계신 할아버지가 걱정되지만 그는 우리들이 있는 곳으로 이사 오기를 거부하고 있다.

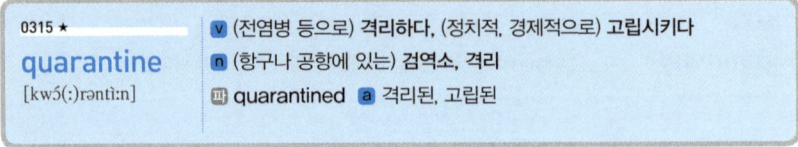

0314 ★★

isolate

[áisəleit]

ⓥ 떨어뜨리다, 고립시키다, 분리하다

: isolated area 외딴곳

ⓟ isolation ⓝ 고립, 고독, 분리

The law requires that any canine entering the country without a vaccination certificate be **quarantined** for a period of 14 days.

법에 의하면 예방접종 증명서가 없는 개는 14일간 격리해야 한다.

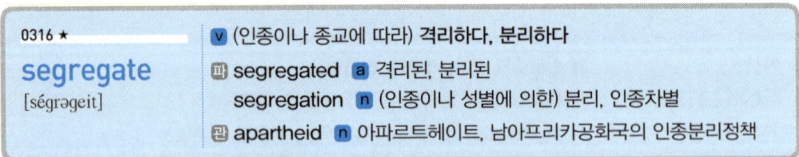

0315 ★

quarantine

[kwɔ́(:)rəntìːn]

ⓥ (전염병 등으로) 격리하다, (정치적, 경제적으로) 고립시키다

ⓝ (항구나 공항에 있는) 검역소, 격리

ⓟ quarantined ⓐ 격리된, 고립된

Although people are no longer **segregated** in the country, there still remain the problems of prejudice and discrimination.

그 나라에서는 이제 사람들을 격리하는 일은 없지만, 여전히 편견과 차별같은 여러 문제가 남아 있다.

0316 ★

segregate

[ségrəgeit]

ⓥ (인종이나 종교에 따라) 격리하다, 분리하다

ⓟ segregated ⓐ 격리된, 분리된

segregation ⓝ (인종이나 성별에 의한) 분리, 인종차별

ⓡ apartheid ⓝ 아파르트헤이트, 남아프리카공화국의 인종분리정책

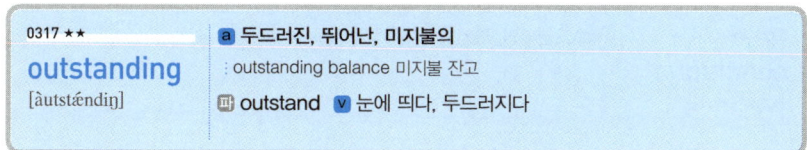

Pedro's **outstanding** achievements in basketball won him a scholarship to the college.

페드로는 뛰어난 농구 성적으로 대학 장학금을 받았다.

0317 ★★	ⓐ 두드러진, 뛰어난, 미지불의
outstanding [àutstǽndiŋ]	: outstanding balance 미지불 잔고 ⓟ outstand ⓥ 눈에 띄다, 두드러지다

Peter's **extraordinary** story about canoeing down the Yukon River made me decide to go there.

카누를 타고 유콘 강을 내려 왔다는 피터의 멋진 이야기를 듣고 그곳에 가기로 결심했다.

0318 ★★	ⓐ 예사롭지 않은, 비상한, 눈에 띄는
extraordinary [ikstrɔ́ːrdənèri]	ⓢ amazing 놀라운 / unusual 평범하지 않은 incredible 믿기 어려운, 멋진 ⓐ ordinary 보통의, 흔한

Considering the fact that Billy is only 10 years old, he gave a **remarkable** performance on the piano.

빌리가 아직 10살인 것을 감안하면 그의 피아노 연주는 아주 뛰어났다.

0319 ★★	ⓐ 주목할 만한, 두드러진, 훌륭한
remarkable [rimáːrkəbl]	ⓟ remarkably ⓐⓓ 매우, 두드러지게, 특출하게

considering the fact that~ ~인 점을 고려하면 / performance 연주, 연기, 성능

143

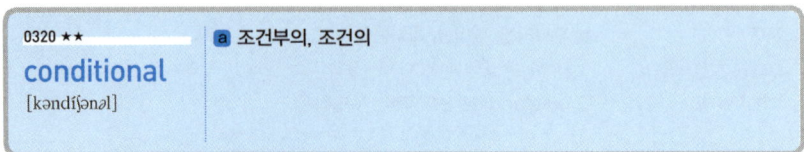

The **conditional** agreement states that our country will supply rice provided that they do not conduct experiments to test strategic arms.

조건부 합의서에는 그 나라가 전략무기를 실험하지 않으면 우리나라가 쌀을 지급하는 것으로 적혀 있다.

0320 ★★	**ⓐ** 조건부의, 조건의
conditional [kəndíʃənəl]	

provided that ~라는 조건으로 / strategic arms 전략무기, 핵무기

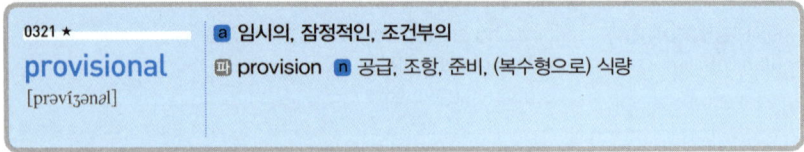

After the coup d'etat, a **provisional** government was set up, and they began to prepare for the country's first general election.

쿠데타 이후 임시정부가 수립되어, 나라의 첫 총선거를 위한 준비를 시작했다.

0321 ★	**ⓐ** 임시의, 잠정적인, 조건부의
provisional [prəvíʒənəl]	**ᴾ** provision **ⓝ** 공급, 조항, 준비, (복수형으로) 식량

coup d'etat 쿠데타 / provisional government 임시정부

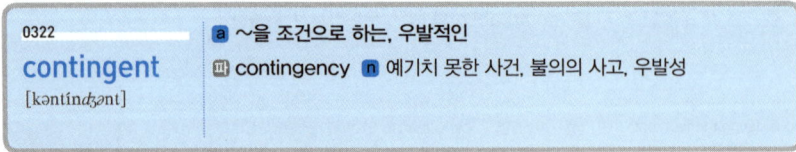

The success of the treatment is **contingent** upon the doctor's skill and the patient's overall condition.

치료의 성공은 의사의 기술과 환자의 전체적인 상태에 의해 좌우된다.

0322	**ⓐ** ~을 조건으로 하는, 우발적인
contingent [kəntíndʒənt]	**ᴾ** contingency **ⓝ** 예기치 못한 사건, 불의의 사고, 우발성

contingent upon (예기치 못한 조건에 따라) 좌우되는
overall condition 전체적인 상태

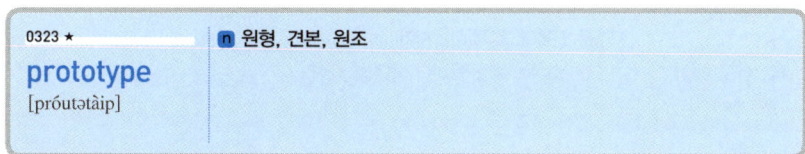

| prototype | archetype | matrix |

Charles Darwin, the author of 〈The Origin of Species〉, is considered to be the **prototype** of the modern biologist.

《종의 기원》의 저자인 찰스 다윈은 근대 생물학자의 시조로 여겨지고 있다.

0323 ★

prototype
[próutətàip]

n 원형, 견본, 원조

---

species (복수형으로) (생물학의) 종

proto-는 '최초의, 원시의, 선조의, 앞선'이라는 의미를 지닌 접두사로 protohistory(원사시대), protohuman(원시인의), protoplasm(원형질)과 같은 단어가 있습니다.

A psychoanalyst said **archetypes** of guilt, death, redemption and rebirth exist in the myths of many countries.

한 정신분석학자는 죄, 죽음, 구원과 재생의 원형이 되는 개념이 많은 나라의 신화 속에 존재한다고 말했다.

0324 ★

archetype
[ɑ́ːrkitàip]

n 원형, 전형

※ prototype은 구체적인 물건의 원형이고, archetype은 추상적인 개념을 가리킵니다.

The city states that developed in the Middle East around 3,000 BC are commonly considered to be the **matrix** of human civilization.

기원전 3000년 경 중동에서 발달한 도시국가들은 일반적으로 인류 문명의 모체로 여겨지고 있다.

0325

matrix
[méitriks]

n 모체, 모형, 숫자가 가로세로로 나열된 표

---

city state 도시국가 / human civilization (인류의) 문명

Kindly fax us a price **quotation** for 100 of your latest model RH-511 cellular phones.

귀사의 최신 모델 RH-511형 휴대폰 100대의 가격 견적서를 팩스로 보내주세요.

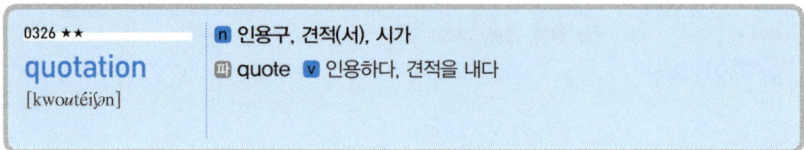

```
0326 ★★
quotation        n 인용구, 견적(서), 시가
[kwoʊtéiʃən]     m quote   v 인용하다, 견적을 내다
```

※ stock exchange quotation 주식 시황

To make the screening process more efficient, we would appreciate it if you could attach a three-page **excerpt** from your treatise.

선발 과정을 보다 효율적으로 하기 위해, 귀하의 논문에서 3페이지를 발췌해서 첨부해 주시면 감사하겠습니다.

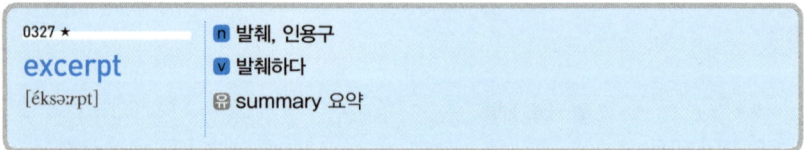

```
0327 ★
excerpt          n 발췌, 인용구
[éksəːrpt]        v 발췌하다
                 유 summary 요약
```

screening process 선발 과정 / treatise (학술) 논문

Professor Delgado, we need your **blurb** for your fall semester writing course by June 10th.

델가도 교수님, 6월 10일까지 교수님의 가을학기용 작문 강의의 홍보 문구를 제출해 주세요.

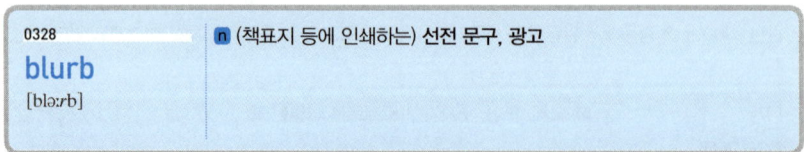

```
0328
blurb            n (책표지 등에 인쇄하는) 선전 문구, 광고
[bləːrb]
```

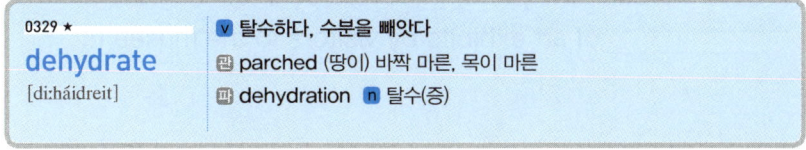

| dehydrate | sterile | arid |

▍ Drink lots of water, even in winter, so you won't get **dehydrated**.

겨울에도 물을 많이 마셔야 탈수증에 걸리지 않을 거예요.

0329 ★

dehydrate
[diːháidreit]

- ⓥ 탈수하다, 수분을 빼앗다
- ㈜ parched (땅이) 바짝 마른, 목이 마른
- ㈜ dehydration ⓝ 탈수(증)

▍ Native Americans were driven out of their fertile homeland and into vast **sterile** pieces of land with rocks and pebbles.

미국 원주민들은 비옥한 자기들의 땅에서 쫓겨나 바위와 돌투성이의 광활한 불모의 땅으로 이주했다.

0330 ★

sterile
[stéril]

- ⓐ 불모의, (토지의) 척박한
- ㈜ barren (토지가) 척박한
- ㈜ fertile 비옥한

※ sterile에는 '불임의, 살균한'이라는 의미도 있습니다. sterilize는 '(남성이) 불임수술을 하다, 소독하다'라는 뜻입니다.
It turned out that it was my husband who was sterile. He suffered from mumps when he was in collage.
불임의 원인은 내 남편에게 있는 것으로 밝혀졌다. 그는 대학 재학 시절 유행성 이하선염에 걸렸던 것이다.

▍ The farmers despairingly stared at miles and miles of **arid** soil after the longest drought they had ever experienced.

전에는 경험해 보지 못한 긴 가뭄이 끝난 후 농민들은 수 마일에 달하는 바짝 마른 땅을 절망적으로 바라보았다.

0331 ★

arid
[ǽrid]

- ⓐ 메마른, 불모의, 건조한
- ㈜ barren 불모의, 불임의

---

despairingly 절망적으로 / drought 가뭄(드라우트라고 발음)

빈칸에 해당하는 단어를 문장에 맞춰 형태를 바꿔 보세요. (제한시간 5분)

1. Over the past few years, there has been an increase in
   _____ of art exhibits by visitors to the museum.

2. This tourism promotion film was _____ by the US
   State Department.

3. Ms. Gonzalez's management _____ was what saved
   the company from disaster during the depression.

4. Charles Darwin, the author of 〈The Origin of Species〉, is
   considered to be the _____ of the modern biologist.

5. The law requires that any canine entering the country
   without a vaccination certificate be _____ for a
   period of 14 days.

6. Vegetable, meat, wood, and paper products _____ biologically, but plastic, nylon and vinyl products do not.

7. Drink lots of water, even in winter, so you won't get _____ .

8. Kindly fax us a price _____ for 100 of your latest model RH-511 cellular phones.

9. Peter's _____ story about canoeing down the Yukon River made me decide to go there.

10. After the coup d'etat, a _____ government was set up, and they began to prepare for the country's first general election.

해답은 419페이지에

Unit 12

| spontaneously | impulsively | outrageously |

After the formal concert, some of the musicians **spontaneously** began to play some wild jazz.

정식 콘서트가 끝난 후 몇몇 음악가들이 자연스럽게 경쾌한 재즈를 연주하기 시작했다.

0332 ★★	ad 자연스럽게, 자연발생적으로
spontaneously	◫ spontaneous ⓐ 자발적인, 자연스러운
[spontéiniəsli]	spontaneity ⓝ 자연스러움, 자발성

Tony tends to buy things **impulsively**. He has an expensive camera and a state-of-the-art computer, as well as paragliding equipment he never uses.

토니는 충동구매를 하는 경향이 있다. 그는 고가의 카메라와 최신형 컴퓨터, 그리고 전혀 사용하지 않은 패러글라이딩 용품 등을 가지고 있다.

0333 ★★	ad 충동적으로, 감정적으로
impulsively	◫ impulsive ⓐ 충동적인, 감정에 휩쓸린
[impΛlsivli]	

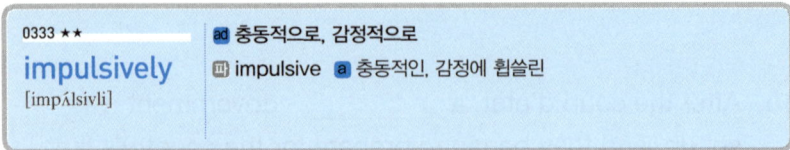

state-of-the-art 최첨단의, 최신형의
※ buy something on an impulse 충동구매를 하다

Don't shop at the new boutique on Park Avenue; the prices are **outrageously** high.

파크 애버뉴에 있는 새로운 부티크에서 쇼핑하지 마. 가격이 엄청 비싸거든.

0334 ★★	ad 비상식적으로, 지나치게
outrageously	◫ outrageous ⓐ 비상식적인, 지나친
[autréidʒəsli]	outrage ⓝ 격분

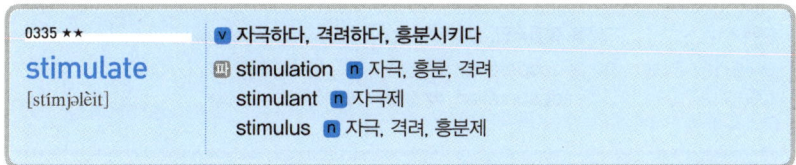

stimulate　　　provoke　　　aggravate

Winning the high jump in the competition **stimulated** Gen to make further efforts.

높이뛰기 대회에서의 우승은 젠이 전보다 더 많은 노력을 할 수 있게 만드는 자극제가 되었다.

0335 ★★	v 자극하다, 격려하다, 흥분시키다
stimulate [stímjəlèit]	派 stimulation n 자극, 흥분, 격려 stimulant n 자극제 stimulus n 자극, 격려, 흥분제

The boss's abusive attitude **provoked** his workers to rebel against him. They made a list of complaints about him and sent it to the president.

상사의 심술궂은 태도는 부하들에게 반란을 일으키게 만들었다. 그들은 상사에 대한 불만을 리스트로 작성해 사장에게 보냈다.

0336 ★	v 자극해서 ~시키다, 화나게 하나, 불러일으키다
provoke [prəvóuk]	派 provocative a 도발적인 provocation n 도발

abusive 말이 거친, 심술궂은, 학대하는 / rebel against ~에 반항하다
※ stimulate는 좋은 의미로, provoke는 나쁜 의미로 사용하는 경우가 많습니다.

The hot, humid weather **aggravated** the baby's heat rash.

덥고 습한 날씨가 아기의 땀띠를 악화시켰다.

0337 ★	v 악화시키다, 괴롭히다
aggravate [ǽgrəvèit]	派 aggravation n 악화

heat rash 땀띠

151

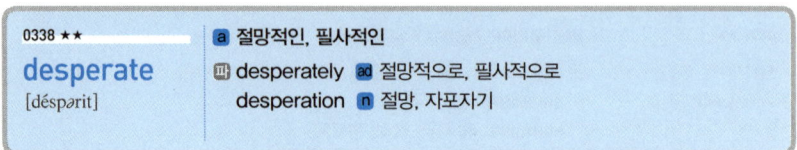

| desperate | frantic | chaotic |

That company must be pretty **desperate** to borrow money using non-bank loans.

그 회사가 사금융 대출을 받았다는 것은 상황이 상당히 절망적이라는 뜻이다.

0338 ★★	ⓐ 절망적인, 필사적인
desperate	ⓟ desperately ⓐⓓ 절망적으로, 필사적으로
[déspərit]	desperation ⓝ 절망, 자포자기

Danny made a **frantic** dash for the departing train, and barely made it onto the last car.

대니는 출발하는 열차를 향해 죽음 힘을 다해 뛰어서, 맨 마지막 차량에 겨우 올라탔다.

0339 ★	ⓐ (공포, 고통, 환희 등으로) 제정신이 아닌, 광란의
frantic	ⓟ frantically ⓐⓓ 미친 듯이, 극도로 흥분하여
[frǽntik]	

make it 제시간에 도착하다. (뭔가를) 겨우 맞추다

 train은 '연결된 차량 전체', car는 그 중 한 량을 뜻합니다.

The cancellation of all morning flights due to a bomb threat led to a **chaotic** scene at the airport.

폭탄 협박으로 인해 오전 중에 출발하는 항공편이 모두 결항하여 공항이 일대 혼란에 빠졌다.

0340 ★★	ⓐ 혼란한, 무질서한
chaotic	ⓟ chaos ⓝ 혼돈, 혼란
[keiátik]	

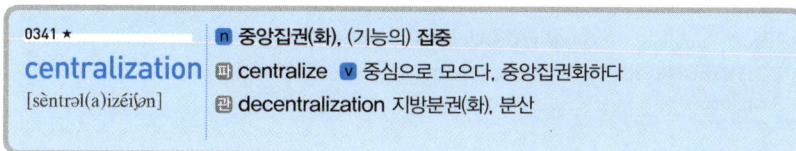

Centralization of all the company's functions will not necessarily lead to greater efficiency.

회사의 모든 기능을 중앙에 집중시킨다고 해서 효율이 높아지지는 않을 것이다.

0341 ★
centralization
[sèntrəl(ə)izéiʃən]

n 중앙집권(화), (기능의) 집중
ᅃ centralize **v** 중심으로 모으다, 중앙집권화하다
ᅃ decentralization 지방분권(화), 분산

The labor union is fighting the firm's **rationalization** plans because they are likely to result in the closure of some local plants.

노동조합은 회사의 합리화 방안과 싸우고 있다. 몇 개의 지방 공장을 폐쇄하는 결과를 낳을 것이기 때문이다.

0342 ★
rationalization
[ræʃənəlizéiʃən]

n 합리화
ᅃ rationalize **v** 정당화하다, 합리화하다
rational **a** 이성적인, 합리적인
rationale **n** 논리, 논리적인 근거

Privatization will lead to more competition in the market, and prices will fall as a result.

민영화는 시장에서의 경쟁력과 연결되고, 그 결과 가격이 내려갈 것이다.

0343
privatization
[práivətàizéiʃən]

n (국유사업 등의) 민영화
ᅃ privatize **v** 민영화하다
: privatize postal services 우편사업을 민영화하다

153

We can't deal with this problem one piece at a time; we must try to find a **comprehensive** solution.

이 문제는 하나하나 처리할 수 없다. 보다 종합적인 해결책을 찾아야만 한다.

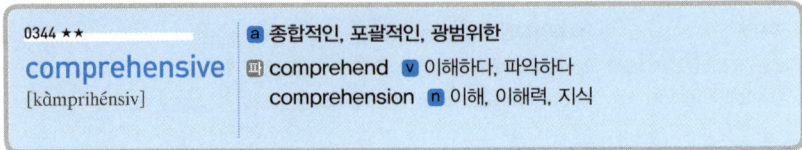

0344 ★★
comprehensive
[kàmprihénsiv]

ⓐ 종합적인, 포괄적인, 광범위한
ⓟ comprehend ⓥ 이해하다, 파악하다
　comprehension ⓝ 이해, 이해력, 지식

Although a few of the paintings are excellent, my **overall** impression of Jake Donaldson's new exhibit is that he has run out of new ideas.

몇 점의 그림은 뛰어난 편이지만 제이크 도날드슨의 새로운 작품 전시회에 관한 내 전체적인 인상은 그에게 더 이상 아이디어가 없다는 것이다.

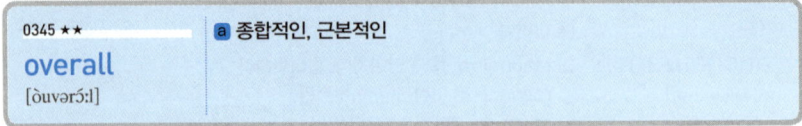

0345 ★★
overall
[òuvərɔ́:l]

ⓐ 종합적인, 근본적인

run out of 고갈하다, 소진해 버리다

The university I attended used to be very elitist, but now it is trying to be as **inclusive** as possible in its admissions policy.

내가 다녔던 대학은 무척 엘리트주의였는데 지금은 입학 방침으로 가능한 많은 이들을 입학시키려 노력하고 있다.

0346 ★
inclusive
[inklú:siv]

ⓐ ~를 포함한, 포괄적인

elitist 엘리트주의

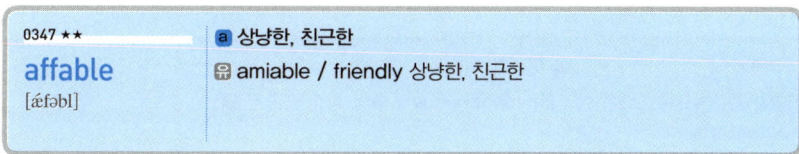

Whenever I need company, I call up Danny; he is such an **affable** person that I can always talk to him.

친구가 필요할 때마다 나는 대니에게 전화한다. 그는 항상 친근한 대화 상대가 되어 준다.

0347 ★★	ⓐ 상냥한, 친근한
affable [ǽfəbl]	뗑 amiable / friendly 상냥한, 친근한

company 동료,, 친구

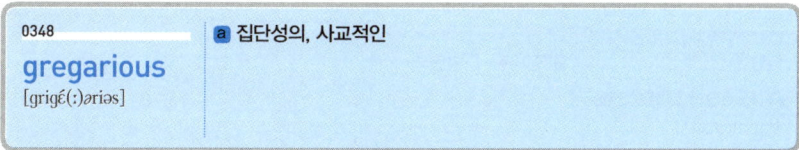

Both humans and monkeys are **gregarious**, and have difficulty living alone for long periods of time.

사람과 원숭이는 모두 집단 생활을 하며, 오랫동안 혼자 생활하는 것은 힘들다.

0348	ⓐ 집단성의, 사교적인
gregarious [grigέ(:)əriəs]	

have difficulty~ ~하는 것은 곤란하다, 힘들다

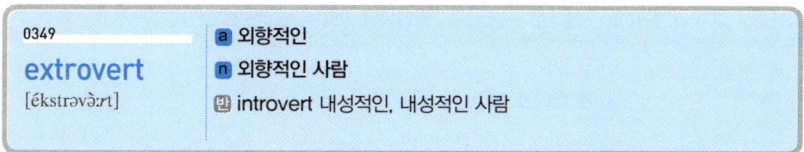

Good salespeople are usually **extroverts** by nature.

우수한 영업사원들은 대개 선천적으로 외향적이다.

0349	ⓐ 외향적인
extrovert [ékstrəvə̀:rt]	ⓝ 외향적인 사람
	뗑 introvert 내성적인, 내성적인 사람

155

Tokyo has become quite a **heterogeneous** city. For example, one out of ten residents in Minato-ku is a foreign national.

도쿄는 여러 인종의 사람들이 사는 도시가 되었다. 예를 들어 미나토구 주민은 10명 중 1명이 외국 국적을 가졌다.

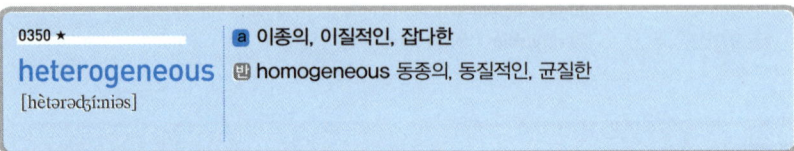

0350 ★	ⓐ 이종의, 이질적인, 잡다한
heterogeneous	🔄 homogeneous 동종의, 동질적인, 균질한
[hètərədʒíːniəs]	

one out of ten 10명 중 1명

After our aunt passed away, we found out that she had left a collection of **miscellaneous** miniature objects.

숙모가 세상을 떠나신 후에야 그녀가 잡다한 미니어처 수집품을 남겼다는 것을 알았다.

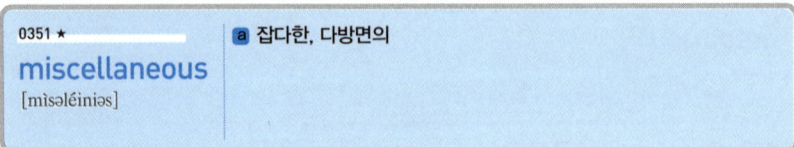

0351 ★	ⓐ 잡다한, 다방면의
miscellaneous	
[mìsəléiniəs]	

pass away 사망하다 / miniature object 미니어처 장식물

After the car accident, we noticed we were surrounded by a **motley** crowd of onlookers.

자동차 사고가 난 후 우리는 잡다한 구경꾼들에 둘러싸여 있다는 사실을 깨달았다.

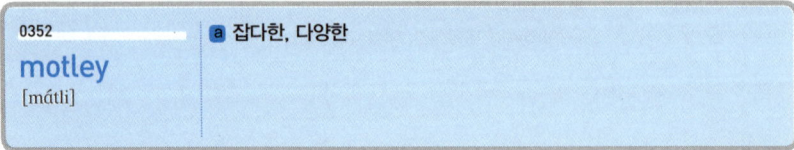

0352	ⓐ 잡다한, 다양한
motley	
[mátli]	

onlooker 구경꾼

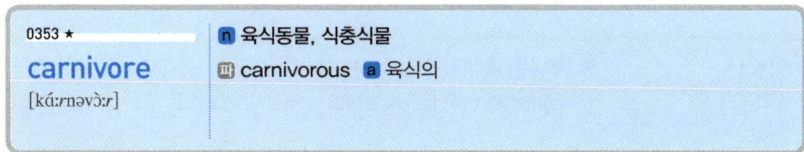

▌ You can never make a cat eat vegetables; cats are **carnivores**.

고양이에게는 야채를 먹일 수 없다. 고양이는 육식동물이기 때문이다.

0353 ★ **carnivore** [kάːrnəvɔ̀ːr]	n 육식동물, 식충식물 adj carnivorous a 육식의

▌ Bears are basically **herbivores**, but they sometimes eat fish or meat.

곰은 기본적으로는 초식동물이지만 때로는 생선이나 고기도 먹는다.

0354 ★ **herbivore** [hə́ːrbəvɔ̀ːr]	n 초식동물 adj herbivorous a 초식의

▌ Human beings are **omnivores**, but can live quite healthily as vegetarians.

인간은 잡식동물이지만 채식주의자로도 매우 건강하게 살 수 있다.

0355 **omnivore** [άmnivɔ̀ːr]	n 잡식동물 adj omnivorous a 잡식성의

157

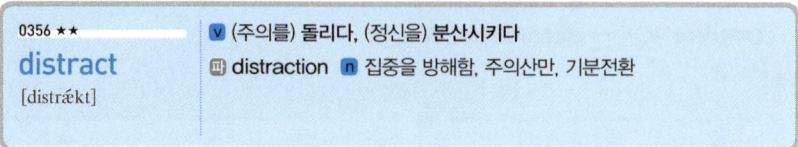

I have to work in complete silence; music or any kind of noise **distracts** me.

나는 아주 조용한 상황에서 일해야 한다. 음악이나 다른 종류의 소리에도 신경이 쓰이기 때문이다.

0356 ★★	v (주의를) 돌리다, (정신을) 분산시키다
distract [distrǽkt]	ⓜ distraction n 집중을 방해함, 주의산만, 기분전환

If you want to succeed, focus firmly on your goal and don't let yourself be **sidetracked**.

성공하고 싶으면 목표에 초점을 맞추고 옆길로 빠지지 않도록 하세요.

0357 ★	v (주제에서) 벗어나다, 탈선시키다
sidetrack [sáidtræk]	n 탈선, (열차의) 대피선

focus on ~에 집중하다 / firmly 확실하게, 단단히

Mike was so absorbed in the TV game that it was impossible to **divert** his attention.

마이크는 TV게임에 푹 빠져서 그의 주의를 돌리는 것이 불가능했다.

0358 ★	v (주의를) 돌리다, 우회하다, 전환하다
divert [divə́:rt]	ⓜ diversion n (방향) 전환, 오락

be absorbed in ~에 열중하다 / divert one's attention from~ ~에서 주의를 돌리다

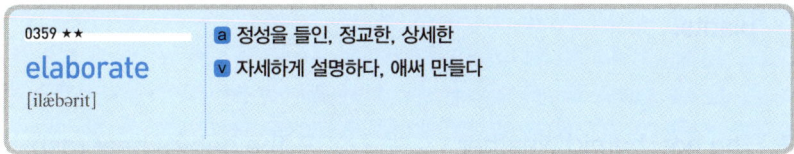

Mr. Wong spared no expense on the **elaborate** dinner for Dye Corporation executives, our best clients for the past 10 years.

웡 씨는 지난 10년 동안 회사의 최대 고객이었던 다이사의 임원을 위한 정성스러운 만찬에 돈을 아끼지 않았다.

0359 ★★ **elaborate** [ilǽbərit]	ⓐ 정성을 들인, 정교한, 상세한 ⓥ 자세하게 설명하다, 애써 만들다

spare no expense 비용을 아끼지 않다

At the Academy Awards Presentation, the actress Emily Fisher wore an **ornate** piece of jewelry studded with large rubies.

아카데미상 시상식에서 여배우 에밀리 피셔는 큰 루비들이 박힌 화려한 보석을 했다.

0360 ★ **ornate** [ɔːrnéit]	ⓐ 화려하게 장식된 파 ornament ⓝ (벽이나 천장 등의) 장식

studded with ~여기저기 박힌

The **sumptuous** new opera house proved to be an acoustic disaster.

호화로운 새 오페라하우스는 음향적인 측면에서는 대실패라는 사실이 판명되었다.

0361 **sumptuous** [sʌ́mptʃuəs]	ⓐ 고가의, 화려한, 사치스러운 유 extravagant 화려한, 낭비적인 luxurious 화려한, 고급스러운, 사치스러운

acoustic 음향(상)의, 청각적인 / disaster 재해, 대참사, 대실패

159

빈칸에 해당하는 단어를 문장에 맞춰 형태를 바꿔 보세요. (제한시간 5분)

1. The labor union is fighting the firm's _____ plans because they are likely to result in the closure of some local plants.

2. The hot, humid weather _____ the baby's heat rash.

3. Whenever I need company, I call up Danny; he is such an _____ person that I can always talk to him.

4. Tony tends to buy things _____. He has an expensive camera and a state-of-the-art computer, as well as paragliding equipment he never uses.

5. Danny made a _____ dash for the departing train, and barely made it onto the last car.

6. We can't deal with this problem one piece at a time; we must try to find a _____ solution.

7. I have to work in complete silence; music or any kind of noise _____ me.

8. After our aunt passed away, we found out that she had left a collection of _____ miniature objects.

9. Mr. Wong spared no expense on the _____ dinner for Dye Corporation executives, our best clients for the past 10 years.

10. Human beings are _____, but can live quite healthily as vegetarians.

impulsively	frantic	rationalization	comprehensive
omnivore	affable	aggravate	distract
miscellaneous	elaborate		

해답은 420페이지에

Unit 13

| improper | inadequate | indecent |

It is considered **improper** for the groom to visit his bride on their wedding day.

결혼식 당일에 신랑이 신부를 방문하는 것은 부적절한 것으로 여겨진다.

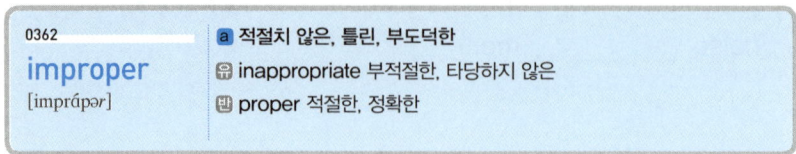

0362
improper
[imprάpər]

ⓐ 적절치 않은, 틀린, 부도덕한
ⓤ inappropriate 부적절한, 타당하지 않은
ⓞ proper 적절한, 정확한

Ms. Hart, we are sorry to tell you that your sales figures during the past three months are quite **inadequate**, and we will have to let you go.

하트 씨, 유감스럽지만 당신의 최근 3개월 동안의 판매실적이 매우 부진했기 때문에 해고할 수밖에 없습니다.

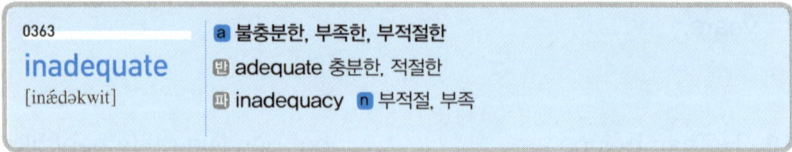

0363
inadequate
[inǽdəkwit]

ⓐ 불충분한, 부족한, 부적절한
ⓞ adequate 충분한, 적절한
ⓜ inadequacy ⓝ 부적절, 부족

sales figure 판매 실적 / let (someone) go 해고하다

When Matt spoke, people began to move away one by one; they were shocked by his use of **indecent** language.

매트가 말을 하면 그의 품위 없는 말에 충격을 받은 사람들이 하나 둘씩 멀어지기 시작했다.

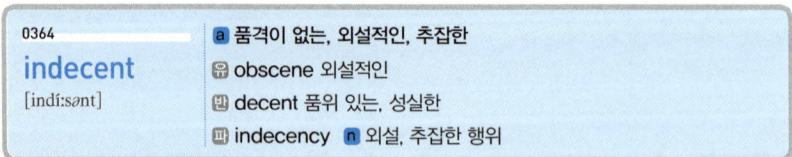

0364
indecent
[indí:sənt]

ⓐ 품격이 없는, 외설적인, 추잡한
ⓤ obscene 외설적인
ⓞ decent 품위 있는, 성실한
ⓜ indecency ⓝ 외설, 추잡한 행위

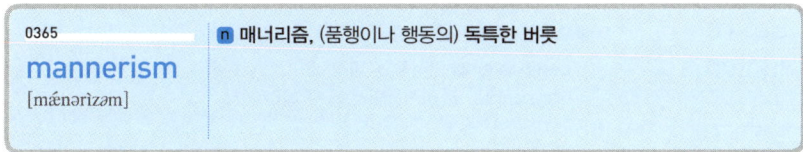

Abe often scratches his neck while talking to someone; it is a nervous **mannerism** he picked up from his father.

에이브는 사람들과 이야기할 때 자주 목을 긁는데 그건 아버지로부터 배운 신경질적인 습관이다.

0365	**ⁿ** 매너리즘, (품행이나 행동의) **독특한 버릇**
mannerism [mǽnərìzəm]	

---

scratch 긁다, 긁적이다 / nervous mannerism 신경질적인 버릇

Meg's **fixation** about marrying Tom is beginning to affect her relationship with him.

무슨 일이 있더라도 톰과 결혼하고 싶다는 멕의 집착은 그와의 관계에 영향을 미치기 시작했다.

0366	**ⁿ** (병적인) **집착**
fixation [fikséiʃən]	

---

affect 영향을 미치다

It is wonderful to listen to what children say because they are so free of **inhibitions**.

아이들은 정말 천진난만하기 때문에 그들의 말을 듣는 것은 멋진 일이다.

0367	**ⁿ** (심리적인) **억압, 억제**
inhibition [ìnhibíʃən]	**ⁿ** inhibit **ⁿ** (행동을) 저지하다, 억제하다 uninhibited **ⁿ** (형식 등에) 얽매지 않는, 천진난만한

 철자가 비슷한 inhabit(살다, 서식하다)과 헷갈리지 않도록 조심하세요.

I'm sending you a copy of my high school **diploma** and school transcripts with this application letter.

지원서와 함께 고등학교 졸업증명서와 성적증명서 사본을 보냅니다.

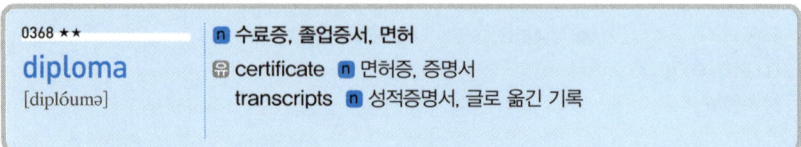

0368 ★★
diploma
[diplóumə]

ⓝ 수료증, 졸업증서, 면허
ⓢ certificate ⓝ 면허증, 증명서
    transcripts ⓝ 성적증명서, 글로 옮긴 기록

When applying for the teaching position, you are required to submit your curriculum vitae accompanied by validated **credentials**.

교사직에 지원하기 위해서는 당신의 이력서와 그를 뒷받침할 증명 서류가 필요합니다.

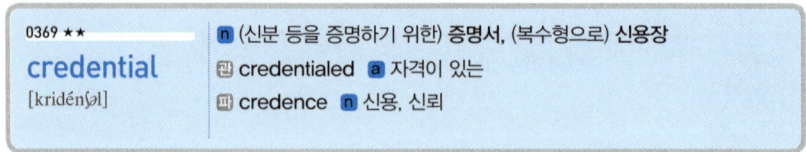

0369 ★★
credential
[kridénʃəl]

ⓝ (신분 등을 증명하기 위한) 증명서, (복수형으로) 신용장
ⓐ credentialed ⓐ 자격이 있는
ⓤ credence ⓝ 신용, 신뢰

The Ministry of Internal Affairs and Communications is responsible for keeping all the **archives** in order.

총무부는 모든 공문서를 순서대로 보관할 의무가 있다.

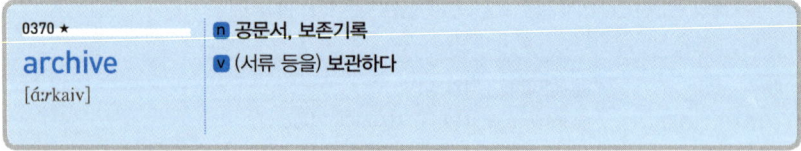

0370 ★
archive
[áːrkaiv]

ⓝ 공문서, 보존기록
ⓥ (서류 등을) 보관하다

in order 정리해서, 순서대로

164

zealous	fervent	fanatical

Lithuania's **zealous** efforts for liberty were finally rewarded. The country won independence from Russia.

자유를 얻고자 하는 리투아니아의 필사적인 바람은 마침내 이루어졌다. 러시아로부터 독립을 얻어낸 것이다.

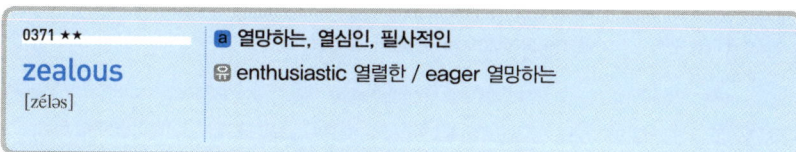

0371 ★★ **zealous** [zéləs]	ⓐ 열망하는, 열심인, 필사적인 ⊕ enthusiastic 열렬한 / eager 열망하는

win independence 독립을 쟁취하다

Pat's **fervent** love for Penny finally persuaded her parents to consent to their marriage.

페니에 대한 팻의 극진한 사랑이 마침내 그녀의 부모님으로부터 결혼 승낙을 얻어냈다.

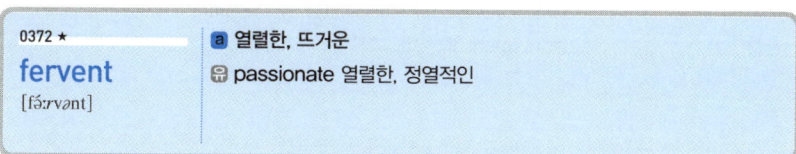

0372 ★ **fervent** [fə́:rvənt]	ⓐ 열렬한, 뜨거운 ⊕ passionate 열렬한, 정열적인

persuade 설득하다 / consent to ~을 승낙하다

Many young men are almost **fanatical** in their support of their favorite soccer team.

많은 젊은이들은 좋아하는 축구팀을 거의 광신적으로 응원한다.

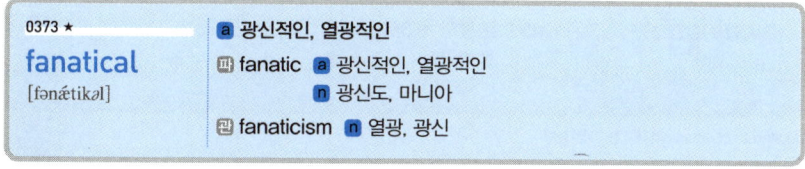

0373 ★ **fanatical** [fənǽtikəl]	ⓐ 광신적인, 열광적인 ⑪ fanatic ⓐ 광신적인, 열광적인 　　　　　ⓝ 광신도, 마니아 ⑫ fanaticism ⓝ 열광, 광신

TOEIC 포인트 zealous, fervent와 달리 fanatical 또는 fanatic에는 부정적인 의미가 강합니다.

The new tax law was **neutralized** by the opposition party, and all its potential benefits were lost.

새로운 세법은 야당에 의해 골자가 빠져 모든 혜택이 사라지게 되었다.

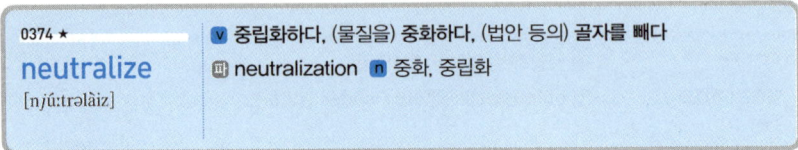

0374 ★
neutralize
[njúːtrəlàiz]

v 중립화하다, (물질을) 중화하다, (법안 등의) 골자를 빼다
ph neutralization **n** 중화, 중립화

opposition party 야당

The water bill was **annulled** as a result of petitions filed by groups of citizens opposing the rate increase.

수도 요금 (가격인상) 법안은 요금 인상에 반대하는 시민단체들의 청원으로 폐기되었다.

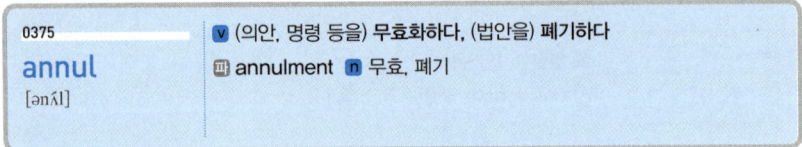

0375
annul
[ənʌ́l]

v (의안, 명령 등을) 무효화하다, (법안을) 폐기하다
ph annulment **n** 무효, 폐기

water bill 수도 요금 (가격인상) 법안 / file the petition 청원서를 제출하다

If one party fails to present accurately audited accounts by March 31st, this agreement will be **invalidated**.

어느 쪽이든 3월 31일까지 회계 감사를 정확하게 마친 장부를 제출하지 않으면 이 합의서는 무효가 된다.

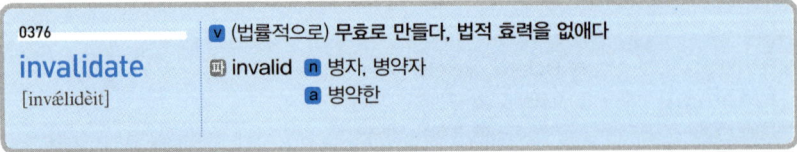

0376
invalidate
[invǽlidèit]

v (법률적으로) 무효로 만들다, 법적 효력을 없애다
ph invalid **n** 병자, 병약자
a 병약한

audited accounts 회계감사를 마친 장부

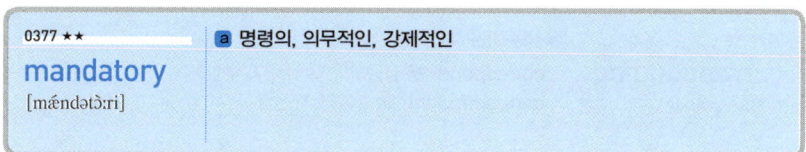

Due to the trade imbalance, our country will have to accept **mandatory** import quotas.

무역 불균형 문제 때문에 우리나라는 강제적인 수입 할당량을 받게 될 것이다.

0377 ★★	ⓐ 명령의, 의무적인, 강제적인
mandatory [mǽndətɔ̀ːri]	

mandatory import quota 강제적인 수입 할당량

Attending elementary school and junior high school is **compulsory** for everyone.

초등학교와 중학교를 다니는 것은 모든 사람의 의무다.

0378 ★	ⓐ 의무적인, 강제적인
compulsory [kəmpʌ́lsəri]	

We are running low on fuel. It is **imperative** that we land our plane within 10 minutes.

연료가 바닥나고 있다. 우리는 10분 이내에 이 비행기를 착륙시켜야 한다.

0379 ★	ⓐ 명령적인, 피할 수 없는, 긴급한
imperative [impérətiv]	ⓝ 긴급을 요하는 일, 명령, 의무

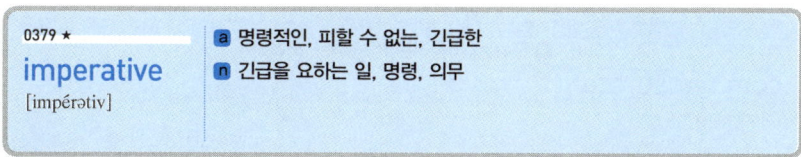

'연료'는 같은 gasoline이라도 자동차일 때는 gas, 비행기일 때에는 fuel이라고 씁니다.

167

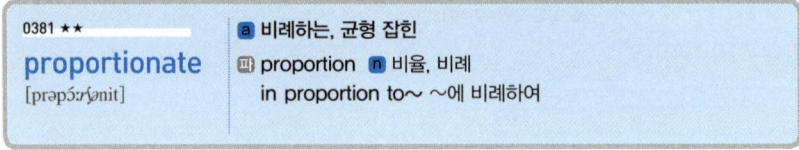

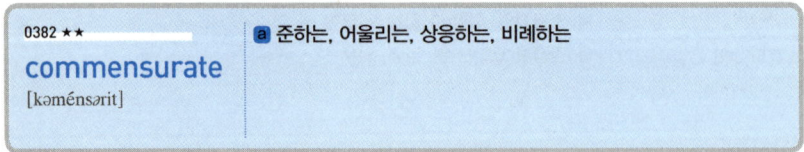

| corresponding | proportionate | commensurate |

Don't forget, Jim. The rights you insist on always come with **corresponding** responsibilities.

당신이 주장하고 있는 권리에는 항상 그에 합당한 책임이 뒤따른다는 것을 잊지 마시오, 짐.

0380 ★★

corresponding
[kɔ̀(ː)rispándiŋ]

ⓐ 상응하는, 부합하는

ⓟ correspond ⓥ 상응하다, 일치하다, 부합하다
correspondent ⓝ 특파원, 통신원

---

insist on ~를 주장하다

The tiny windows looked a little odd because their size was not **proportionate** to the height of the room.

그 작은 창문은 크기가 방의 높이와 어울리지 않아서 조금 이상한 느낌이었다.

0381 ★★

proportionate
[prəpɔ́ːrʃənit]

ⓐ 비례하는, 균형 잡힌

ⓟ proportion ⓝ 비율, 비례
in proportion to~ ~에 비례하여

---

odd 기묘한, 이상한

Aircraft engineers urgently wanted. Salary **commensurate** with experience.

항공기 기사를 급히 구함. 급여는 경력에 준함.

0382 ★★

commensurate
[kəménsərit]

ⓐ 준하는, 어울리는, 상응하는, 비례하는

---

commensurate는 형용사이기 때문에 be동사가 필요합니다.
Salary will be commensurate with~ (급여는 ~에 준한다)가 광고에서는 Salary commensurate with로 will be가 생략됩니다.

168

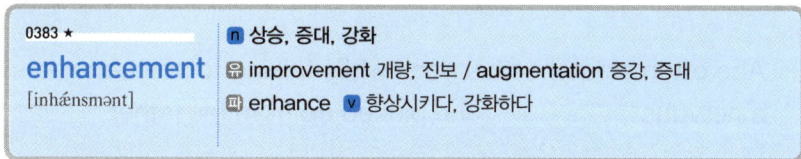

enhancement   reinforcement   corroborate

This beautifully designed media center was subsidized by the State Department's Local Identity **Enhancement** Project and was constructed by our company.

이 아름답게 설계된 미디어 센터는 국무부의 지방 정체성 강화 프로젝트의 자금 지원을 받았고 우리 회사가 건설했다.

0383 ★	🔢 상승, 증대, 강화
enhancement	🔄 improvement 개량, 진보 / augmentation 증강, 증대
[inhǽnsmənt]	📖 enhance ⓥ 향상시키다, 강화하다

subsidize 재정적인 원조를 하다, 후원하다

In order to make a more convincing case, your argument needs **reinforcement** with facts and statistical data.

당신의 주장을 좀 더 설득력 있게 만들기 위해서는 그 논거를 사실과 통계 자료로 보충할 필요가 있습니다.

0384 ★	🔢 보강, 증강, 강화
reinforcement	📖 reinforce ⓥ 강화하다, 보충하다
[rìːinfɔ́ːrsmənt]	

argument 논의, 논거, 반론 / statistical data 통계자료

The police could not proceed with the prosecution of the suspect because there was no evidence to **corroborate** the witness's statement.

경찰은 증인의 증언을 입증할 증거가 없었기 때문에 그 용의자를 기소할 수 없었다.

0385	ⓥ 뒷받침하다, 확인하다
corroborate	📖 corroboration 🔢 확증
[kərábərèit]	

proceed with ~를 진행하다 / prosecution 기소 / evidence 증거

TOEIC 포인트   corroboration은 collaboration(협력, 협동)과 혼동하기 쉬우므로 주의해야 합니다.

빈칸에 해당하는 단어를 문장에 맞춰 형태를 바꿔 보세요. (제한시간 4분)

1. Lithuania's _____ efforts for liberty were finally rewarded. The country won independence from Russia.

2. Abe often scratches his neck while talking to someone; it is a nervous _____ he picked up from his father.

3. Due to the trade imbalance, our country will have to accept _____ import quotas.

4. Ms. Hart, we are sorry to tell you that your sales figures during the past three months are quite _____, and we will have to let you go.

5. Aircraft engineers urgently wanted. Salary _____ with experience.

6. I'm sending you a copy of my high school _____ and school transcripts with this application letter.

7. The water bill was _____ as a result of petitions filed by groups of citizens opposing the rate increase.

8. In order to make a more convincing case, your argument needs _____ with facts and statistical data.

| 힌트 | mannerism | inadequate | zealous | commensurate |
| | annul | mandatory | diploma | reinforcement |

해답은 420페이지에

Unit 14

| liable | accountable | governable |

The construction company was found **liable** for the structural shortcomings of the building and had to pay a huge sum in compensation.

건설회사가 그 빌딩의 구조적 결함에 책임이 있다는 것이 밝혀져, 거액의 배상금을 지불해야 했다.

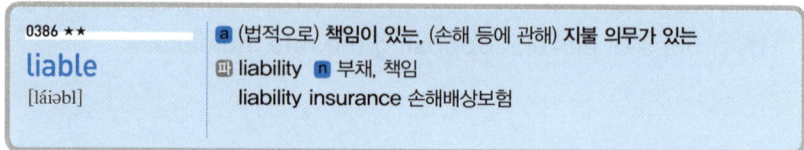

0386 ★★
liable
[láiəbl]

ⓐ (법적으로) **책임이 있는**, (손해 등에 관해) **지불 의무가 있는**
ⓟ liability ⓝ 부채, 책임
liability insurance 손해배상보험

structural shortcomings 구조적 결함 / compensation 배상, 보상

The board of a company is directly **accountable** to the company's shareholders.

회사의 이사회는 회사 주주들에게 직접 설명할 책임을 진다.

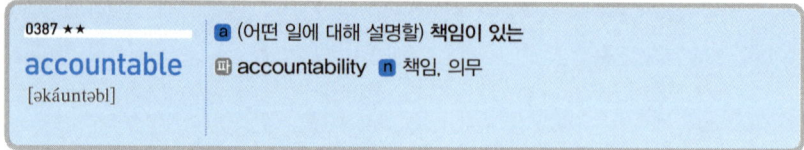

0387 ★★
accountable
[əkáuntəbl]

ⓐ (어떤 일에 대해 설명할) **책임이 있는**
ⓟ accountability ⓝ 책임, 의무

board 이사회 / be accountable for~ ~에 대해 설명할 책임이 있다 / shareholder 주주

As a result of the continued widespread rioting, many people are wondering whether the country is actually **governable**.

폭동이 지속적으로 이어진 결과, 많은 사람들은 그 나라가 정말로 통치가 가능한지에 대해 의문을 품고 있다.

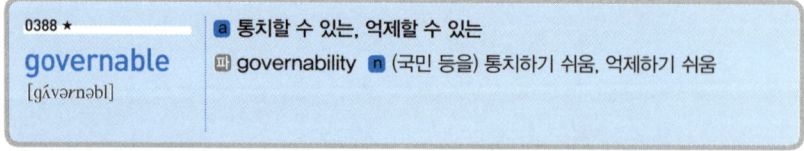

0388 ★
governable
[gÁvərnəbl]

ⓐ **통치할 수 있는, 억제할 수 있는**
ⓟ governability ⓝ (국민 등을) 통치하기 쉬움, 억제하기 쉬움

widespread 널리 퍼진, 광범위한

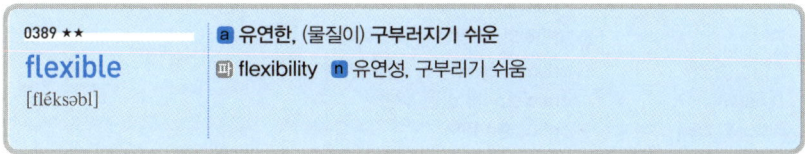

flexible	*resilient*	*agile*

Flexible thinking is a vital element for success in the rapidly changing world of modern business.

빠르게 변화하는 현대 비즈니스 세계에서는 유연한 사고방식이 성공에 반드시 필요한 요소이다.

0389 ★★	ⓐ 유연한, (물질이) **구부러지기 쉬운**
flexible	圖 flexibility ⓝ 유연성, 구부리기 쉬움
[fléksəbl]	

vital 중요한, 불가결한

Our factory specializes in resilient steel products such as coils and springs.

우리 공장은 코일이나 용수철과 같은 탄력 있는 강철 제품을 전문으로 하고 있다.

0390 ★	ⓐ 탄력이 있는, 회복력이 있는
resilient	圖 resilience ⓝ 탄성, 탄력, 회복력
[rizíljənt]	

 flexible은 '구부러지는' 것을, resilient는 버드나무 가지처럼 '구부러졌다가 다시 돌아오는' 것을 의미합니다.

Lee's agile mind quickly calculated the pros and cons of the new position offered her, and she decided to accept it on the spot.

리는 그녀가 제안받은 새 일자리의 장단점을 마음속으로 재빨리 계산하고 그 자리에서 수락하기로 결정했다.

0391 ★	ⓐ 민첩한, 재빠른, 반응이 빠른
agile	圖 agility ⓝ 기민함, 민첩성
[ǽdʒəl]	

pros and cons 장단점 / on the spot 그 자리에서, 즉시

Just **criticizing** won't get us anywhere. Let's try to make our discussion more constructive so that we can work out the problem.

비난만 하는 것은 소용없습니다. 문제를 해결하기 위해 좀 더 건설적인 논의를 합시다.

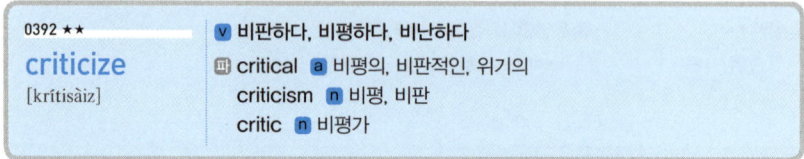

0392 ★★
criticize
[krítisàiz]

ⓥ 비판하다, 비평하다, 비난하다

ⓟ critical ⓐ 비평의, 비판적인, 위기의
criticism ⓝ 비평, 비판
critic ⓝ 비평가

won't get (사람 목적어) anywhere 어쩔 도리가 없다, 아무 소용이 없다 / constructive 건설적인

The man who murdered his wife for her money was **condemned** to life imprisonment.

돈 때문에 아내를 살해한 남자는 종신형 판결을 받았다.

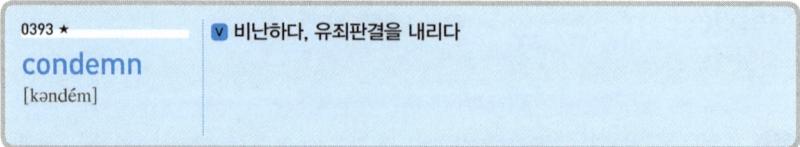

0393 ★
condemn
[kəndém]

ⓥ 비난하다, 유죄판결을 내리다

life imprisonment 종신형, 무기징역

The president of the United States can be **impeached** if he is found to have deliberately lied to Congress.

미국 대통령은 의회에 의도적으로 거짓 발언을 한 것이 발각되면 탄핵될 수 있다.

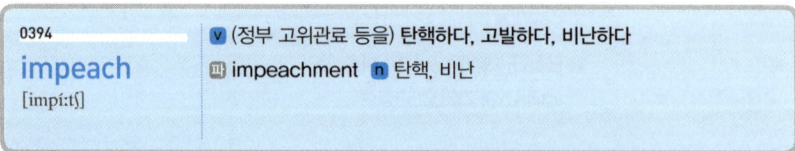

0394
impeach
[impíːtʃ]

ⓥ (정부 고위관료 등을) 탄핵하다, 고발하다, 비난하다

ⓟ impeachment ⓝ 탄핵, 비난

deliberately 일부러, 의도적으로

174

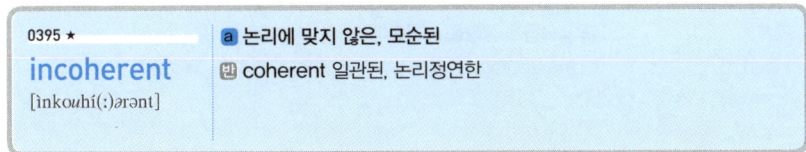

The witness's statement could not be used in court as it was **incoherent** from start to finish.

증인의 진술은 처음부터 끝까지 논리에 맞지 않았기 때문에 법정에서 채택되지 못했다.

0395 ★	ⓐ 논리에 맞지 않은, 모순된
incoherent [ìnkouhí(:)ərənt]	ⓟ coherent 일관된, 논리정연한

The quality of the recording was so bad that the President's remarks were mostly **unintelligible**.

녹음 상태가 너무 나빠서 대통령의 발언을 거의 알아들을 수 없었다.

0396 ★	ⓐ 이해할 수 없는, 알아들을 수 없는, 난해한
unintelligible [ʌnintélidʒəbl]	ⓢ illegible 판독할 수 없는, 읽기 어려운
	ⓟ intelligible (의미가) 명료한, 이해할 수 있는

 unintelligible은 목소리, 시간, 디자인 등 무엇에든 사용할 수 있지만 illegible은 읽는 것에만 사용할 수 있는 형용사입니다. illegible jottings는 '읽을 수 없을 정도로 휘갈겨 쓴 글씨'를 뜻합니다.

I think you could make your report shorter. You made this point earlier, so the last paragraph is **redundant**.

당신의 리포트는 더 짧아도 된다고 생각합니다. 이 부분은 이미 서술했기 때문에 마지막 문단은 불필요합니다.

0397 ★	ⓐ 불필요한, 쓸모없는, 중복되는
redundant [ridʌ́ndənt]	ⓟ redundancy ⓝ 불필요한 중복

make a point 요점을 분명히 하다

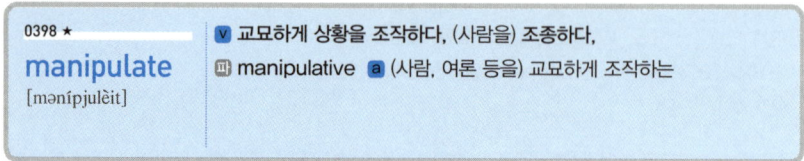

The opposition party accused the government of **manipulating** unemployment figures to make the situation look better than it actually is.

야당은 정부가 실업률을 교묘하게 조작하여 실제보다 상황이 좋은 것처럼 보이게 하고 있다고 비난했다.

0398 ★ **manipulate** [mənípjulèit]	ⓥ 교묘하게 상황을 조작하다, (사람을) 조종하다. ⑱ manipulative ⓐ (사람, 여론 등을) 교묘하게 조작하는

accuse ~ of ~을 비난하다. 규탄하다 / unemployment figures 실업률
look better than it actually is 실제보다 좋게 보이다

The pilot **maneuvered** the aircraft into position on the runway and waited for takeoff instructions from the control tower.

기장은 항공기를 활주로의 정해진 위치로 이동시키고, 관제탑으로부터 이륙 지시를 기다렸다.

0399 ★★ **maneuver** [mənú:vər]	ⓥ (기계를) 조작하다, 조종하다 ⑲ operate 조작하다

runway 활주로 / control tower (항공)관제탑

World soccer is now **dominated** by the few clubs that are rich enough to buy the very best players.

이제 세계 축구는 최고의 선수를 살 수 있는 풍부한 자금을 지닌 소수의 클럽에 의해 지배되고 있다.

0400 **dominate** [dámənèit]	ⓥ (힘이나 숫자로) 지배하다, 우위에 있다 ⑱ dominant ⓐ 우세한, 지배적인, (유전적으로) 우성인 ⑱ domineering ⓐ 거만한

 dominate는 '힘으로 지배하다'이며 manipulate는 '완곡하게 잘 조작하다'라는 뜻입니다.

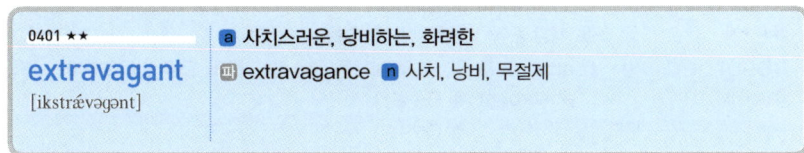

The sightseers were awed by the **extravagant** architectural style of the Sagrada Famillia Church designed by Gaudi.

관광객들은 가우디가 설계한 성가족성당의 화려한 건축양식에 놀라 경외감을 느꼈다.

0401 ★★	ⓐ 사치스러운, 낭비하는, 화려한
extravagant [ikstrǽvəgənt]	ⓟ extravagance ⓝ 사치, 낭비, 무절제

be awed 경외심을 느끼다 / architectural style 건축양식

The poster was composed of all kinds of **flamboyant** colors. It was certainly eyecatching.

그 포스터는 화려하고 다양한 색으로 구성되어 있어서 확실히 사람들의 시선을 끌었다.

0402 ★	ⓐ 현란한, 화려한, 대담한
flamboyant [flæmbɔ́iənt]	ⓢ loud 화려한, 눈에 띄는
	ⓟ flamboyance ⓝ 화려함, 현란함

be composed of ~로 구성되어 있다 / eye-catching 이목을 끄는

Such **gaudy** clothes may be fine if you're going to a party, but they're not appropriate for the office.

그런 요란한 옷차림은 파티에는 어울릴지 몰라도 업무용으로는 적절하지 않다.

0403	ⓐ (복장 등이) 요란한, 야한, (문체가) 지나치게 화려한
gaudy [gɔ́:di]	

appropriate 어울리다

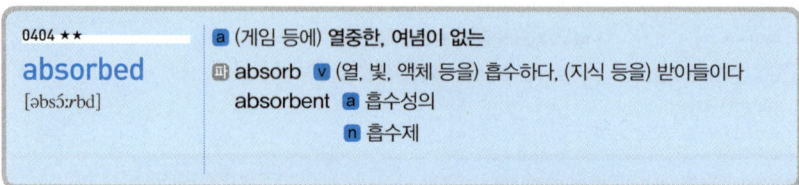

I love mystery novels. Sometimes I get so **absorbed** in them that I forget to eat dinner.

나는 미스터리 소설을 아주 좋아한다. 때로는 너무 몰두한 나머지 저녁식사를 잊기도 한다.

0404 ★★	ⓐ (게임 등에) **열중한, 여념이 없는**
absorbed [əbsɔ́ːrbd]	🔁 absorb ⓥ (열, 빛, 액체 등을) 흡수하다, (지식 등을) 받아들이다 absorbent ⓐ 흡수성의 ⓝ 흡수제

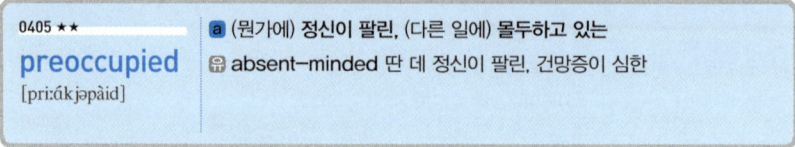

Meg sounded **preoccupied** when I called her. I wonder if she had something on her mind.

전화했을 때 메그는 뭔가에 정신이 팔린 듯 했다. 그녀가 무슨 생각을 하고 있었는지 궁금하다.

0405 ★★	ⓐ (뭔가에) **정신이 팔린, (다른 일에) 몰두하고 있는**
preoccupied [priːɑ́kjəpàid]	🔄 absent-minded 딴 데 정신이 팔린, 건망증이 심한

have something on one's mind ∼를 마음에 두고 있다

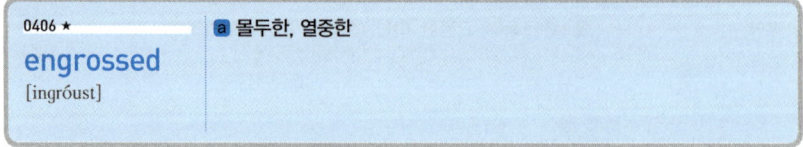

Morgan was so **engrossed** in the computer game that he didn't hear his baby sister fall down the steps and call for help.

모건은 컴퓨터 게임에 열중하는 바람에 어린 여동생이 계단에서 떨어져 도움을 요청하는 것도 몰랐다.

0406 ★	ⓐ **몰두한, 열중한**
engrossed [ingróust]	

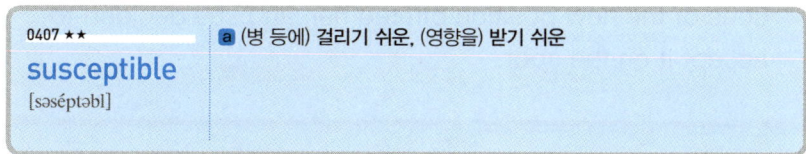

You are **susceptible** to colds, so be sure to keep yourself warm when you go skating.

당신은 감기에 잘 걸리는 체질이니까 스케이트를 타러 갈 때는 따뜻하게 입어요.

0407 ★★	ⓐ (병 등에) 걸리기 쉬운, (영향을) 받기 쉬운
susceptible [səséptəbl]	

Carol looks **vulnerable** to criticism, but actually she is pretty tough and can take a lot.

캐럴은 비판에 쉽게 상처받을 것처럼 보이지만 사실 그녀는 상당히 강인한 성격이라 잘 견딘다.

0408 ★	ⓐ (정신적, 신체적으로) 상처받기 쉬운
vulnerable [vʌ́lnərəbl]	ⓟ vulnerability ⓝ 상처받기 쉬움

criticism 비판, 비평 / can take a lot 많이 참을 수 있다

Jackie is **prone** to losing her self-confidence, so as her supervisor, you must remember to give her a lot of praise and encouragement.

재키는 자신감을 잘 잃는 성격이므로, 그녀의 상사로서 자주 칭찬하고 격려해야 한다는 것을 명심하세요.

0409 ★	ⓐ ~하는 경향이 있는, ~하기 쉬운
prone [proun]	: prone to ~ing ~하는 경향이 강한, ~하기 쉬운

self-confidence 자신감 / praise 칭찬 / encouragement 격려

빈칸에 해당하는 단어를 문장에 맞춰 형태를 바꿔 보세요. (제한시간 4분)

1. Lee's _____ mind quickly calculated the pros and cons of the new position offered her, and she decided to accept it on the spot.

2. The opposition party accused the government of _____ unemployment figures to make the situation look better than it actually is.

3. The board of a company is directly _____ to the company's shareholders.

4. Just _____ won't get us anywhere. Let's try to make our discussion more constructive so that we can work out the problem.

5. The witness's statement could not be used in court as it was _____ from start to finish.

6. Meg sounded _____ when I called her. I wonder if she had something on her mind.

7. You are _____ to colds, so be sure to keep yourself warm when you go skating.

8. The sightseers were awed by the _____ architectural style of the Sagrada Famillia Church designed by Gaudi.

힌트	accountable	incoherent	agile	susceptible
	manipulate	extravagant	criticize	preoccupied

해답은 420페이지에

|8|

Unit 15

| superintendent | surveillance | scrutiny |

> We usually give a small gift to the **superintendent** of our apartment every Christmas.

우리들은 크리스마스 때마다 아파트 관리인에게 작은 선물을 준다.

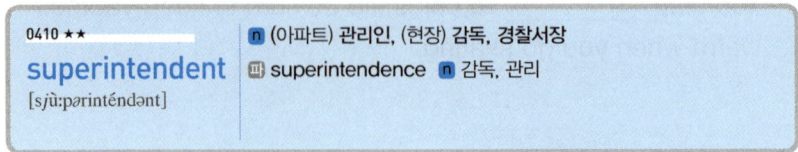

0410 ★★
superintendent
[sʲùːpərinténdənt]

n (아파트) 관리인, (현장) 감독, 경찰서장
파 superintendence n 감독, 관리

> The drug dealer didn't realize that he was under constant **surveillance** by the police.

마약 판매상은 경찰의 끊임없는 감시를 받고 있다는 사실을 알지 못했다.

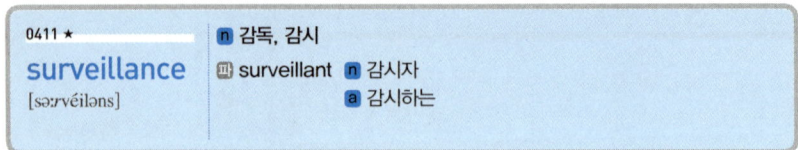

0411 ★
surveillance
[səːrvéiləns]

n 감독, 감시
파 surveillant n 감시자
a 감시하는

drug dealer 마약 판매상 / constant 끊임없는

> The company's financial records were submitted to the tax inspector's **scrutiny**.

회사의 재무 기록은 세무사찰관의 자세한 조사를 위해 제출되었다.

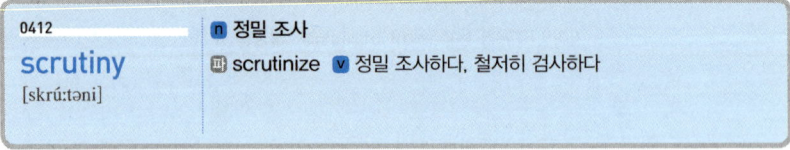

0412
scrutiny
[skrúːtəni]

n 정밀 조사
파 scrutinize v 정밀 조사하다, 철저히 검사하다

tax inspector 세무사찰관, 세무관

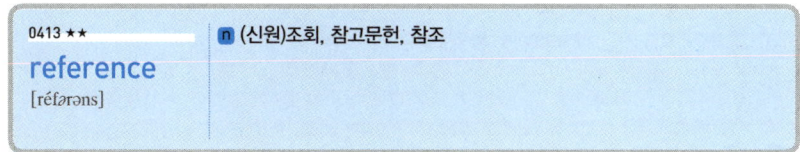

> If you have a problem using this computer system, check the **reference** book.

이 컴퓨터 시스템을 사용하다 문제가 생기면 참고도서를 확인하세요.

0413 ★★	ⓝ (신원)조회, 참고문헌, 참조
reference [réfərəns]	

> It's like a vicious cycle. If I don't have a **recommendation**, I can't get a job. But I can't get a recommendation without a job.

이건 악순환이야. 추천장이 없으면 직업을 구할 수 없고, 직업이 없으면 추천장을 받을 수 없어.

0414 ★★	ⓝ 추천장, 추천
recommendation [rèkəməndéiʃən]	ⓥ recommend ⓥ 추천하다, 권하다

vicious cycle 악순환

> We don't usually advertise for staff. We've found most of our employees through **referrals** from our business associates.

우리 회사는 보통은 직원 모집 광고를 내지 않는다. 대부분의 사원은 업무 관계자의 소개를 통해 찾는다.

0415	ⓝ (업계나 전문가로부터의) 소개, 추천
referral [rifə́:rəl]	

business associate 사업 동료, 동업자, 업무 관계자

| abstention | mediocre | haphazard |

■ At the board meeting, there were 5 votes for, 2 against and 1 **abstention**.
이사회에서는 찬성이 5표, 반대가 2표, 기권이 1표가 나왔다.

0416 ★	n 기권
abstention [əbsténʃən]	파 abstain v 기권하다

 의사 결정을 할 때 자주 사용하는 표현입니다. "Who is for?", "Who is against?", "How many abstentions?"라는 말은 모두 거수를 권하는 내용입니다. for는 찬성, against는 반대를 의미하죠.

■ Joe decided he would rather aim high and fail than spend his life in a **mediocre** job.
조는 이도저도 아닌 일에 평생을 낭비하기보다는 실패하더라도 목표를 높이 세우는 쪽을 택했다.

0417 ★	a 보통의, 평범한
mediocre [miːdióukər]	유 ordinary 보통의, 평범한
	파 mediocrity n 평범, 보통, 평범한 사람

aim high 목표를 높이 세우다

■ Sue's boss criticized her approach to her job as **haphazard**, but she replied that other people just don't understand her system.
수의 상사는 그녀의 업무 방식이 무계획적이라고 비판했지만 수는 다른 사람들이 자신의 방식을 전혀 이해하지 못하고 있다고 대답했다.

0418 ★	a 우연의, 되는대로의, 무계획적인
haphazard [hæphǽzərd]	유 disorganized 정리되어 있지 않은
	파 haphazardly ad 우연히, 되는대로

approach to one's job 업무 처리 방식

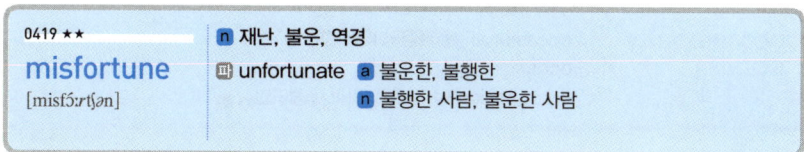

Kurt had the **misfortune** of bearing a striking resemblance to a suspected terrorist on the international wanted list.

커트는 불행하게도 국제 지명수배범 명단에 오른 테러 용의자와 외모가 놀랄만큼 흡사했다.

0419 ★★	n 재난, 불운, 역경
misfortune	파 unfortunate a 불운한, 불행한
[misfɔ́ːrtʃən]	n 불행한 사람, 불운한 사람

bear a resemblance to~ ~와 닮다 / striking 현저한, 인상적인
international wanted list 국제 지명수배범 명단

After the **mishap** of leaving her purse in the train, Laura is now very careful to keep hold of her belongings.

로라는 기차에 지갑을 놓고 내린 사고 이후로 자신의 소지품을 잘 간수하려고 노력하고 있다.

0420 ★★	n 재난, (작은) 사고
mishap	
[míshæp]	

keep hold of ~을 간수하다 / belongings 소지품

 purse는 미국에서는 손에 드는 작은 핸드백이나 장지갑을 의미합니다. pocketbook이라고 부르기도 합니다. 보통 지갑은 wallet이라고 합니다.

Rita overcame the **adversity** of growing up in poverty and went on to become one of the country's most powerful politicians.

리타는 가난 속에서 성장한 역경을 극복하고 그 나라에서 가장 영향력 있는 정치가 중 한 사람이 되었다.

0421	n 역경, 불행
adversity	파 adverse a 불운한, 반대하는, 적대적인
[ædvə́ːrsəti]	

overcome 극복하다

185

▌Sam **occasionally** drives his family to their summer lodge in Mt. Snow.

샘은 이따금 가족들과 함께 자동차를 몰아 스노우 산에 있는 여름 별장에 간다.

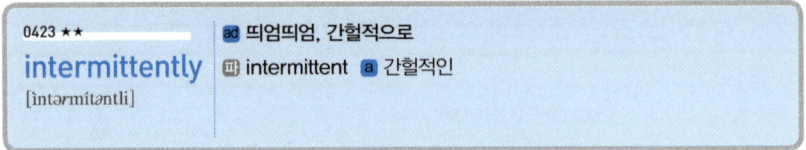

0422 ★★	때때로, 이따금
occasionally	윤 occasional ⓐ 가끔의 때때로의
[əkéiʒənəli]	occasion ⓝ 사건, 기회
	on occasion ⓐⓓ 때때로, 기회가 생기면

▌Tomorrow's weather will be mainly sunny but we can expect light showers

▌**intermittently**.

내일 날씨는 대체로 맑겠지만 가벼운 소나기가 간헐적으로 내릴 수 있다.

0423 ★★	ⓐⓓ 띄엄띄엄, 간헐적으로
intermittently	윤 intermittent ⓐ 간헐적인
[intərmítəntli]	

▌Albert's grades are bad because he studies only **sporadically**. He's in
▌serious danger of failing to graduate.

앨버트는 가끔씩만 공부하기 때문에 성적이 나빠서 졸업할 수 없을지도 모르는 위기 상황에 놓여 있다.

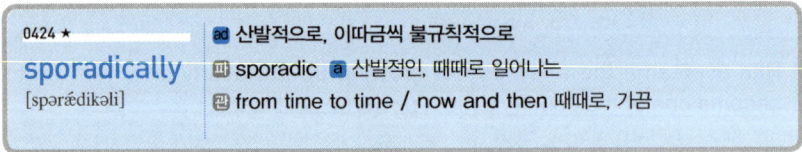

0424 ★	ⓐⓓ 산발적으로, 이따금씩 불규칙적으로
sporadically	윤 sporadic ⓐ 산발적인, 때때로 일어나는
[spərǽdikəli]	윤 from time to time / now and then 때때로, 가끔

grade 성적 / serious danger 중대한 위기

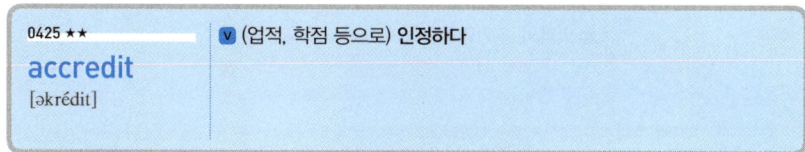

The school you attended is not **accredited** by the Department of Education, and so your degree is not recognized.

당신이 다닌 학교는 교육부의 인정을 받지 않았기 때문에 당신의 학위는 인정할 수 없다.

0425 ★★ **accredit** [əkrédit]	v (업적, 학점 등으로) **인정하다**

※ accredited school 공인된 학교 / accredited course 인가 받은 교육과정

Employees **attribute** this success to Mr. Cortez's outstanding leadership qualities.

사원들은 이번 성공을 코르테즈 씨의 뛰어난 리더쉽 덕분이라고 한다.

0426 ★ **attribute** [ətríbjuːt]	v ~의 덕분으로 돌리다 ⓜ attribution ⓝ 귀속, 귀착

 attribute A to B는 'A의 원인을 B의 탓으로 돌리다'라는 뜻입니다.

This passage seems to be in a different style from the rest of the book, and is usually **ascribed** to a different author.

이 구절은 책의 나머지 부분과 문체가 다른 것 같은데 그건 작가가 다르기 때문인 것으로 보인다.

0427 **ascribe** [əskráib]	v ~의 탓으로 돌리다 ⓜ ascription ⓝ 귀속, 귀결

| anonymous | ambiguous | undistinguished |

Joseph went to the police because he started receiving **anonymous** letters threatening him after the publicity in the mass media.

조셉은 언론을 통해 유명해진 후 익명의 협박장을 받기 시작했기 때문에 경찰에 신고했다.

| 0428 ★
 anonymous
 [ənánəməs] | ⓐ 익명의, 무기명의 |

threaten 협박하다 / publicity 널리 알려짐

The general idea contained in the plan is good, but the details are **ambiguous**.

기획의 전체적인 아이디어는 좋은데 세부 사항이 모호하다.

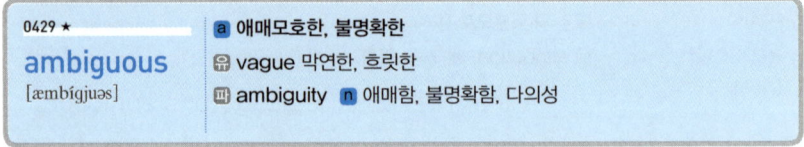

| 0429 ★
 ambiguous
 [æmbíɡjuəs] | ⓐ 애매모호한, 불명확한
 ⓢ vague 막연한, 흐릿한
 ⓓ ambiguity ⓝ 애매함, 불명확함, 다의성 |

Even though she was a prize-winning student at high school, Julia's academic record at college was **undistinguished**.

줄리아는 고교 시절에는 상을 받던 학생이었지만 대학 성적은 그다지 뛰어나지 않았다.

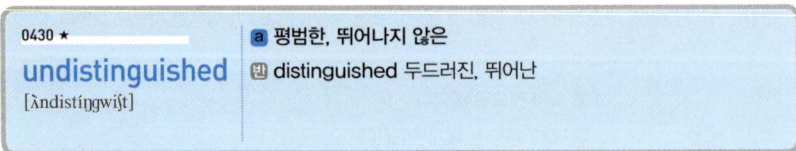

| 0430 ★
 undistinguished
 [ʌ̀ndistíŋɡwiʃt] | ⓐ 평범한, 뛰어나지 않은
 ⓓ distinguished 두드러진, 뛰어난 |

academic record 학업 성적

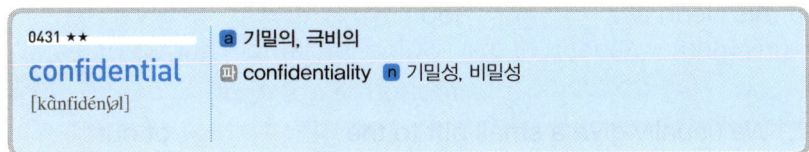

| confidential | red tape | divulge |

This information is classified as **confidential**. Do not communicate it to unauthorized personnel.

이 정보는 기밀로 분류되었으니까 권한이 없는 사람에게는 전달하지 마세요.

0431 ★★	ⓐ 기밀의, 극비의
confidential [kànfidénʃəl]	ⓜ confidentiality ⓝ 기밀성, 비밀성

communicate 전달하다, 전파하다 / unauthorized 권한이 없는

I finally got a working visa, but the **red tape** involved in the process nearly drove me crazy.

마침내 취업 비자를 받긴 했지만 그 과정상의 번거로운 절차는 나를 거의 미치게 만들었다.

0432 ★	ⓝ (관료적인) 형식주의, 복잡한 절차
red tape [red teip]	: go through the red tape 번거로운 절차를 거치다

working visa 취업 비자 / drive someone crazy ~를 화나게 하다

Our company deals with some patented precision instruments. Be careful not to **divulge** any information on our products.

우리 회사는 특허를 받은 정밀기기를 다루고 있습니다. 회사 제품에 대한 어떤 정보도 새나가지 않도록 주의해 주세요.

0433 ★	ⓥ (비밀을) 누설하다, 폭로하다
divulge [diváldʒ]	ⓡ reveal (비밀을) 밝히다 / disclose (비밀을) 공개하다
	ⓜ divulgence ⓝ 비밀 누설, 폭로

deal with ~을 다루다 / patented 특허를 취득한 / precision instrument 정밀기기

189

빈칸에 맞는 단어를 문장에 맞춰 형태를 바꿔보세요. (제한시간 4분)

1. Joe decided he would rather aim high and fail than spend his life in a _____ job.

2. We usually give a small gift to the _____ of our apartment every Christmas.

3. Rita overcame the _____ of growing up in poverty and went on to become one of the country's most powerful politicians.

4. Tomorrow's weather will be mainly sunny but we can expect light showers _____.

5. If you have a problem using this computer system, check the _____ book.

6. Joseph went to the police because he started receiving _____ letters threatening him after the publicity in the mass media.

7. This information is classified as _____. Do not communicate it to unauthorized personnel.

8. Employees _____ this success to Mr. Cortez's outstanding leadership qualities.

해답은 420페이지에

Chapter 2
구동사

0434 ... 0897

Unit 16

| *access* | *act* |

How wonderful it is to be able to **access the Internet** wherever you are; even in the mountains of Upstate New York where I have a little cabin.

어디서든 인터넷에 접속할 수 있다는 것은 멋진 일입니다. 심지어는 뉴욕 주 업스테이트에 있는 내 작은 산장에서도 가능합니다.

0434
access the Internet | 인터넷에 접속하다

 Upstate New York은 뉴욕 주 북부의 캐나다 지역으로, 산과 눈, 여름의 피서지로 유명합니다.

With InterTrans Corporation **acting as** your overseas agent, your import costs will decrease drastically.

인터트랜스 코퍼레이션이 귀사의 해외 대리인이 되면 귀사의 수입 비용이 대폭 줄어들 것입니다.

0435
act as (someone) | (누군가의) 대리를 하다, 대역을 맡다
---

overseas agent 해외 대리인 / import costs 수입에 드는 비용 / drastically 과감하게, 대폭

You are going to be seven years old next month. **Act your age** and stop crying!

너는 다음 달이면 7살이 돼. 나이에 맞게 행동하고, 울지 마!

0436
act one's age | 나이에 맞게 행동하다
---

act		back

Our dog, Ben, is **acting up** again. He's been growling and snarling at the children. We should take him to the vet.

우리 집 강아지 벤이 또다시 흥분해서 소동을 부리고 있다. 아이들에게 으르렁대거나 물려고 하니 수의 사에게 데려가야겠다.

0437

act up | 흥분해서 소동을 피우다, 버릇없이 행동하다

growl (동물이) 으르렁거리다 / snarl (이빨을 드러내고) 으르렁거리다 / vet (= veterinarian) 수의사

A customer complained in a loud voice that I was trying to cheat him, but when I suggested calling the manager, he **backed down** and left the store.

한 손님이 내가 자신을 속이려했다며 큰소리로 불평을 했지만, 내가 점장을 부르겠다고 하자 한발 물러나 가게를 떠났다.

0438

back down | (경쟁 등에서) 물러서다, (주장, 발언 등을) 취소하다

🔄 back off (뒤로) 물러나다, (주장을) 굽히다
cheat someone 누군가를 속이다

We are **backing out of** the public tender of the new bridge. It is too competitive and can't expect any profit.

우리 회사는 새로운 교량의 공개 입찰에서 철수할 예정이다. 경쟁이 너무 치열하고 별다른 이익을 기대 할 수 없기 때문이다.

0439

back out of (something) | ~를 그만두기로 하다, (거래에서) 철수하다

tender 입찰 / competitive 경쟁이 치열한

We want to demand a 5% raise this year. Will the union **back** us **up** on this? 우리는 올해 5%의 임금인상을 요구하고 싶은데 조합이 우리를 지지해 줄까요?

0440
back (someone/something) up | 응원하다, 지지하다

Your new job at our office is to **balance the books** at the end of each day.
사무실에서 당신의 새로운 업무는 매일 업무가 끝나면 장부를 정리하는 것입니다.

0441
balance the books/accounts | 장부를 계산하다

Bear in mind that you have only two weeks to turn in the income tax report.
소득세 신고 기한이 겨우 2주밖에 남지 않았다는 사실을 명심하도록 하세요.

0442
bear in mind | 명심하다

He says he is innocent, and the evidence **bears out** his claim.
그는 무죄라고 주장하고 있고 해당 증거들도 그의 말이 옳다는 것을 증명한다.

0443
bear (something) out | 증명하다, 확인하다

🔁 prove something to be correct ~가 옳다는 것을 증명하다

become	blow

▌ That blouse is very **becoming to** you; the color matches your eyes.

그 블라우스는 너와 무척 잘 어울린다. 옷 색깔이 네 눈 색깔과 꼭 맞아.

0444

becoming to (someone) | ~에게 어울리는

▌ Could you please **blow out** the candle in front of the altar before you leave the room?　방을 나올 때는 제단 앞의 촛불을 꺼 주시겠어요?

0445

blow out (something) | (촛불 등을) 불어 끄다, (가스, 화염 등을) 내뿜다

▌ These are inflatable boats. When we drop them into the water, they **blow up** automatically.

이것들은 공기 주입식 보트입니다. 물에 떨어뜨리면 자동으로 부풀어 오릅니다.

▌ The car parked outside the barber shop suddenly **blew up** and killed 3 passers-by.

이발소 밖에 세워져 있던 차가 갑자기 폭발해 지나가던 행인 세 명이 죽었다.

0446

blow up | 1. (풍선 등을) 부풀리다, 공기를 넣다
2. 폭발하다, 산산조각이 나다

▌ The manager **blew up at** us when she saw us smoking in the bathroom.

우리들이 화장실에서 담배를 피우는 것을 본 점장은 무섭게 화를 냈다.

0447

blow up at (someone) | 발끈하고 화를 내다

🔊 yell at someone 누군가에게 호통을 치다

Her chances for promotion **blew up in her face** when she made a slightly sarcastic remark to the vice president.

그녀는 부사장에게 살짝 비꼬는 말을 했다가 큰 문제를 일으켜 승진 기회를 날려 버렸다.

0448

blow up in one's face │ 예상치 못한 큰 문제를 일으키다, 자업자득의 결과가 되다

You've been talking on the phone for three hours! Are you trying to **break a record**?

벌써 3시간이나 전화하고 있다니 신기록이라도 세울 셈이야?

0449

break a record │ 기록을 깨다, 신기록을 세우다

Island Air had **broken away** from Paradise Airlines, its parent company, and became an independent entity.

아일랜드 에어는 모기업인 파라다이스 항공사로부터 떨어져 나와 독립 회사가 되었다.

0450

break away │ 독립하다, 탈퇴하다

---

entity 독립체

Jenny **broke down crying** when she heard from the vet that her pet iguana had just died.

수의사로부터 애완동물이었던 이구아나가 방금 죽었다는 소식을 듣고 제니는 울며 쓰러졌다.

0451

break down crying / break down in tears │ 울며 쓰러지다

> *break*

▌ You'd better get some sleep or you'll **break down from exhaustion**.

조금이라도 자 두는 게 좋을 거야. 그렇지 않으면 과로로 쓰러질 거야.

0452

break down from exhaustion | 과로로 쓰러지다

▌ If you **break down the cost** of your trip, 65% of it was hotel accommodations and meals. Next time, try to cut down on them.

당신의 여행 비용을 분석하면 65%가 호텔 숙박료와 식비입니다. 다음에는 좀 더 절약해 주세요.

0453

break down the cost | 비용을 분석하다

---

cut down on ~을 줄이다, 절약하다

▌ Over time, the movement of minorities into higher level positions will **break down the status quo**.

소수민족이 시대의 흐름에 따라 (사회적으로) 보다 높은 지위로 이동하는 움직임이 현재의 상황을 타개하게 될 것이다.

0454

break down the status quo | 현재의 상황을 타개하다

---

status quo 현상, 그대로의 상태 / minority 소수민족, 소수파

▌ We are not making a profit this year, but at least we're **breaking even**.

올해 우리 회사는 이익을 내지 못했지만 적어도 현상유지는 하고 있다.

0455

break even | 수지를 맞추다, 비기다, 현상을 유지하다

People who want to work in Planning and Development have to **break free from** habitual ways of thinking.

기획개발부에서 일을 하고 싶은 사람은 관습적인 사고방식으로부터 탈피해야만 한다.

0456

break free from (something) | (무엇으로부터) **탈피하다, 도망치다**

🔁 get away from ～로부터 벗어나다
Planning and Development 기획개발부 / habitual way 전통적인 방식

We **broke** the **ground** for the new fitness center last week.

우리 회사는 지난주에 새로운 피트니스 센터의 기공식을 했다.

0457

break ground | **착공하다, (건설 공사 등을) 시작하다**

※ ground breaking ceremony 착공식, 기공식

It will take at least four weeks to **break in** the new employees we just hired. 우리 회사가 얼마 전에 채용한 신입사원들을 훈련하기 위해서는 적어도 4주가 걸린다.

0458

break in (something/someone) | (신입사원 등을) **훈련시키다,** (새 구두 등을) **길들이다**

Hackers **broke into** the sites of three banks in one night.

해커들은 하룻밤 사이에 3개 은행의 사이트에 침투했다.

0459

break into (something) | **침입하다,** (대화 도중에) **끼어들다**

200

| break |

About twenty dogs **broke loose** from the city dog pound and are still missing.

시의 유기견 보호소로부터 약 20마리의 개들이 도망쳤는데 아직까지 찾지 못했다.

0460

break loose | 도망치다, 탈출하다, 자유롭게 되다

🔄 run away / escape 도망치다 | dog pound 유기견 보호소

Judy **broke off** her engagement to Tom when she heard about his other girlfriend.

주디는 톰의 또 다른 여자친구 이야기를 듣고 그와의 약혼을 파기했다.

0461

break off | (약혼, 동맹 등을) 파기하다, 중단하다

The United States **broke off** diplomatic relations **with** Iran over twenty years ago.

미국은 20년 전에 이란과 외교관계를 단절했다.

0462

break off with(someone) | (관계 등을) 끊다, 단절하다

It **broke my heart** to have to let Ms. Simpson go. She is such a nice person, but she just couldn't keep up with her work.

심슨 씨를 해고할 수밖에 없어 마음이 아프다. 그녀는 매우 좋은 사람이지만 업무를 제대로 소화하지 못했다.

0463

break one's heart | 마음을 아프게 하다, 실연시키다, 실망시키다

---

break

The senator **broke her pledge** not to raise taxes, and the voters remembered the broken promise in the next election.

그 상원의원은 세금을 올리지 않겠다는 공약을 깼고, 선거구민들은 다음 선거에서 그 깨진 약속을 기억했다.

0464

break one's pledge | 약속을 어기다, 맹세를 깨다

Even though the peace treaty had been signed, little skirmishes continued to **break out** here and there in the city.

평화조약이 체결되었지만 시의 여기저기에서는 소규모 충돌이 계속해서 일어났다.

0465

break out | (전쟁, 전염병 등이) 발생하다, 발발하다

---

skirmish 소규모 충돌, 국지전

Everytime I eat raw crab, I **break out in a rash**. I'm allergic to it.

게를 날로 먹으면 항상 두드러기가 생긴다. 나는 게 알레르기가 있다.

0466

break out in a rash | 두드러기가 나다

Three prisoners **broke out of** the prison this morning and are considered armed and dangerous.

오늘 아침 교도소에서 3명의 죄수가 탈옥했는데, 무장을 한 것 같고 위험하다고 여겨진다.

0467

break out of | 탈주하다, 탈옥하다

---

armed 무장한, 무기를 가지고 있는

$$\boxed{\textit{break}}$$

| Mr. Worth helped his employees **break the** smoking **habit** by quitting smoking himself.

워스 씨는 직접 금연을 실천해서 부하들이 흡연 습관을 버리도록 도와주었다.

0468

break the habit | (나쁜 버릇을) **끊다, 버리다**

※ quit에 관한 두 가지 주의 사항

1. quit smoking처럼 quit 뒤에는 -ing 형태가 옵니다.
2. quit은 과거형도 과거분사형도 quit을 씁니다.

| The farewell luncheon for Lenny proceeded rather drearily until Patrick **broke the ice** by telling one of his crazy jokes.

레니의 송별 점심식사는 패트릭이 바보 같은 농담으로 분위기를 누그러뜨리기 전까지는 상당히 울적한 분위기 속에서 이루어졌다.

0469

break the ice | 어색한 분위기를 깨다

📖 icebreaker 서먹한 분위기를 푸는 것

farewell luncheon 송별 점심식사 / drearily 쓸쓸히, 울적하게

| E-mail marketers are **breaking the law** if they attempt to hide or disguise their identity when they send an e-mail to a potential customer.

전자메일을 통해 마케팅을 하는 사람이 고객에게 메일을 보낼 때 자신의 실명을 바꾸거나 숨기는 행위는 위법이다.

0470

break the law | 법률을 어기다

---

attempt to (~하려고) 시도하다 / disguise one's identity 신분을 속이다 / potential customer 잠재 고객

Nobody wanted to **break the news** to Mrs. Jones that her son was arrested by the police.

어느 누구도 아들이 경찰에 체포되었다는 소식을 존스 부인에게 전하고 싶어하지 않았다.

0471
break the news | (나쁜) 소식을 전하다

🔁 tell the news 소식을 전하다

At 11:46 this morning, our museum **broke the** one millionth **visitor mark**.

우리 미술관은 오늘 아침 11시 46분에 입장객 수 백만 명을 돌파했다.

0472
break the (one millionth) visitor mark | 입장객 수가 (백만 명을) 돌파하다

※ the one millionth처럼 서수가 들어가는 것을 주의하세요.

Last month we had record sales of $459,388. Let's **break the record** again this month and try for $500,000!

지난달 우리 회사는 459,388달러라는 기록적인 매출을 올렸다. 이번 달에도 그 기록을 깨서 500,000달러를 목표로 하자!

0473
break the record | 기록을 깨다

record sales 기록적인 매출

---
break

| Giving micro-loans to women in underprivileged countries who want to start a small business is an attempt to **break the vicious cycle** of poverty.

후진국에서 소규모 사업을 시작하려는 여성들에게 소액 대출을 하는 것은 빈곤의 악순환으로부터 벗어나기 위한 하나의 시도이다.

0474
break the vicious cycle | 악순환을 끊다

---

micro-loans 소규모 융자, 소액 대출 / **underprivileged** 혜택을 받지 못한

 vicious cycle(악순환)을 꼭 기억해 두세요.
It's very hard to break the vicious cycle of debt.
빚의 악순환을 끊는 일은 매우 힘들다.

| Our overseas operations have grown tremendously in the past five years. Last year we **broke through** the $35,000,000 mark in sales.

우리 회사의 해외 사업은 지난 5년간 크게 약진했다. 작년에는 3500만 달러의 판매약을 돌파했다.

0475
break through | 돌파하다

---

overseas operation 해외 사업 / **tremendously** 매우, 엄청나게 / **mark** 수준, 기준

| The federal government's decision to **break up** large construction contracts into smaller components was helpful to small, local businesses wishing to make a bid.

대형 건설 계약을 작은 규모로 나누려는 연방정부의 결정은 입찰에 참가하기를 희망하는 현지의 소규모 기업에 유리한 것이었다.

0476
break up | 작게 나누다, 분산하다, 쪼개다

---

small component 작게 나눈 부분 / **make a bid** 입찰하다

Johnson had been Getz's partner in a law firm for over two decades before he **broke up with** her.

존슨은 게츠와 헤어지기 전까지 20년 넘게 법률사무소의 공동 경영자였다.

0477
break up with (someone) (일, 연애관계 등을) 끝내다, 결별하다

decade 10년

Bill is smart enough to **bring about** change without upsetting people.

빌은 사람들을 불쾌하게 만들지 않고 변화를 일으키는 현명함을 지니고 있다.

0478
bring about (something) 일으키다, 유발하다, 야기하다

upset 불쾌하게 만들다

It was forty years ago when I visited the Grand Canyon, but this photo **brings back memories**.

그랜드캐니언에 간 것은 40년 전이지만 이 사진을 보니 당시의 추억이 되살아난다.

0479
bring back memories 추억을 되살리다

One of the four gas stations on Main Street **brought down** its prices last week. Consequently, the other three brought theirs down in order to compete.

메인 스트리트에 있는 주유소 네 곳 중 한 곳이 지난주에 가격을 내렸다. 그 결과 다른 세 곳도 경쟁을 하기 위해 가격을 내렸다.

0480
bring down (가격 등을) 내리다

> *bring*

█ His humorous act and mimicry **brought down the house**.

그의 재미있는 행동과 성대모사는 큰 갈채를 받았다.

0481

bring down the house | (관중으로부터) 큰 갈채를 받다

mimicry 성대모사, 흉내

█ If you think Mr. Sanders is guilty of embezzlement, you will need to **bring forward** the evidence in court.

샌더스 씨가 횡령죄를 저질렀다고 생각한다면 당신은 법정에 증거를 제출할 필요가 있다.

0482

bring forward | (증거 등을) 제출하다

embezzlement 횡령

█ I didn't think the building designs offered by H&H Architectural Studio were very practical, so I **brought in** a new architect on the project.

H&H 건축 스튜디오의 건물 디자인은 그다지 실용적이지 않다고 생각했기 때문에 그 프로젝트에 새로운 건축가를 불러들였다.

0483

bring in | (사람을) 불러들이다,
(새로운 시스템이나 기획 등을) 도입하다

I understand that you feel underpaid, but I think you are lucky to have a job and be able to **bring in a paycheck** regularly.
네가 월급이 너무 낮다고 생각하고 있다는 것을 알고 있지만, 직업이 있어서 정기적으로 월급을 받는다는 것은 행운이라고 생각해.

0484
bring in a paycheck | 월급을 받다

---

underpaid 박봉의 / paycheck 급여

Hurricane 〈Laurence〉 is expected to **bring in heavy rain** from the south.
허리케인 '로렌스'는 남쪽으로부터 큰비를 동반하고 올 것으로 예상됩니다.

0485
bring in heavy rain | 큰비를 동반하다

Dr. Veli's shocking new theory **brought on attacks** from other scientists.
벨리 박사의 충격적인 새 이론은 다른 과학자들로부터 공격을 받았다.

Inhalation of exhaust fumes in Bangkok **brought on** my asthma **attack**.
방콕에서 배기가스를 마시는 바람에 천식 발작을 일으켰다.

0486
bring on attack(s) | 1. 공격을 초래하다
2. 발작을 일으키다

---

inhalation 흡입 / asthma 천식
🔲 inhale **v** (공기를) 들이마시다 ↔ exhale (공기를) 내뱉다

| bring |

Our new boss **brings out** the best in her employees by identifying their interests.

우리의 새로운 상사는 부하들이 어떤 것에 흥미를 가지고 있는지 찾아내 재능을 발휘하게 한다.

0487
bring out (something) | (재능을) 끌어내다, 발견해내다, (책 등을) 출판하다

identify 식별하다, 찾아내다

If you have a major concern about our proposed budget for the new plant, please **bring** it **into the open** at tomorrow's meeting so that we can discuss it. 새 공장에 대해 제안한 예산안에 큰 문제점이 있다면, 모두가 논의할 수 있도록 내일 회의에서 공개해 주십시오.

0488
bring (something) into the open | 밝히다, 털어놓다

major concern 우려할만한 점, 큰 문제 / proposed budget 예산안

Bringing up children in today's world requires parents to be able to monitor their children's use of communication technologies such as text messaging and the Internet.

오늘날 자녀를 키운다는 것은 부모가 자녀들이 사용하는 통신수단인 문자메시지나 인터넷 등을 감시하는 것이 필요하다는 것을 뜻한다.

0489
bring up (someone/something) | 키우다, 기르다, 양육하다

text messaging 문자메시지

 '사람을 키우다'는 raise someone 또는 bring up someone, '식물 등을 키우다'는 grow something. 으로 쓸 수 있습니다. grow는 타동사로는 사람에게 사용할 수 없지만, 자동사로 '자라다'라는 뜻일 때에는 I grew up in Seoul. 등으로 사용할 수 있습니다.

빈칸에 해당하는 숙어동사를 문장에 맞춰 형태를 바꿔 써넣으세요.

(제한시간 7분 30초)

1. Our dog, Ben, is _____ again. He's been growling and snarling at the children. We should take him to the vet.

2. He says he is innocent, and the evidence _____ his claim.

3. You are going to be seven years old next month. _____ and stop crying!

4. Island Air had _____ from Paradise Airlines, its parent company, and became an independent entity.

5. It will take at least four weeks to _____ the new employees we just hired.

6. We want to demand a 5% raise this year. Will the union _____ on this?

7. Nobody wanted to _____ to Mrs. Jones that her son was arrested by the police.

8. _____ children in today's world requires parents to be able to monitor their children's use of communication technologies such as text messaging and the Internet.

9. The manager _____ us when she saw us smoking in the bathroom.

10. Everytime I eat raw crab, I _____. I'm allergic to it.

11. His humorous act and mimicry _____.

12. The farewell luncheon for Lenny proceeded rather drearily until Patrick _____ by telling one of his crazy jokes.

13. Mr. Worth helped his employees _____ smoking _____ by quitting smoking himself.

14. Our overseas operations have grown tremendously in the past five years. Last year we _____ the $35,000,000 mark in sales.

15. Johnson had been Getz's partner in a law firm for over two decades before he _____ her.

act one's age	break in	act up
back someone up	blow up at	break away
bring down the house	bear out	break up with
break the habit	break the news	bring up
break out in a rash	break through	break the ice

해답은 421페이지에

Unit 17

> *burn*

Can you **burn a DVD** of the sales presentation you did yesterday so I can take it with me to the Chicago Office?

내가 시카고 지점에 가지고 갈 수 있도록 당신이 어제 작업한 영업 프레젠테이션을 DVD로 구워주시지 않을래요?

0490

burn a DVD | DVD에 데이터를 기록하는 것

Our warehouse **burned down** last June, and we lost a lot of inventory in the fire.

지난 6월에 우리 회사 창고에 화재가 일어나 다량의 재고품이 소실되었다.

0491

burn down | (화재로 건물이) 소실되다

---

inventory (재고) 일람표, 비축 목록, 재고품

Practicing hula dance is a fun way to **burn off calories**.

훌라춤을 연습하는 것은 칼로리를 연소시키는 즐거운 방법이다.

0492

burn off calories | 칼로리를 연소시키다

🔊 burn fat 지방을 태우다

If you**'re** feeling **burned out** at your job, you might consider taking a break from work and going back to school for a professional degree.

업무로 피로해졌다면 일을 쉬고 학교로 돌아와 전문 학위를 따는 것을 고려할 수 있다.

0493

(be) burned out | (사람이) 피로에 지치다, (기계를) 너무 사용해 고장나다

As the space shuttle roared into the sky, the booster rockets fell off and **burned up** in the atmosphere.

우주왕복선이 하늘을 향해 치솟았을 때 보조 로켓이 떨어지며 대기권 내에서 타버렸다.

0494

burn up | 타버리다, 불타오르다, 타서 없어지다

---

atmosphere 대기권

Jeff **is burned up** because you forgot to call him back.

네가 제프에게 전화를 다시 거는 것을 잊어버려 제프가 화가 나 있다.

0495

(be) burned up | 크게 화가 나다

🔁 be furious 엄청나게 화가 나다

The marketing division wants to **call a meeting** to discuss our display at the upcoming convention in San Diego.

영업본부는 이번 샌디에이고 대회에서의 전시 문제에 대해 회의를 열어 검토하고 싶어한다.

0496

call a meeting | 회의를 소집하다

---

division 본부 (보통 '부, 과'의 상위에 해당합니다) / upcoming 다음에 오는, 바로

The president **called for** education reforms after he learned of the nationwide decline in reading scores.

국민들의 전국적인 독해력 저하를 알고 난 후, 대통령은 교육 개혁을 주창했다.

0497

call for | ~을 요구하다, 주창하다, 장려하다

---

nationwide 국민적인, 전국적인 / decline 하강, 쇠퇴, 저하 / reading scores 독해력, 독서력

call

| Wow! It's already 8:30. We've accomplished a lot, so let's **call it a day**, shall we?

아이고, 벌써 8시 반이다. 이미 많은 일을 했으니 오늘은 이걸로 끝낼까?

0498

call it a day | (그 날의) 일을 끝내다, 업무를 종료하다

accomplish 완성하다, 수행하다

| Our reforestation project in Malaysia was **called off** due to the lack of funding and volunteers.

말레이시아에서의 삼림 재생 프로젝트는 자금과 봉사 인력의 부족으로 중지되었다.

0499

call off | (계획, 예정 등을) 중지하다, 백지화하다

🔄 cancel 최소하다 | reforestation 삼림 재생 / funding 기금, 자금

| It was childish of you to **call him names**. You should apologize.

그의 험담을 한 것은 유치했다. 너는 사과해야만 한다.

0500

call someone names | 남의 험담을 하다

| The chair **called the meeting to order** exactly at 9:00 a.m.

의장은 정확히 오전 9시 정각에 개회를 선언했다.

0501

call the meeting to order | 회의 시작을 선언하다

---

 the chair는 (성별을 불문하고) 의장, 좌장을 뜻하고, 회장은 chairperson이라고도 합니다.

Attendance is supposed to be perfect today because the teacher forgot to **call the roll** at the beginning of class.

선생님이 수업 시작 시 출석 부르는 것을 잊었기 때문에 오늘은 분명히 전원 출석이 되었을 것이다.

0502

call the roll | 출석을 부르다, 점수를 매기다

Show your enthusiasm for the product you are selling, but don't **get** too **carried away**. Too much enthusiasm could scare away potential customers.

자신이 팔고 있는 상품에 열의를 가지세요. 그러나 의욕만 넘치면 안 됩니다. 도가 지나치면 잠재적인 고객들을 두렵게 해 도망가게 만드니까요.

0503

(get) carried away | 흥분해 지나친 행동을 해버리다, 분위기를 타다

🔁 overdo something 지나치게 하다

enthusiasm 열의, 열심 / potential customer 잠재 고객, 살 마음이 있는 손님

Speeding in a school zone **carries a fine** of up to $500.

스쿨 존에서의 속도위반은 최고 500달러의 벌금이 부과된다.

0504

carry a fine | 벌금을 부과하다

The motion to accept the amended budget was **carried** unanimously.

수정 예산안의 승인이 만장일치로 가결되었다.

0505

carry a motion | (회의 등에서) 가결하다

---

amended budget 수정 예산 / unanimously 만장일치로

---

carry

▌ Don't stop the discussion because of me. **Carry on**

내가 왔다고 회의를 중단하지 말고 계속하십시오.

> **0506**
> **carry on** (지금까지 하던 일을) 그대로 계속하다, (일 등을) 지속하다

▌ Ms. Kim needs an assistant who can **carry out** simple instructions quickly and efficiently.

김 씨는 간단한 지시를 빠르고 효율적으로 처리할 수 있는 조수를 필요로 한다.

> **0507**
> **carry out** │ 수행하다, (계획 등을) 실행하다, 해내다

▌ Unused vacation days may be **carried over** into the next fiscal year.

사용하지 못한 유급휴가는 다음 회계연도로 이월시킬 수 있다.

> **0508**
> **carry over** │ 이월하다, (지불 등을) 연기하다

fiscal year 예산연도, 회계연도

▌ Thank you for serving as Master of Ceremonies at our golden wedding anniversary last night. You **carried** it **off** with style.

어젯밤 우리들의 금혼식 사회를 맡아 줘서 고맙습니다. 당신은 품격 있게 사회를 진행했습니다.

> **0509**
> **carry (something) off** │ 진행시키다, (난국 등을) 잘 넘기다, 다시 하게 하다

Master of Ceremonies 사회, 진행자 (보통 'MC'라고 합니다) / golden wedding 금혼식 (결혼 50주년 기념일)

I want to thank you for setting up and running the seminar. You really **carried the day**.

세미나를 준비하고 개최해 줘서 고맙습니다. 멋지게 해내셨어요.

0510

carry the day | 하루의 일을 성공적으로 마무리하다, 승리를 얻다

run (모임 등을) 개최하다, (회사나 가게를) 경영하다

It was a great idea to invite Patty on stage to sing and dance. She **carried the show**.

패티를 무대로 불러 노래하고 춤추게 한 것은 무척 좋은 아이디어였다. 그녀는 인기를 독차지했다.

0511

carry the show | 인기를 독차지하다, 쇼를 도맡다, (이벤트나 프로젝트 등의) 운영을 도맡아 관리하다

A senior executive's opinion usually **carries** more **weight** than a secretary's.

고위급 임원들의 의견은 대체로 비서들의 의견보다 영향력을 지닌다.

0512

carry weight | 영향력이 있다, 설득력이 있다, 중요하다

convincing 설득력이 있는 / influential 영향력이 있는

I am going to **catch it** when the accounting office hears about the $35 error I made on the daily sales report.

내가 일일 매출 보고에서 35달러를 실수한 걸 경리부가 알면 나는 질책당할 것이다.

0513

catch it | 질책당하다, 잔소리를 듣다, 벌을 받다

daily sales report 일일 매출 보고

___

catch

___

| Green tea is **catching on** very quickly all over the U.S. now, so we need to develop a line of green tea beverages without delay if we want to take advantage of this trend.

지금 미국에서는 녹차가 빠른 속도로 인기를 얻고 있기 때문에 이 유행을 이용해 지체없이 녹차 음료 제품군을 갖출 필요가 있다.

___

0514

catch on | 유행하다, 인기를 누리다

___

🔁 become popular 인기를 얻다 | take advantage of 기회를 살리다

| The new photocopy machine is quite user-friendly, so most of the staff has already **caught on to** it.

신형 복사기는 사용이 무척 편리해 대부분의 직원들은 이미 사용할 수 있게 되었다.

___

0515

catch on to (something) | (뭔가를) 이해하다, 지금까지 몰랐던 것이 분명해지다

___

🔁 become clear 분명해지다 / begin to understand 알게 되다

| I sometimes **catch myself** yawning when the manager talks about all of his grandchildren's school achievements.

매니저가 자기 손자들의 성적 얘기를 할 때 종종 하품이 나오는 걸 참고 있는 나를 발견한다.

___

0516

catch oneself doing | 정신을 차리니 ~을 하고 있다, ~하는 자신을 깨닫다

___

| I'm sorry to answer the door in my pajamas. You **caught** me **off guard**.

잠옷을 입고 나와서 미안합니다. 너무나 갑작스러워서요.

___

0517

catch (someone) **off guard** | 누군가를 불시에 찾아가 놀라게 하다, 부주의하게 (뭔가를) 보게 되다

___

catch		cause

The thief was **caught red-handed**. I opened the door to my office, and there she was looking through my desk drawers.

도둑은 현장에서 체포되었다. 내가 사무실 문을 열었을 때 그녀는 내 책상 서랍을 뒤지고 있었다.

0518

catch (someone) red-handed | 나쁜 일이 벌어지는 현장을 덮치다, 현행범으로 체포하다

catch someone in the act / look through (전부) 찾다, 모든 것을 조사하다

Sean and I meet for coffee once a month to **catch up with** each other's lives.

션과 나는 한 달에 한 번 커피를 마시며 서로의 근황을 이야기한다.

0519

catch up with | (최신 정보를) 얻다, (뭔가를·누군가를) 쫓다

Robert **caused** quite **a commotion** last night when he came home drunk.

어젯밤 로버트는 술에 취해 집에 돌아와 소동을 피웠다.

0520

cause a commotion | 난리를 피우다, 문제를 일으키다, 소동을 일으키다

commotion 혼란, 소동, 언쟁

I don't mean to **cause a fuss**, but I'm afraid you've spelled my name wrong on the program.

별것 아닌 일로 시끄럽게 할 생각은 아니지만 프로그램에 있는 제 이름의 철자를 틀리게 쓰셨군요.

0521

cause a fuss | 문제를 일으키다, 시끄럽게 하다, 하찮은 것을 주장하다

cause trouble 문제를 일으키다 | don't mean to ~할 이유는 없지만

chip		come	

█ The trouble with my supervisor is that he **chips away** at everyone's confidence and we feel demoralized.

내 상사의 나쁜 점은 모두의 자신감을 깎아내리는 방식으로 우리들의 의욕을 꺾는 것이다.

> 0522
> ## chip away ┃ (자신감을) 없애다, (벽 등을) 차례로 무너뜨리다, 깎아내리다

demoralize (의욕을) 꺾다, 사기를 무너뜨리다

█ Boss' Day is coming up. Shall we all **chip in on** a gift?

이제 곧 '상사의 날'이 온다. 모두 갹출해서 선물을 할까?

> 0523
> ## chip in on (something) ┃ (선물 등의) 비용을 함께 내다, 갹출하다

█ How did it **come about** that Yoko grew up in Australia?

왜 요코는 호주에서 자랐어?

> 0524
> ## come about ┃ (결과적으로 무언가가) 일어나다, 실현되다, ~라는 결과가 되다

🔁 result in something ~한 결과가 되다

█ If you **come across** the new Paul Auster novel I was looking for, let me know.

제가 찾고 있는 폴 오스터의 신간 소설을 발견하면 알려주세요.

> 0525
> ## come across ┃ 우연히 찾아내다, 발견하다

🔁 happen to see/meet (우연히) 발견하다/만나다

221

Sid doesn't agree with your plan now, but he will eventually **come around to it**.

현재 시드는 네 계획에 찬성하고 있지 않지만 결국은 찬성하게 되리라 생각한다.

0526

come around to it | (누군가의) 의견을 찬성하게[조금씩 알아주게] 되다

I always advise job seekers to **come clean** on a resume.

나는 항상 구직자들에게 이력서에 숨김없이 쓰라고 조언하고 있다.

0527

come clean | 숨김없이 말하다, (나쁜 일 등을) 자백하다

Jennifer **came close to** getting the job, but they finally decided to hire Kevin instead.

제니퍼는 취직할 뻔했는데 그들은 결국 제니퍼 대신 케빈을 채용하기로 결정했다.

0528

come close to doing | 조금 더 ~할 듯하게 되다

TOEIC 포인트 〈come close to+동명사〉의 형태에서 to는 전치사로 부정사가 아니기 때문에 뒤에 명사 또는 동명사 getting이 온다는 데 주의하세요.

You **came down on** your assistant pretty hard. She was only two minutes late, and it wasn't her fault.

넌 아주 혹독하게 조수를 혼내더구나. 그녀는 단지 2분 늦었을 뿐이고 게다가 그녀 탓이 아니었는데.

0529

come down on | (누군가를) 혼내다, 불의에 습격을 가하다, 비난하다

> *come*

I feel chilly and achy all over my body. I think I'm **coming down with** a cold.

몸이 으슬으슬 춥고 아프다. 감기에 걸린 것 같다.

0530
come down with (something) | (감기, 지병, 발작 등의) 기운이 느껴지다

chilly 춥다, 한기가 들다 / achy 아프다, 고통이 있다

 come down with라는 것은 뭔가 조짐이 있는 증상을 말합니다. cold(감기), migraine(편두통) 등일 때 사용하는 표현이죠. 의사가 진단해야 하는 중병, 예를 들어 cancer(암), pneumonia(폐렴) 등에는 사용할 수 없습니다.

Many Americans who **came of age** in the 1960s protested the Vietnam War and became conscientious objectors.

1960년대에 성인이 된 많은 미국인은 베트남 전쟁에 반대해 양심적인 병역 거부자가 되었다.

0531
come of age | 성년이 되다

🔄 become an adult 어른이 되다
conscientious objector 양심적인 병역 거부자

Would you please let me know if my meeting with the sales rep tomorrow is going to **come off** or not?

내일 판매 직원들과의 회의가 예정대로 이루어질지 어떨지 알려주실 수 없을까요?

0532
come off | 뭔가가 일어나다, 예정대로 시작되다

🔄 take place (뭔가가 예정대로) 일어나다
sales rep (= sales representative) 판매원

223

Tony **comes off as** a nice guy in person, but I don't trust him after the way he talked about me behind my back.

토니는 실제로 만나면 좋은 사람처럼 보이지만 내 험담을 했다니까 그를 믿을 수 없다.

0533

come off as | ~처럼 보이다, ~라는 인상을 받다

talk about someone behind someone's back 누군가의 험담을 하다

Ms. Higgins **came on** too **strong** in her sales pitch, and scared away a would-be client.   히긴스 씨는 지나치게 강압적인 판매 방식으로 잠재 고객을 놓쳐 버렸다.

0534

come on strong | 강하게 드러내다, 요란하게 행동하다

would-be client 잠재 고객, 살 마음이 있는 손님

The price of cattle feed has gone up. To **come out ahead**, dairy farmers will have to raise milk prices starting next month.

가축 사료 가격이 인상되었기 때문에, 축산농가는 이익을 내기 위해서 다음 달부터 우유 가격을 올릴 수밖에 없을 것이다.

0535

come out ahead | 이익을 내다, 다른 것보다 뛰어나다

🔁 make a profit 이익을 얻다

He got away with sexual harassment until his victims **came out in the open** and confronted him.

그는 성희롱을 하고도 피해자들이 그 사실을 공개해 그와 맞서기까지는 잘도 피해 다녔다.

0536

come out in the open | (원가를) 밝히다, 공개하다, (비밀이) 공공연하게 드러나다

get away with 잘 빠져 나가다, 지나가다 / confront 대결하다, 상대하다

come

Come out with it. Who took my brand-new Parker pen from my desk this morning?

자백하세요. 오늘 아침 내 책상에서 신제품 파카 만년필을 가져간 사람은 누굽니까?

0537

come out with (something) | (뭔가를) 밝히다, 처음으로 고백하다

📖 confess 고백하다 / make it public 공표하다 / brand-new 신제품의, 새것의

After the four-hour operation, Mark came to in the recovery room.

4시간의 수술 끝에 마크는 회복실에서 의식을 되찾았다.

0538

come to | 의식을 회복하다, (나쁜 일에서) 눈을 뜨다

📖 regain consciousness 의식을 회복하다
📖 pass out 의식을 잃다 / become unconscious (수술 등을 할 때 마취로) 의식을 잃다
   lose consciousness 의식을 잃다

The total bill for dinner is 124 dollars, which divided by four, **comes to** 31 dollars per person.

저녁식사 가격의 합계는 124달러고, 그것을 4등분하면 한 사람당 31달러가 된다.

0539

come to~ | ~라는 액수가 되다, …라는 결과가 되다

📖 amounts to~ ~라는 액수가 되다

The hostile feelings between Taylor and Martin finally **came to a showdown**, and Taylor resigned.

테일러와 마틴과의 감정적 대립은 마침내 최종 결론을 내려 테일러가 사직했다.

0540

come to a showdown | 최종적인 결론을 내리다, 막바지에 이르다

I ordered an expensive espresso machine that I didn't really need, but then I **came to my senses** and canceled the order.

그다지 필요 없는 고가의 에스프레소 머신을 주문했는데 다시 생각한 끝에 주문을 취소했다.

0541

come to one's senses | (방황에서) 눈을 뜨다, 다시 생각하다, 정신을 차리다

🔁 think better of 다시 생각하다, 다시 생각해서 안 하기로 하다

After so many years of blaming himself for his son's accident, Ned finally **came to terms with** his feelings when he saw his son receiving a doctorate in a wheelchair.

네드는 몇 년 동안 아들의 사고에 대해 자신을 계속 책망해 왔는데 그 아들이 휠체어를 타고 박사학위를 받는 것을 보고 마침내 마음의 평화를 되찾았다.

0542

come to terms with (one's feelings) | (자기 마음속의 죄책감과 상처에 대해) 타협하다, 마음이 평화로워지다

Management finally **came to terms with** the factory workers' demand for better working conditions, and made a number of improvements.

사측은 마침내 노동조건의 개선을 요구하는 공장 노동자들과 합의에 도달해 몇 가지 개선이 이루어졌다.

0543

come to terms with (someone) | (누군가와) 합의에 도달하다, 화해하다

🔁 come to an agreement 합의에 도달하다

factory worker 공장노동자 / working conditions 노동조건, 고용조건

come

Five years ago, we dreamed of opening a new store in the heart of town, and today, our dream has **come true**.

5년 전 우리들은 시내 중심지에 가게를 오픈하는 꿈을 꿨습니다. 그리고 오늘 그 꿈이 실현되었습니다.

0544
come true | (꿈, 희망, 예고 등이) **실현되다, 이루어지다**

🔁 become real 현실이 되다

The developers of a condominium project at Black Sand Beach **came up against** opposition from environmental groups concerned about endangering nesting sea turtles.

블랙샌드비치의 콘도미니엄 프로젝트 개발업자들은 그곳에 서식하는 바다거북이의 멸종을 걱정하는 환경보호단체의 반대에 직면했다.

0545
come up against | ~에 직면하다, (난국에) 부딪히다

🔁 crash into (문제에) 부닥치다 / run into (사건이나 문제에) 부딪히다
opposition 반대, 반론 / nesting sea turtle 둥지를 튼 바다거북이

Can you **come up with** an eye-catching name for this new line of lipstick?

이 신제품 립스틱의 이목을 끌만한 이름을 생각해주지 않을래?

0546
come up with | (아이디어 등을) 제안하다, 떠올리다

🔁 think up (아이디어나 계획 등을) 생각해내다, 만들다

Kitchen staff is reminded to **comply with** public health regulations requiring a government-issued hair-net to be worn at all times.

주방 종업원에게 정부가 지급한 헤어네트를 항상 착용할 것을 요구한 공중위생규칙을 지킬 것을 상기시켰다.

0547

comply with

(명령이나 규칙에) 따르다, (필요조건을) 만족시키다,
(희망, 요구 등을) 만족시키다

🔁 obey 따르다

public health regulations 공중위생규칙 / government-issued 정부에서 지급한

You'll be meeting the CEO and his wife at the Plaza Hotel and accompanying them to the reception. I'm **counting on** you to make them feel welcome.

당신은 CEO와 사모님을 플라자 호텔에서 만나 리셉션에 모셔오게 될 겁니다. 그들이 환영받고 있다고 느낄 수 있도록 부탁해요.

0548

count on (someone) | (누군가를) 믿다, 의지하다

accompany 따르다, 동반하다, 동행하다
make someone feel welcome 환영받고 있다고 느끼게 하다, 따뜻하게 맞다

If you are still looking for people to join the Downtown Improvement Committee, **count** me **in**. I am very much interested.

상업지구의 개발위원회에 들어갈 사람을 아직 모집하고 있다면, 저를 끼워주세요. 저는 아주 관심이 많거든요.

0549

count (someone) in | (팀 등에) 누군가를 받아들이다, (일 등의) 팀에 끼다

🔁 count someone out 동료들에게서 벗어나다, 제외되다
Improvement Committee 개량위원회, 개발위원회

빈칸에 해당하는 숙어동사를 문장에 맞춰 형태를 바꿔 써넣으세요.

(제한시간 7분 30초)

1. If you're feeling _____ at your job, you might consider taking a break from work and going back to school for a professional degree.

2. The president _____ education reforms after he learned of the nationwide decline in reading scores.

3. Our warehouse _____ last June, and we lost a lot of inventory in the fire.

4. Our reforestation project in Malaysia was _____ due to the lack of funding and volunteers.

5. Unused vacation days may be _____ into the next fiscal year.

6. Management finally _____ the factory workers' demand for better working conditions, and made a number of improvements.

7. Practicing hula dance is a fun way to _____ calories.

8. Wow! It's already 8:30. We've accomplished a lot, so let's _____, shall we?

9. Show your enthusiasm for the product you are selling, but don't _____ too_____. Too much enthusiasm could scare away potential customers.

10. If you _____ the new Paul Auster novel I was looking for, let me know.

11. The new photocopy machine is quite user-friendly, so most of the staff has already_____ it.

12. Kitchen staff is reminded to _____ public health regulations requiring a government-issued hair-net to be worn at all times.

13. You'll be meeting the CEO and his wife at the Plaza Hotel and accompanying them to the reception. I'm _____ you to make them feel welcome.

14. Speeding in a school zone _____ of up to $500.

15. Would you please let me know if my meeting with the sales rep tomorrow is going to _____ or not?

힌트		
burn off	burn down	call for
burn out	get carried away	call it a day
call off	carry over	catch on to
come off	count on	carry a fine
come across	comply with	come to terms with

해답은 421페이지에

231

> *cut*

| You can **cut down on** paper if you send out your 80-page report by e-mail instead of printing out copies.

너의 80페이지에 달하는 보고서는 프린트할 게 아니라 이메일로 보내면 종이를 절약할 수 있다.

0550

cut down on (something) | 줄이다, 감액하다, 절약하다

🔁 cut back on (something) (양을) 줄이다, (돈을) 감액하다

| Excuse me for **cutting in** to your conversation, but the floor supervisor would like to speak with you.

말씀 중에 방해해서 죄송한데 이 층의 책임자가 얘기하고 싶답니다.

0551

cut in | (대화, 대열 등에) 끼어들다, 방해하다

🔁 interrupt 방해하다, 끼어들다, 중단하다
floor supervisor 층의 책임자

| One ingredient of our health supplement formula comes from a country with an unstable government, so we run a risk of having our supplies **cut off** in the event of a coup.

우리 회사의 건강 보충제의 원료는 정권이 불안정한 국가에서 오기 때문에 쿠데타가 일어나면 공급이 끊길 우려가 있다.

0552

cut off | 잘라내다, (하는 것을) 막다, (공급 등을) 끊다, 중단하다

ingredient (요리, 약 등의) 원료, 재료, 요소 / formula 제조법, 함유물, 공식 / unstable 불안정한, 분명하지 않은
coup (= coup d'etat) '쿠데타'를 생략한 형태

---

cut

| After our competitor **cut out** doing ads on prime time TV, their sales went down by 40%.

우리 회사의 라이벌 기업이 골든아워 대의 TV 광고를 중단한 후 판매고가 40% 감소했다.

0553

cut out 멈추다, (규칙 등을) 철폐하다, 폐지하다

🔊 stop doing ~하는 것을 멈추다

prime time 골든아워

| There were several complaints about your publicist's handling of news releases. Perhaps she is not **cut out for** public relations after all.

귀사의 홍보담당자의 언론 보도에 대해 불만사항이 좀 있습니다. 아마도 그녀는 결국 홍보에 적합하지 않은 것 같아요.

0554

cut out for | (어떤 직업, 분야 등에) **적합하다, 맞다**

---

publicist 선전 담당, 홍보담당자 / news release 신문 발표, (신제품 등의) 언론 보도

public relations (복수형으로) 홍보활동, (약칭) PR

| Joe Brown wants to leave us and go play for the other team, so buy out his contract and **cut** him **loose**.

존 브라운이 우리 팀을 떠나 다른 팀에서 플레이하고 싶어하니까 남은 계약기간에 상관없이 그를 자유롭게 풀어주자.

0555

cut (something / someone) **loose** | (동물을) 풀어주다, (속박에서) **자유롭게 하다**

🔊 set someone free 누군가를 해방하다

Well, I don't want to **deprive** you **of** your sleep, so let's continue this conversation tomorrow. Good night!

당신의 수면시간을 뺏고 싶지 않으니까 이 이야기는 내일 이어서 하죠. 잘 자요!

0556

deprive (someone) **of** | (자격, 권리 등을) 박탈하다, 빼앗다

🔁 take away 빼앗다

Thank you for taking on the Farwell contract. You **did a** very **good job**.

파웰의 계약을 인수해줘서 고마워. 아주 멋진 일을 한 거야.

0557

do a good job/work | 좋은 일을 하다, 일을 수행해내다

Let's **do away with** protocols. I would like to hear your candid opinion on this. 의례적인 절차는 생략하도록 합시다. 이 건에 대해 당신의 솔직한 속내를 듣고 싶습니다.

0558

do away with (something) | 배제하다, 버리다, 무시하다

Our company **does** all the business on the **Internet**.

우리 회사는 모든 비즈니스에 인터넷을 이용한다.

We **do Internet** and phone sales, and if a customer is worried about giving confidential information online or over the phone, we'll take mail orders too.

우리들은 인터넷과 전화를 이용해 판매하고 있습니다. 손님들이 인터넷 또는 전화로 개인정보가 유출되는 것을 우려하면 통신판매로도 주문을 받습니다.

0559

do Internet | 인터넷을 하다

| We have to get together and **do some brainstorming** for the September issue of the company newsletter.

모두 모여 9월호 사보를 위한 아이디어를 내야만 한다.

0560

do some brainstorming | (기획 등에서) 함께 아이디어를 내다

---

issue (잡지, 신문 등의) 호 / company newsletter 사보, 사내통신

| Congratulations on your promotion, Jim. I brought some champagne. Allow me to **do the honors**.

짐, 승진을 축하해. 샴페인을 가져왔으니 내게 따를 수 있는 영광을 주게.

0561

do the honors | (복수형으로) (집주인으로서) 손님들을 대접하다

---

allow me ~하게 해주세요, ~하는 것을 허락해주세요

| We'll be in New York City for one night, so let's **do the town**—have dinner out and maybe catch a Broadway show.

뉴욕에서 하루 묵을 예정이니까 시내로 놀러 나가자. 외식도 하고 브로드웨이 쇼도 볼 수 있을 거야.

0562

do the town | 시내로 놀러 가다

🔁 go out on the town 시내로 놀러 가다
catch a show 쇼를 관람하다

| *do* | *draw* |

Just ten years ago, hardly anyone had a cell phone, but nowadays it seems we can't **do without** them.

10년쯤 전에는 휴대폰을 가지고 있는 사람이 거의 없었는데 지금은 휴대폰 없이는 살 수 없다.

0563

do without ~없이 지내다, ~없이 하다

🔄 live without ~없이 생활하다

hardly 거의 ~없다

The results of the environmental assessment for the forestry project are so contradictory that it is impossible to **draw a conclusion**.

임업 프로젝트에 관한 환경 평가 결과는 모순점이 너무 많아서 결론을 내는 것이 불가능하다.

0564

draw a conclusion 결론을 이끌어내다, 결론에 도달하다

assessment 평가, 사정 / forestry 임업, 심림 / contradictory 모순되는, 정반대의

Taka's art gallery is a little difficult to find from the station, so I'll **draw you a map**.

다카의 화랑은 역에서는 좀 찾기 힘들기 때문에 지도를 그려 드릴게요.

0565

draw a map 지도를 그리다

art gallery 화랑

 지도나 스케치를 그리는 것은 draw를 씁니다. write a map이라고 해선 안 됩니다.

> *draw*

Our engineers **draw high wages** because they are all graduates of highly reputable schools.

우리 회사의 기술자들은 평판이 좋은 학교를 졸업했기 때문에 높은 급여를 받고 있다.

0566
draw high wages | 높은 임금을 받다

highly reputable 매우 평판이 좋은

And now it is time to **draw** our program **to a close**. We want to thank you all for coming.

이제 끝을 맺을 때가 되었습니다. 와주신 모든 분에게 감사드립니다.

0567
draw (something) to a close | (뭔가를) 끝내다, 마무리하다

🔁 end/finish something 뭔가가 끝나다, 끝내다

We are fairly tolerant of employees' smoking and drinking outside of work, but we **draw the line at** hard drugs such as cocaine and heroin.

우리 회사는 사원들의 근무 외 흡연이나 음주에 관해 상당히 관대하지만, 코카인이나 헤로인 같은 중독성 강한 마약에 관해서는 선을 긋고 있다.

0568
draw the line at | ~에 대해서는 선을 긋다, ~까지가 허용범위다

tolerant 관대한, 잘 견디는

237

Before you can ask venture capitalists to invest in your new coffee shop, you need to **draw up a** good business **plan**.

당신은 사업 투자자들에게 새로운 커피숍에 투자를 의뢰하기 전에 좀 더 확실한 사업계획을 세워야만 한다.

0569

draw up a plan | 계획을 작성하다, 기획을 하다

📖 make a plan 계획을 세우다 | venture capitalist 벤처 투자가

Virginia is a ruthless buyer who **drives** such **a hard bargain** that nobody can make a profit.

버지니아는 엄청나게 가격을 깎는 바이어이기 때문에 아무도 이윤을 남기지 못한다.

0570

drive a hard bargain | 엄청나게 값을 깎다, (자신에게 유리하게) 이야기를 억지로 끌고 가다

ruthless 가차 없는, 비정한

You keep talking about how nice Paris is around this time of year. Come on. What are you **driving at**?

너는 이맘때의 파리가 얼마나 멋진지 내내 얘기하는구나. 말해 봐. 무슨 얘기를 하고 싶은 거야?

0571

drive at (something) | 뭔가를 의도하다, 그곳으로 이야기를 가지고 가다, 암시하다

📖 imply 넌지시 비추다, 암시하다

That cackling voice of Aunt Nellie is **driving me crazy**. She never stops talking and her voice is so loud.

넬리 고모의 낄낄대는 웃음소리에 미칠 것 같다. 그녀는 말을 멈추지 않고 목소리가 너무 크다.

0572

drive (someone) crazy/mad | 안절부절 못하게 하다 혼란시키다

drive		eat

The small grocery store in the neighborhood was **driven out of** business by the opening of a huge new supermarket.

새로 거대한 슈퍼마켓이 문을 연 덕분에 근처의 작은 식료품 가게는 문을 닫고 말았다.

0573

drive (someone) out of | (누군가를) ~로부터 쫓아내다, ~로부터 추방하다

Sorry to **eat and run** like this, but I have an appointment in 10 minutes.

이렇게 급하게 먹고 바로 가게 되어 죄송합니다. 10분 뒤에 약속이 있어서요.

0574

eat and run | 서둘러 먹고 바로 나가다, 먹고 도망치다

🔁 have a bite to eat 서둘러 가볍게 식사하다

Don't let your worries **eat away at** you. Take a relaxing vacation at our five-star resort and forget your troubles.

걱정 때문에 신경 쓰지 마세요. 고민을 다 잊고 오성급 리조트 호텔에서 며칠 푹 쉬세요.

0575

eat away at | ~을 조금씩 갉아먹다, 잠식하다

five-star hotel (오성급) 최고급 호텔

Kristi **eats like a bird**. Yesterday she ate nothing but a small salad and two crackers.

크리스티는 소식을 한다. 어제 그녀는 샐러드 조금과 크래커 2개밖에 먹지 않았다.

0576

eat like a bird | (작은 새처럼) 소식을 하다

---

eat

A: Wow! Look at this view! They gave you the best office on the 10th floor!
B: I know, I know! **Eat your heart out**.

A: 왜! 경치 끝내준다! 10층에서 가장 좋은 사무실을 얻었네.
B: 나도 알아. 부럽겠네.

0577
eat one's heart out | 부럽게 생각하다, 한탄하다

Working overtime on the Hartfield contract last week, I **ate out** every single night, so I'd like to cook at home tonight.

지난주는 하트필드 계약 건으로 야근을 해서 매일 밤 외식했기 때문에 오늘 밤은 집에서 음식을 해먹을 거야.

0578
eat out | 외식하다

eat in / eat at home 집에서 식사하다

I know my answer is correct. If it isn't, I'll **eat my hat**.

나는 내 답이 맞다고 생각해요. 틀리면 손에 장을 지질게요.

0579
eat one's hat | 절대 그럴 리 없다

eat	end	fall

My old car really **eats up gas**, so I'm going to trade it in for a newer, more economical model.

내 낡은 차는 기름을 하도 먹어 대서 좀 더 경제적인 신모델로 바꿔야겠어.

0580

eat up gas | 기름을 먹다

After Tim pleaded with me for two hours, I **ended up lending** him 50 dollars, which he will probably lose on a slot machine in a wink.

팀이 2시간이나 사정하는 바람에 50달러를 빌려주고야 말았다. 그는 분명 그 돈을 순식간에 슬롯머신으로 날리겠지만.

0581

end up doing | ~하는 지경에 이르다, ~하는 결과가 되다, ~가 분명하다

---

in a wink 순식간에, 눈깜짝할 사이에

When negotiations between management and the union **fell apart**, two hundred and fifty workers were laid off.

사측과 노조의 교섭이 결렬되어 250명의 사원들이 해고되었다.

0582

fall apart | 결렬되다, 조각나다, (계획, 상담 등이) 엉망이 되다

---

negotiation 교섭, 상담

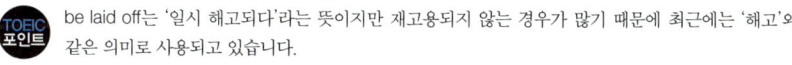

be laid off는 '일시 해고되다'라는 뜻이지만 재고용되지 않는 경우가 많기 때문에 최근에는 '해고'와 같은 의미로 사용되고 있습니다.

As our business grew and competition **fell away**, we became known as the leading women's shoe manufacturer.

우리 회사의 사업이 성장하고 경쟁사가 뒤처지면서 우리는 업계 최고의 숙녀화 제조업체로 유명해졌다.

0583

fall away | 뒤처지다, (누군가를) 지지하지 않게 되다, 꽃 등이 시들다

▣ drop out 뒤처지다 / wilt (식물 등이) 시들다, 마르다

Leadership responsibilities **fell back on** the assistant manager when the manager was away.

부장이 없는 동안 리더로서의 책임은 차장에게 맡겨졌다.

0584

fall back on (someone) | 누군가에게 의지하다,
누군가에게 도움을 요청하다[일임하다]

▣ rely on 기대다, 맡기다

MAT Phone Company **fell behind** because they did not keep up with new innovations in technology.

MAT 전화 회사는 기술 혁신을 따라잡지 못해 경쟁에서 뒤처졌다.

0585

fall behind | 사양길에 접어들다, (일이나 지불 등이) 늦어지다,
(공부 등에서) 뒤처지다

---

keep up with (다른 것과) 보조를 맞추다, 뒤처지지 않고 가다 / innovation 혁신, 개량

fall

Dickinson was very nervous and didn't speak well, so his presentation **fell flat**, and his proposal was rejected.

디킨슨은 너무 긴장한 나머지 잘 말을 하지 못해 프레젠테이션은 실패로 끝나고 그 제안도 거절되었다.

0586

fall flat | 완전히 실패로 끝나다

🔁 fall through 실패하다

nervous (정신적으로) 예민해진, 초조한, 신경질적인

Millions of people **fall for** e-mail scams that promise great wealth but in the end rob the unsuspecting victim of thousands of dollars.

엄청난 부를 약속하지만 결국 그것을 믿은 피해자들로부터 몇 천 달러를 빼앗아 가는 전자메일 사기에 수백 만이나 되는 사람이 속았다.

0587

fall for | 완전히 속다, (누군가를) 좋아하게 되다

scam 사기, 악덕 상거래 / rob someone of money 누군가로부터 돈을 훔치다 / unsuspecting 의심하지 않는

Teenagers easily **fall into a vicious cycle** of paying off one credit card using another credit card, piling up debts compounded by interest.

십대들은 카드로 카드를 돌려막다가 불어난 이자로 빚더미에 앉는 악순환에 빠지기 쉽다.

0588

fall into a vicious cycle | 악순환에 빠지다

pile up debts 빚이 늘어나다 / compounded by ~가 겹쳐져, ~로 악화되어

When Rosa announced her engagement to a rock musician, her father almost **fell off his chair**.

로사가 록 뮤지션과의 약혼을 발표했을 때 그녀의 아버지는 놀라서 자빠질 뻔했다.

0589

fall off one's chair | 자빠질 정도로 놀라다

🔁 be shocked 충격을 받다

Soon after **falling out with** the board of directors, the CEO resigned.

이사회 임원들과 사이가 틀어진 후 CEO는 곧 사임했다.

0590

fall out with (someone) | 누군가와 입씨름을 하다, 사이가 틀어지다

The book deal **fell through** because the publisher wanted a book that would reach a younger audience.

출판사가 좀 더 젊은 독자에게 맞는 책을 원했기 때문에 출판 계약이 틀어졌다.

0591

fall through | (계획 등이) 틀어지다, 실패로 끝나다

🔁 fail 실패하다

You will **feel awkward** standing on the stage in front of an audience of two hundred, so be sure to wear an outfit that gives you a boost in confidence.

200명이나 되는 관중 앞에서 무대에 서게 되면 쑥스러울 테니까 자신감을 높여 줄 복장을 하세요.

0592

feel awkward | 쑥스럽다, 어색하다, 서먹하다

$$feel$$

I felt disgusted at the deceit and hypocrisy of Wilson's business dealings and decided to cut off all ties with him.

윌슨의 사기적이고 위선적인 업무 방식에는 진절머리가 났기 때문에 그와의 모든 관계를 끊기로 했다.

> **0593**
> **feel disgusted at** │ 진절머리가 나다, 화가 나다

deceit 사기, 속이는 일 / hypocrisy 위선, 허위, 배반 행위

Do you feel like having a drink after work tonight?

오늘 밤, 일 끝나고 한잔 할래요?

> **0594**
> **feel like** doing (something) │ ~를 하고 싶은 기분이 들다

The message in our ad for diamond rings has to be that receiving a gift of diamonds will make you **feel loved**.

우리의 다이아몬드 반지 광고가 주려는 메시지는 '다이아몬드 선물을 받는 것은 당신이 사랑받고 있다는 것을 느끼게 하는 것'이라는 점이어야 한다.

> **0595**
> **feel loved/hated** │ 사랑/미움받고 있다고 느끼다

There is no dress code at our company. Just dress professionally on the first day and then **feel** it **out** from there.

우리 회사에는 복장 규정이 없습니다. 첫날에는 직장인다운 복장을 해주세요. 그 이후로는 자신이 알아서 하시길 바랍니다.

> **0596**
> **feel** (something) **out** │ (상황 등을) 찾다, 모색하다

| *feel* | *get* |

I know you've been home with a cold, but if you **feel up to** it, I'd like to e-mail you some work that you can do at home.

당신이 감기로 집에 있다는 것은 알겠는데 혹시 괜찮으면 집에서 할 수 있는 일을 이메일로 보내도 될까요?

0597

feel up to (something) | ~하고 싶다는 기분이 되다, ~할 수 있을 것 같은 느낌이 들다

💬 feel like doing ~할 기분이 들다, 하고 싶은 기분이다

Under the new city ordinance, businesses will **get a break** on taxes when they donate to a local charity.

시의 새 조례에 따르면, 기업이 해당 지역의 자선단체에 기부하면 세금 혜택을 받을 수 있다.

0598

get a break | 기회를 얻다, (특별한) 혜택을 받다

---

city ordinance 시 조례 / break on taxes 세금 면제 등의 혜택 / local 현지의, 지방의

 전화 등에서 local call은 '시내전화'라는 의미입니다. 반면 '시외전화'는 out-of-city call입니다.

Congratulate me! I just had my annual physical, and **got a clean bill of health**.

축하해줘! 1년에 한 번 하는 정기검진을 받았는데 의사가 아주 건강하대.

0599

get a clean bill of health | (의사로부터) 건강하다는 진단을 받다

---

annual physical (check up) 연례 건강검진 / bill 고지서, 청구서

---

get

Before you venture into a market overseas, It's essential that you **get a** firm **grasp of** consumer needs in the other culture.

해외시장에 진출하기 전에 다른 문화권의 소비자 니즈를 확실히 파악하는 게 핵심이다.

0600

get a grasp of (something) | ~를 확실히 파악하다, 이해하다

---

venture into ~에 진출하다, 도전하다 / firm 분명히, 확실히

Big Box Store **got a head start on** competing stores and stocked the newest digital cameras before anyone else did.

빅 박스 스토어는 경쟁 상점보다 한 발 앞서 최신형 디지털 카메라를 매장에 들여놓았다.

0601

get a head start on | (누군가보다) 한 발 앞서다, (다른 사람보다) 먼저 ~를 시작하다

---

stock (상품 등의) 재고, 입고되다, 보관하다, 저축해 두다

The office assistants are **getting a** real **kick out of** the joke books you brought in the other day.

사무실의 어시스턴트들은 네가 전에 가져왔던 유머 책을 무척 좋아해.

0602

get a kick out of (something) | ~을 즐기다, ~에 대해 재미있어 하다

🔁 have fun 즐기다

Don't worry — you'll **get the knack of** the new filing system in no time. It just takes a little practice.

걱정하지 마. 새로운 서류 정리 시스템의 핵심을 금방 익힐 거야. 약간의 연습이 필요할 뿐이야.

0603

get the knack of (something) | ~의 핵심을 익히다

---

knack 요령, 핵심 / in no time 곧, 바로, 단기간에

No, I'm afraid I can't make an exception for you but have to **go by the rules**. Your rent was due two weeks ago.

미안하지만 당신만 예외로 할 순 없어요. 규칙대로 해야만 합니다. 댁의 임대료는 2주 전이 기한이었어요.

0604

go by the rules | 규칙대로 하다

---

make an exception 예외로 하다, 특별 취급하다 / due 기한인, 마감이 된, (출산 등의) 예정인

My winery **went down the drain** after a serious drought destroyed the vineyards.

극심한 가뭄으로 포도농장이 큰 피해를 입는 바람에 와인공장이 실패로 끝났다.

0605

go down the drain | 실패로 끝나다, (계획 등이) 수포로 돌아가다

---

winery 와인공장 / vineyard 포도농장

 go down the drain은 '하수구로 흘려버리다'에서 온 말입니다. 비슷한 표현으로 go down the toilet, go down the tube가 있습니다.

| go |

Maya expected that Peter would treat her to lunch, but she was shocked when he suggested they **go fifty-fifty**.

마야는 피터가 점심을 사리라고 생각했지만 그가 돈을 각자 내자고 제안해 충격을 받았다.

0606

go fifty-fifty | (비용 등을) 절반씩 부담하다, 각자 부담하다

🔁 split the bill 각자 부담하다

※ go Dutch도 같은 의미입니다만 네덜란드 사람에게 차별적인 의미가 있기 때문에 현재는 잘 사용하지 않습니다.

The law abolishing the death penalty **went into effect** a year after he had been executed.

그가 사형되고 1년 후에 사형을 폐지하는 법률이 발효되었다.

0607

go into effect | (법률, 규칙 등이) 발효되다, 시행되다

🔁 implement 법률 등을 시행하다

빈칸에 해당하는 숙어동사를 문장에 맞춰 형태를 바꿔 써넣으세요.

(제한시간 7분 30초)

1. We have to get together and _____ for the
   September issue of the company newsletter.

2. You can _____ paper if you send out your 80-page
   report by e-mail instead of printing out copies.

3. There were several complaints about your publicist's
   handling of news releases. Perhaps she is not _____
   public relations after all.

4. We'll be in New York City for one night, so let's _____
   — have dinner out and maybe catch a Broadway show.

5. Well, I don't want to _____ you _____ your
   sleep, so let's continue this conversation tomorrow. Good
   night!

6. We are fairly tolerant of employees' smoking and drinking outside of work, but we _____ hard drugs such as cocaine and heroin.

7. Excuse me for _____ to your conversation, but the floor supervisor would like to speak with you.

8. My winery _____ after a serious drought destroyed the vineyards.

9. The book deal _____ because the publisher wanted a book that would reach a younger audience.

10. You keep talking about how nice Paris is around this time of year. Come on. What are you _____?

11. After Tim pleaded with me for two hours, I _____ lending him 50 dollars, which he will probably lose on a slot machine in a wink.

12. The law abolishing the death penalty _____
a year after he had been executed.

13. Under the new city ordinance, businesses will _____
on taxes when they donate to a local charity.

14. Teenagers easily _____ of paying off
one credit card using another credit card, piling up debts
compounded by interest.

15. When negotiations between management and the union
_____ , two hundred and fifty workers were laid off.

힌트		
deprive of	cut out for	end up
cut down on	do some brainstorming	cut in
do the town	fall into a vicious cycle	draw the line at
drive at	fall apart	get a break
fall through	go down the drain	go into effect

해답은 421페이지에

Unit 19

> *go*

Home sales are **going nowhere**, and real estate agents are getting nervous. 부동산 중개업자들은 주택 판매가 막혀 신경이 곤두서 있다.

0608
go nowhere | 막다른 길에 부딪히다, (기획 등이) 암초에 부딪히다

🔁 be/get stuck 고착상태에 빠지다, (차 등이) 움직이지 않게 되다

I especially want to thank the members of the hospitality committee for **going out of their way to** make my stay in the city of Denver a most pleasant one.
제가 덴버 시에서 쾌적하게 지내도록 일부러 노력을 해주신 환영위원회 여러분께 특별히 감사의 말씀을 드리고 싶습니다.

0609
go out of one's way to | ~를 위해 노력하다, 일부러 ~하다

hospitality committee 환영위원회

Thanks for attending the tryout. Now let's **go over** the dance number from the beginning. 오디션에 와줘서 감사합니다. 그러면 댄스곡부터 다시 한 번 해보죠.

0610
go over (something) | 다시 한 번 하다, 반복하다, 복습하다

As you **go over the** auditor's **report**, please make note of any results that look significant to you.
감사 보고서를 훑어보고 당신이 중요하다고 생각하는 결과가 있으면 기록해 두세요.

0611
go over the report | (보고서 등을) 훑어보다, 체크하다

auditor (회계) 감사 / significant 중요한, 의의가 있는

I sent my assistant out to buy one floral bouquet for the conference room, but she **went overboard** and came back with seven potted orchids.

조수에게 회의실용 꽃다발을 하나 사오라고 했더니, 그녀는 너무 지나쳐 난초 화분을 7개나 사가지고 왔다.

0612
go overboard ~를 지나치게 하다, (비용 등의) 한도를 넘겨 사용하다

go too far 지나치다

Nick was accepted to every university he applied to. That young man is going to **go places**.

닉은 지원한 모든 대학에 합격했어. 그 젊은이는 출세할 거야.

0613
go places 성공하다, 출세하다, 여기저기를 여행하다, 놀러 다니다

go up the ladder of success 출세의 계단을 오르다
go up the company ladder 회사에서 출세해 승진하다

Until they **went public** in 1997, Pico Cola was a struggling start-up. Now their stock is soaring.

1997년 상장하기 전까지 피코 콜라는 사정이 어려운 신생 회사였다. 지금은 그 회사의 주가가 급상승하고 있다.

0614
go public (기업이) 주식을 공개하다, 상장하다, (정보를) 공개하다

struggling 분투하는, 노력하는, 고투하는 / soar 급상승하다

---

go

I'm sorry that you had to **go through** such a rough performance evaluation. I think your boss was a little insensitive.

네가 그런 가혹한 근무 평가를 받아야 했다니 유감이다. 네 상사는 조금 배려가 부족한 것 같구나.

0615

go through (괴로운 일 등을) 경험하다, (약속 등을) 실행하다, 샅샅이 조사하다

---

rough 가혹한, 조잡한, 거친 / **performance evaluation** 근무 평가, 시스템 성능평가
insensitive 배려가 부족한, 무신경한, 둔감한

Bernie **went to pieces** when he found out that his best friend had been killed in a car accident.

버니는 가장 친한 친구가 차 사고로 죽었다는 소식을 듣고 가슴이 찢어지는 것만 같았다.

0616

go to pieces 마음이 찢어지다, 이성을 잃고 흐트러지다

🔁 **be devastated** 타격을 입다, 황폐해지다

I think the government **went too far** when they completely banned liquor ads on TV.

나는 정부가 주류 광고를 TV에서 완전히 금지시킨 조치는 지나치다고 생각한다.

0617

go too far (정도가) 지나치다, 지나치게 되다

255

You might not like soy milk the first time you try it, but the taste **grows on** you.

두유를 처음 마시면 좋아하지 않을 수도 있지만 점점 좋아지게 될 거야.

0618

grow on (someone) │ (처음에는 마음에 들지 않던 것이) **점점 좋아지다**, **포로가 되다, 당연한 것이 되다**

---

 soy(콩)은 해외의 vegetarian(채식주의자)에게는 매우 인기가 높습니다. soy sauce는 간장, soy paste 는 된장이죠.

Does your child **grow out of** shoes as fast as you buy them? Why not try Flex Shoe? Flex Shoe expands as your little one's feet grow!

아이들의 신발은 산 지 얼마 안 돼서 맞지 않게 되죠? 플렉스슈즈를 경험해 보세요. 플렉스슈즈는 아이들의 발이 커지면 따라서 늘어납니다.

0619

grow out of (something) │ (성장해) **맞지 않게 되다, 취향이 변하다, 질리다**

---

as fast as ∼와 같은 속도로

The procedures for quality control were **handed down** from company headquarters, and we have to follow them to the letter.

품질관리에 관한 절차는 본사에서 통보해오는 것으로 우리는 그것을 충실하게 지켜야만 한다.

0620

hand down │ (가족에서 대대로) **전해지다**, (결과나 판단을) **선고하다, 물려주다**

---

procedure(s) 순서, 절차 **/** quality control (QC) 품질관리 **/** headquarters (복수형) 본부, 사령부
to the letter 충실하게, 지시대로

| hand | hang |

All section heads are reminded to **hand in** their pay roll sheets by 4:00 Friday afternoon.

과장급 전원은 금요일 오후 4시까지 급여 계산서를 제출해야 한다는 것을 잊지 마십시오.

0621

hand in | (서류 등을) 제출하다, 건네다

🔁 **submit** 제출하다 | pay roll sheets 급여 계산서, 종업원 명단

I've got to **hand it to** you. I didn't think you would ever be able to close on the Mega Golf Resort deal. Good job!

네 공이야! 네가 메가 골프 리조트의 계약을 따낸다는 건 불가능하다고 생각했는데. 수고했어!

0622

hand it to (someone) | 누군가의 공적을 인정하다, 공으로 하다, 진심으로 칭찬하다

close a deal 계약을 체결하다

I'm not quite ready to go. Can you **hang around** the office while I finish up this report?

난 아직 나갈 수가 없어. 내가 이 보고서를 다 쓸 때까지 사무실에서 시간을 보내고 있을래?

0623

hang around | (용무가 없지만) 어슬렁거리다, 그냥 있다, 시간을 보내다

I'm sorry to hear you're having such a hard time finding a job. But **hang in** there and keep sending out those resumes.

취직하느라 고생이 많다니 유감입니다. 하지만 좌절하지 말고 계속해서 이력서를 보내세요.

0624

hang in | (좌절하지 않고) 힘을 내다, 버티고 서다, 늘어지다

257

I've got to **hang on to** this job even though the working hours are so irregular. I have five kids to support.

나는 5명의 아이를 키워야 하기 때문에 근무시간이 매우 불규칙해도 이 일에 매달려야만 한다.

0625

hang on to (something) | ~을 꽉 붙잡다, (지위 등을) 지키다

---

 retain 유지하다, 계속 지니다

Nancy's problem is that she **gets hung up on** details and doesn't see the big picture.

낸시의 단점은 너무 세부적인 것에 매달려 큰 그림을 보지 못한다는 것이다.

0626

(get) hung up on (something) | ~에 집착하는, 어떤 점만을 신경 쓰는

---

 obsessed by ~에 마음을 빼앗긴

※ be hung up on something이라고도 합니다.

TOEIC 포인트 | hang의 과거와 과거분사는 hung-hung. 예외적으로 be hanged to death(교수형에 처해지다), hanged oneself(목을 매다)의 경우에는 과거형이 hanged가 됩니다.

The interns **had a ball** setting up the holiday window display. They said it was the 'funnest' job we'd given them yet.

연수생들은 창가에 크리스마스 장식을 하며 즐거운 시간을 보냈다. 지금까지 우리에게서 받은 일 중에서 '가장 재미있는' 일이라고 했다.

0627

have a ball | (모여서) 크게 즐거워하다, 즐거운 한때를 보내다

---

intern 연수생, 실습생, 견습

 TOEIC 포인트 | funnest라는 말은 사전에 없습니다. fun(즐겁다)을 최상급으로 만든 것으로 회화에서는 이런 경우가 자주 있답니다.

It's getting close to 1:00. Shall we go **have a bite to eat** and then finish up this project after lunch?

벌써 1시가 다 됐네. 밖에 나가서 빨리 점심을 먹고 이 일을 끝낼까?

0628

have a bite to eat | 서둘러 식사하다, 가볍게 식사하다

圏 eat and run 서둘러 식사하고 바로 나가다

The reason Jeff **has a chip on his shoulder** is that he wasn't promoted to assistant manager, so now he thinks everyone is against him.

제프가 화가 난 것은 자신이 차장으로 승진하지 못했기 때문이며, 그는 지금 모두가 그의 적이라고 생각하고 있다.

0629

have a chip on one's shoulder | 불만을 가지다, 화가 나다, 대단한 것처럼 보이다

If you **have a clean conscience**, there is no need for you to respond to accusations regarding your behavior. So remain calm.

양심에 부끄럽지 않다면 당신의 행동에 대한 비난에 대응할 필요는 없다. 냉정해져라.

0630

have a clean conscience | 양심에 부끄럽지 않다, 마음에 거리낌이 없다

---

accusation 비판, 비난

The reporters **had a field day** when they found about the royal divorce.

왕실의 이혼 사건이 알려졌을 때 기자들은 흥분해 난리를 피웠다.

0631

have a field day | (일상적이지 않은 일에 흥분해) 난리를 피우며 돌아다니다

▌ I can't seem to get the lid off this jar of jam. Could you **have a go at** it?

이 잼의 병뚜껑이 열리지 않네요. 당신이 해볼래요?

0632

have a go at (something) ┃ ～를 해보다, 시도하다

🔄 try at (something) ～를 시도하다

▌ Although he is a recent college graduate, Mr. Suzuki **has a good command of** English and is qualified for a number of entry-level jobs in our international division.

대학을 막 졸업했지만 스즈키 군은 영어에 능통하고 우리 회사 국제본부에서의 신입에 준한 많은 업무에 적임자다.

0633

have a good command of (something) ┃ ～에 능통하다, ～를 잘 사용할 수 있다

🔄 have a good knowledge of something ～에 대해 깊은 지식을 가지고 있다
qualified for ～에 적임인, ～의 자격이 있는 / entry-level job 신입 수준의 업무, 입문 수준의 업무

▌ Let Becky be in charge of taking care of the office plants. She's the only one here who **has a green thumb**.

베키를 사무실의 화초 담당으로 하죠. 여기서 화초를 잘 키울 수 있는 사람은 그녀밖에 없으니까요.

0634

have a green thumb ┃ 식물을 잘 키우다

▌ I'm just going down to the coffee shop to **have a pick-me-up**. I'll be back in fifteen minutes.

커피숍에 가서 기운 날 만한 것을 먹고 15분 뒤에 돌아오겠습니다.

0635

have a pick-me-up ┃ 기운이 날 만한 것을 먹다

---

have

The nurses should **have a say in** all decisions regarding patients' medication schedules.

간호사들은 환자의 투약 계획에 관한 모든 결정에 발언권을 가져야만 한다.

0636

have a say/voice in (something) | ~에 대해 발언하다, 권리를 주장하다

🔊 have the right to say something ~를 말할 권리를 지니다

medication schedule 투약 계획 (medication regimen이라고도 합니다.)

At a buffet, people **have eyes bigger than their stomachs**, so they will pile their plates high with food and then leave it half uneaten.

사람들은 뷔페에 가면 욕심을 부려 그릇에 음식을 잔뜩 담아 반은 못 먹고 남긴다.

0637

have eyes bigger than one's stomach | 먹을 수 있는 양보다 더 욕심을 부리다

※ leave(동사) + uneaten(과거분사)는 '먹지 못한 채로 남기다'라는 뜻입니다.

That pounding construction noise has been going on outside my office window all morning, and I **have had it up to here**. Who can I complain to about it?

건축 현장의 쿵쿵대는 소음이 우리 사무실 창밖에서 오전 내내 이어지고 있는데, 난 이제 더 이상 참을 수 없다. 어디에 민원을 넣어야 하나?

0638

have had it up to here | (목구멍까지) 꽉 차다, 이제 더 이상은 사양이다

🔊 can't stand it anymore 더 이상 참을 수 없다

pounding 쿵쿵 두드리는 소리, (부서지거나 손상이 가도록) 심하게 두드림

 Who can I complain to는 To whom can I complain의 to가 뒤로 와서 바뀐 형태입니다.

---

have

I'm sorry. I **had no business getting** involved in your argument with Samantha. Please forgive me.

미안해. 나는 너와 사만다의 말싸움에 끼어들 권리가 없었어. 나를 용서해.

> **0639**
> **have no business doing** (something) | 그런 일을 할 권리가 없다

🔁 have no right to do something ~를 할 권리는 없다
get involved in 끼어들다, 휘말리다

There's the new dean of the English Department. See her? She **has on** a blue dress and a white hat.

저기 영어학부의 신임 학과장이 있어. 보여? 파란 드레스에 하얀 모자를 쓰고 있어.

> **0640**
> **have on** (something) | ~를 입고 있다, 몸에 걸치고 있다

dean 대학 학과장(학장은 president, 학교장은 principal입니다.)

 put on은 '입고 있다'라는 동작을 나타냅니다. '입고 있는, 착용하고 있는'이라는 상태의 동사는 have on 또는 wear를 사용합니다. 틀리기 쉬우니까 꼭 알아두세요.

I finally got a job as a receptionist at the movie studio. It's a low-pay job, but at least I **have my foot in the door** now.

드디어 영화 스튜디오에서의 접수계원 일을 얻었다. 월급은 적지만 이제 적어도 기회는 얻었다.

> **0641**
> **have one's foot in the door** | 어떤 기회를 얻다, 성공으로의 발판을 마련하다.

| have |

The actress **had her nose in the air** as she walked by me, and appeared not to hear my polite request for her autograph.

그 여배우는 도도하게 내 옆을 지나쳤고, 내가 정중하게 사인을 부탁하는 것을 못 들은 체했다.

0642

have one's nose in the air | 자신만만하게 굴다, 도도하게 굴다

🔊 put on airs 고고하게 굴다, 점잖은 체하다
appear not to ~하지 않도록 보이다

 autograph는 유명인 등의 사인을 가리킵니다. sign 또는 signature는 서류 등에 쓰는 서명이기 때문에 헷갈리지 않도록 주의하세요.

`Now that I've read bad reviews of this book, I'm **having second thoughts about** buying it.

이 책의 나쁜 서평을 읽어버렸기 때문에 구입을 다시 생각하고 있다.

0643

have second thoughts about (something) | (~에 대해) 다시 생각하다, 생각을 바꾸다, 양다리를 걸치다

now that~ 지금 ~하기 때문에, ~해 버린 지금에 와서는 / **review** 평론

I would say your briefcase **has seen better days**. Why don't you buy a new one?

네 서류가방은 이제 아주 낡아버렸네. 새로운 것을 사도록 해.

0644

have seen better days | (옛집 등이) 지금은 볼만한 게 없다, 옛날에는 좋았다

※ 다소 문학적 표현이긴 하지만 회화에서도 자주 사용됩니다.

At an intersection with no traffic signs, the car on your right **has the right-of-way**.

교통 표지판이 없는 사거리에서는 자신의 오른쪽에 있는 차에 우선권이 있다.

0645
have the right-of-way | (교통 등에서의) 우선권이 있다

---

intersection 사거리, 교차로 / traffic sign 교통 표지판, 교통신호

The stock market **hit a new high** this week, and confidence in the economy surged.

이번 주 주가가 최고치를 기록해서 경제에 대한 자신감이 급증했다.

0646
hit a new high | (주식시장에서 주식 등이) 최고가를 기록하다

---

surge 급등하다, 급상승하다

The minute Ray met his new boss, they **hit it off** right away.

레이는 새로운 상사를 만나자마자 곧바로 의기투합했다.

0647
hit it off | 죽이 맞다, 누군가와 금방 친해지다, 사이가 좋아지다

---

the minute (접속사적으로) ~하는 그 순간에, 바로

Sid **holds a grudge against** me because I was promoted to branch manager, which was the job he wanted.

시드는 나를 싫어해. 내가 점장으로 승진했는데 그 자리를 그가 원했기 때문이야.

0648
hold a grudge against (someone) | 누군가에 대해 원한을 갖다

🔁 bear a grudge 원한을 품다

> *hold*

Be honest with your doctor. Don't **hold back** information about your bad habits.

자신의 의사에게는 솔직하게 말하세요. 자신의 나쁜 습관에 대한 정보를 숨기지 않도록 하세요.

0649

hold back (something) | (정보를) 숨기다, 내놓기를 꺼리다, 비밀로 하다

I didn't get the job I wanted because the company said they have decided to **hold back on** hiring until next year.

나는 원하는 일자리를 구할 수 없었다. 회사가 내년도까지 채용을 보류하기로 결정했다고 말했기 때문이다.

0650

hold back on (something) | (생산량이나 채용인원 등을) 낮추다, 줄이다

🔁 withhold 줄이다, 억제하다

The movie was so sad that I just couldn't **hold back my tears**.

너무 슬픈 영화여서 나는 눈물을 참을 수 없었다.

0651

hold back one's tears | 울음을 견디다, 참다

A poor boy growing up in an impoverished part of town, Mike **held fast to** his dream to go to college.

마을의 빈곤한 지역에서 성장한 가난한 소년이었던 마이크는 대학에 가겠다는 꿈을 포기하지 않았다.

0652

hold fast to | (기득권, 역할 등을) 유지하다, 고집하다

🔁 hold firm on/to ~를 확실히 잡다, 단호하게 양보하지 않다

impoverished 빈곤한, 가난한 / fast 분명히, 확고히

Hold it right there! Only authorized personnel are allowed through that door. 거기서 멈추세요! 허가를 받은 사람만이 그 문으로 들어갈 수 있어요.

0653

hold it | 거기서 멈추다, 그대로 기다리다, 어떤 상태를 유지하다

---

authorized personnel 기관이 발행한 허가증 또는 신분증을 지닌 사람

A: Hello, Marie. It's Jack. Is Nick there?

B: Yes, but he's in the outer office. **Hold on**, please.

A: 여보세요, 마리? 저 잭이에요. 닉 거기 있어요?

B: 예, 하지만 그는 밖의 사무실에 있어요. 기다리세요.

0654

hold on | (전화 등을 끊지 않고) 기다리다

---

hold the line (전화를) 그대로 기다리다

You should **hold on to** this money. It will be useful for a rainy day.

이 돈을 잘 보관해둬요. 비상시에 유용할 테니까.

0655

hold on to (something) | 확실히 (뭔가를) 잡아두고 있다, 가지고 있다

---

rainy day 만일의 경우, 비상시

---

hold

Ms. Hogue knew her boss was cheating on his taxes, but she **held her tongue** in the interest of keeping the peace.

호그 씨는 상사가 탈세하고 있다는 사실을 알았지만 평화를 지키기 위해 아무에게도 말하지 않았다.

0656

hold one's tongue | 말하지 않다, (비밀 등을) 입 밖에 내지 않다

🔁 keep one's mouth shut 입을 다물고 있다, 불필요한 말을 하지 않다

The company operated in the red the first two years, but they **held out** and finally turned a profit in the third year.

그 회사는 처음 2년 동안은 적자였지만, 열심히 버텼고 마침내 3년 째에 흑자로 전환했다.

0657

hold out | (최후까지, 일정 기간) 버티다

🔁 stand firm 확실히 유지하다, 버티다

Without your **holding out a** helping **hand**, he would have gone down with the company.

당신이 손을 내밀지 않았다면 그도 회사도 엉망이 되었을 것이다.

0658

hold out a hand | (손을) 내밀다

▌ Mr. Simpson is here again with his lawyer and insists on seeing you. Shall I **hold** him **off**?

심슨 씨가 변호사와 함께 다시 와서 꼭 만나고 싶다는데, 제가 막을까요?

0659

hold off │ (누군가, 무언가를) 멀리하다, 가까이 오지 못하도록 하다, 저지하다

---

insist on 주장하다, 꼭 ~하고 싶다고 고집하다

▌ **Hold still**, everyone. I want to take one more group picture.

모두 움직이지 마세요. 단체 사진을 한 장 더 찍고 싶으니까요.

0660

hold still │ 가만히 움직이지 않고 있다, 조용히 하고 있다

🔁 **keep still** 조용히 하고 있다

▌ This mattress is **holding up** well. We've used it for 10 years.

이 매트리스는 내구성이 있다. 우리는 이것을 벌써 10년이나 사용했다.

0661

hold up │ 내구성이 있다, 오래 가지고 있다

🔁 **be durable** 내구성이 있다

▌ We've got to **hold up on** shoe production. The leather hasn't arrived yet.

구두 제조를 중단해야만 한다. 가죽이 아직 도착하지 않았다.

0662

hold up on (something) / **hold** (something) **up** │ 지연시키다, 중단하다

🔁 **obstruct something** 뭔가를 방해하다, 장애가 되다

impose

The President **imposed a freeze on** all the prices in order to curb runaway inflation.

대통령은 치솟는 물가를 잡기 위해 모든 가격 인상을 동결했다.

0663
impose a freeze on (something) | (원가를) 동결하다, 일시적으로 정지하다

curb 브레이크를 걸다, 억지하다 / runaway inflation 멈추지 않는 인플레이션, 치솟는 물가

The county has **imposed a** vending machine **tax** which will go into effect in April.

카운티에서 자동판매기에 세금을 과세하기로 했는데 그 조항은 4월에 발효한다.

0664
impose a tax | 세금을 부과하다, 과세하다

go into effect (법률 등이) 발효하다, 실행되다

I hope I'm not **imposing on** you dropping in like this without an appointment.

약속도 없이 이렇게 불쑥 찾아뵙게 되어서 폐가 되진 않았으면 좋겠습니다.

0665
impose on | (갑작스럽게 방문해) 방해하다, 밀어닥치다

📱 be an imposition 방해가 되다

The state government **imposed** so many regulations **on** businesses that some companies moved to other states.

주 정부가 너무 많은 규제를 기업에 강요했기 때문에 몇몇 회사는 다른 주로 이전했다.

0666
impose (something) on / upon | ~에 (원가를) 밀어붙이다, 강요하다, (상대를) 이용하다

269

빈칸에 해당하는 숙어동사를 문장에 맞춰 형태를 바꿔 써넣으세요.

(제한시간 7분 30초)

1. You might not like soy milk the first time you try it, but the taste _____ you.

2. I think the government _____ when they completely banned liquor ads on TV.

3. I'm sorry to hear you're having such a hard time finding a job. But _____ there and keep sending out those resumes.

4. Nick was accepted to every university he applied to. That young man is going to_____ .

5. Although he is a recent college graduate, Mr. Suzuki _____ English and is qualified for a number of entry-level jobs in our international division.

6. Until they _____ in 1997, Pico Cola was a struggling start-up. Now their stock is soaring.

7. That pounding construction noise has been going on outside my office window all morning, and I _____. Who can I complain to about it?

8. Nancy's problem is that she _____ details and doesn't see the big picture.

9. The stock market _____ this week, and confidence in the economy surged.

10. This mattress is _____ well. We've used it for 10 years.

11. I'm sorry. I _____ getting involved in your argument with Samantha. Please forgive me.

12. I hope I'm not _____ you dropping in like this without an appointment.

13. Now that I've read bad reviews of this book, I'm _____ buying it.

14. A poor boy growing up in an impoverished part of town, Mike _____ his dream to go to college.

15. Mr. Simpson is here again with his lawyer and insists on seeing you. Shall I _____ ?

힌트		
have had it up to here	go places	go public
grow on someone	hang in	have no business
have a good command of	go too far	get hung up on
have second thoughts about	hold fast to	hit a new high
hold ... off	impose on	hold up

해답은 421페이지에

Unit 20

> *keep*

▌ As a private detective, Mr. Summers has to **keep a low profile**.

사립탐정으로서 서머스 씨는 남의 눈에 띄어서는 안 된다.

0667

keep a low profile │ 눈에 띄지 않도록 하다, 저자세를 유지하다

---

private detective 사립탐정

▌ Everyone tried hard to **keep a straight face** when Henry walked into the room wearing a pink polka-dot tie and a red shirt.

헨리가 빨간 셔츠에 핑크색 물방울무늬 넥타이를 매고 방에 들어왔을 때 모두가 웃음을 참느라 고생했다.

0668

keep a straight face │ (우스운 일에 웃지 않도록) 심각한 표정을 짓다, 웃음을 참다

▌ Walter boasts that he always **keeps company with** some of the wealthiest entrepreneurs in Europe.

월터는 자기는 항상 유럽에서 가장 부유한 기업가들과 시간을 보낸다며 자랑을 한다.

0669

keep company with [someone] │ 누군가와 함께 시간을 보내다, 상대를 해주다

---

boast 자랑하다, 떠들어내다, 과시하다 / entrepreneur 기업가, 흥행주

▌ Hugh tries to **keep fit** by running every day and eating macrobiotic food.

휴는 매일 달리기를 하고 자연식을 먹으며 건강을 유지하려 노력하고 있다.

0670

keep fit │ 건강을 유지하다, 체형을 유지하다

Would you please put up a "**Keep Off** the Grass" sign on the lawn near the front entrance?

앞쪽 입구 근처 잔디에 "잔디밭에 들어가지 마세요."라는 푯말을 세워 주실래요?

0671

keep off (something) | (무언가로부터) 떨어지다, 들어가지 못하다

I hope it snows tonight so we can open our ski slope tomorrow. **Keep your fingers crossed**.

내일 스키장을 오픈할 수 있도록 오늘 밤 눈이 내리면 좋을 텐데. 행운을 빌어 줘.

0672

keep one's fingers crossed | (만사가) 잘 되도록 빌다, 나쁜 일이 일어나지 않도록 빌다

---

 fingers crossed는 손가락을 교차시켜 십자가를 만들어 악마를 퇴치하는 흉내를 내는 것인데 회화에서 자주 사용합니다.

Warning! This is private property! **Keep out**!

경고! 이곳은 사유지입니다. 출입금지!

0673

keep out | (일정한 지역에) 들어가지 못하다, 출입을 금지하다

The police **kept** the drunk **in custody** until he was sober enough to get home on his own.

경찰은 취객이 자신의 집에 스스로 돌아갈 수 있을 정도로 술이 깰 때까지 그를 구금했다.

0674

keep (someone) in custody | (경찰 등이) 구금하다, 구속하다

---

sober 술이 취하지 않은, 진지한

keep		know

Watch out! Our manager is **keeping track of** how long we are away on our lunch hour.

조심해! 과장님은 우리들이 점심식사 때 얼마나 오래 자리를 비웠는지 기록해 둔다고.

0675

keep track of (something) │ 기록을 하다, 경과를 추적하다, 소식을 알고 있다

🔁 lose track of 경과를 놓치다

Your report on the soybean crop in the Southeast region was excellent. **Keep up** the good work.

남동부 지역의 콩 수확량에 대한 당신의 보고서는 훌륭했어요. 계속 그렇게 열심히 해 주세요.

0676

keep up (something) │ (뭔가를) 유지하다, 지속하다

---

soybean crop 콩 수확량 / region 지방,지역, 영역

I subscribe to movie magazines because I want to **keep up with** the latest trends in the film industry.

나는 영화계의 최신 동향에 뒤처지지 않기 위해 영화잡지를 구독하고 있다.

0677

keep up with (something) │ (뭔가에) 뒤처지지 않고 따라가다, 보조를 맞추다

Mel has been a telephone repairman for twenty-six years, so he **knows** the job **backwards and forwards**.

멜은 26년 동안 전화 수리공으로 일해 왔기 때문에 자신의 일에 대해서 잘 알고 있다.

0678

know (something) **backwards and forwards** │ 숙지하고 있다, 모든 것을 다 알고 있다

For our tour guide training program, we've paired each new employee with an experienced tour guide who **knows the ropes**.

우리 회사의 여행 가이드 연수 프로그램에서는 업계에 대해 잘 알고 있는 경험이 풍부한 가이드와 신입 사원을 한 팀으로 짰습니다.

0679

know the ropes | (하나의 분야에 대해) 방법을 잘 알고 있다, 일의 핵심을 알고 있다

Why do hens make so much noise when they **lay an egg**?

암탉은 알을 낳을 때 왜 그렇게 시끄러울까?

Gerald sang beautifully in the first act, but in the second act of the opera, he **laid an egg** and was booed off the stage.

제럴드는 제1막에서는 멋지게 노래했는데 오페라 제2막에서 큰 실수를 저질러 관객들의 야유를 받으며 무대에서 내려왔다.

0680

lay an egg | 1. (새가) 알을 낳다
2. 실패하다, 큰일을 저지르다

---

booed off 야유를 받으며 (무대에서) 내려오다

Somebody left this umbrella in the office last week, but nobody has **laid claim to** it, so I guess it's OK if I use it.

지난주 이 우산을 누가 사무실에 놓고 갔는데, 아무도 가지러 오지 않으니까 내가 사용해도 되겠지.

0681

lay claim to (something) | (재산권이나 판매권 등을) 주장하다, 권리를 요구하다

276

---

lay

| Employees were taking longer and longer coffee breaks until the manager **laid down the law** and limited them to ten minutes.

직원들의 쉬는 시간이 점점 길어져 마침내 매니저는 그것을 10분으로 제한하는 규칙을 만들었다.

> **0682**
> **lay down the law** | 규칙을 만들다, 규칙이나 법칙 등에 대해 설명하다

| I can hardly wait to **lay hands on** the new laptop. It's being delivered directly to my office this afternoon.

신제품 노트북을 사용해 보고 싶어 몸살이 날 것 같다. 그것은 오후에 내 사무실로 직접 배달될 것이다.

> **0683**
> **lay hands on** (something) | (새로운 것에) 손을 대다, 사용해보다, 입수하다, 잡다

| Poppy Popcorn Company **laid off** half of its middle management personnel and went bankrupt shortly thereafter.

파피 팝콘 회사는 중간 관리직의 절반을 해고하고 나서 얼마 후 도산했다.

> **0684**
> **lay off** | (회사의 사정으로) 일시 해고하다

 타동사 '눕히다'의 동사 변화는 lay-laid-laid, 자동사 '눕다'의 동사 변화는 lie-lay-lain입니다. 헷갈리기 쉬우므로 확실히 외워두세요.

| When are you going to **lay out** a marketing plan for our new cell phone?

당신은 언제 신제품 휴대폰을 위한 판매계획을 세울 셈인가?

> **0685**
> **lay out** | (기획을) 입안하다, 배정하다, 설계하다

marketing plan 판매계획

lay	leave

If you are willing to **lay over** in Portland on Saturday night, you can save
$250 on the fare.

토요일 밤 포틀랜드에서 하룻밤 묵을 의향이 있으시다면 250달러의 운임을 절약하게 됩니다.

> 0686
>
> **lay over** | (여행 도중에 환승을 위해) **기다리다, 단기간 체류하다**

🔁 stop over 일시적으로 들르다

I want to buy this suit, but I can't pay for it today. May I **lay** it **away**?

이 정장을 사고 싶지만 오늘은 돈이 없군요. 예약해서 따로 보관해도 될까요?

> 0687
>
> **lay (something) away** | (가게 등에서 예약하여) **물품을 남겨 놓다, 따로 떼어놓다**

🔁 put something aside (상품 등을) 남겨 놓다

The hotel was in a lovely location, but the room and the food **left a lot to
be desired**.

호텔은 멋진 장소에 위치해 있었지만 방과 식사는 개선의 여지가 많이 있었다.

> 0688
>
> **leave a lot to be desired** | 개선의 여지가 많이 있다, 뭔가 중요한 게 빠져 있다

Police **left no stone unturned** in their search for the missing child.

경찰은 행방불명된 아이를 찾아 구석구석까지 뒤졌다.

> 0689
>
> **leave no stone unturned** | 구석구석까지 열심히 조사하다

My dream is to develop a pesticide that kills insects but **leaves no trace** of harmful residue.

내 꿈은 곤충은 죽이지만 유해한 잔여물을 남기지 않는 살충제를 개발하는 것이다.

> **0690**
> **leave no trace** | 흔적을 남기지 않다, 흔적이 없어지다

residue 잔여물

Barbara's colleagues **left** her **out in the cold** after she spread nasty rumors about one of them.

바바라가 동료들 중 한 명에 대한 심술궂은 소문을 퍼뜨렸기 때문에 동료들은 그녀를 따돌렸다.

> **0691**
> **leave (someone) out in the cold** | (누군가에게 정보를 전혀 주지 않고) 방치하다, 누군가를 따돌리다

The customer **left out** her phone number on this form, so I can't call her.

그 고객은 이 양식에 전화번호를 적는 것을 빼먹었기 때문에, 나는 그분에게 전화할 수 없습니다.

> **0692**
> **leave (something) out** | (정보의 일부를) 빼먹다, 잊다, (문장의 일부 등을) 삭제하다

🔁 leave off 빼다, 생략하다

Treat each client with courtesy and respect, and you will **leave the door open for** future business with that person.

고객 한 사람 한 사람에게 진심으로 존경을 갖고 대하세요. 그러면 그 손님과는 장래 비즈니스를 가질 가능성이 남습니다.

> **0693**
> **leave the door open for** | (무엇, 누군가를 위해) 가능성을 남겨 두다, (해결의) 여지를 남겨 두다

let	live

We have the most reliable delivery business in town. We won't **let** you **down**!

우리는 이 도시에서 가장 확실한 배달 업무를 하고 있습니다. 결코 귀하를 실망시키지 않을 겁니다.

0694

let (someone) down | (누군가를) 실망시키다, 기대를 저버리다

The police officer **let** Jane **off the hook** this time, but if she gets caught for reckless driving again, she'll go to jail.

경찰관은 이번에는 제인을 봐줬지만 만약 또 난폭 운전을 하다 체포되면 그녀는 감옥에 가게 될 것이다.

0695

let (someone) off the hook | (누군가의 책임을 묻지 않고) **놓아주다**, (의무로부터) 해방되다

The birthday party for Kim was supposed to be a surprise. Who **let the cat out of the bag**?

킴을 위한 생일파티는 깜짝파티가 되었어야 했는데 누군가가 비밀을 누설하고 말았다.

0696

let the cat out of the bag | (실수로) 비밀 등을 흘리다

🔁 let a secret slip 비밀을 흘리다

Your daughter is old enough to choose her friends without your interfering. **Live and let live**.

당신의 딸은 당신의 간섭 없이도 충분히 친구를 고를 수 있는 나이입니다. 자유롭게 두세요.

0697

live and let live | (타인의 생활이나 취향 등에) 간섭하지 않다, 자유롭게 살다

---

interfering 간섭

> *live*

The poor, struggling painter **lived from hand to mouth** until her work was discovered by a wealthy collector.

가난한 무명 화가는 그녀의 작품이 부유한 수집가들의 눈에 들기 전까지는 그날 그날을 연명하며 살았다.

0698

live from hand to mouth | 빈곤한 삶을 살다, 그날 그날 연명하다

---

struggling 기를 쓰는, 분투하는

We have a little money left over in the party fund, so let's **live it up**.

파티 자금이 조금 남았으니 그걸로 즐기자.

0699

live it up | 인생을 즐기다, 즐거운 시간을 보내다

🔁 have a ball (뭔가를) 즐기다

The whole family **lives off** the little grocery store.

가족 전원이 그 작은 식료품 가게로 생계를 유지하고 있다.

0700

live off (something) | (뭔가를) 생활의 양식으로 삼다, (수입원으로) 생계를 유지하다

Now that we are number one in the electrical appliance industry, we have to **live up to** our reputation.

우리 회사는 현재 가전업계 1위이기 때문에 그 명성에 어울리게 행동해야 한다.

0701

live up to (something) | (목표를) 달성하다, 걸맞게 살다

🔁 measure up to something (희망, 기대, 기준 등에) 맞추다, 조건에 맞다

A number of assembly line workers have complained to me that their supervisor **looks down on** them.

조립 라인의 상당수 작업원은 그들의 감독이 자신들을 무시하는 태도를 취하고 있다고 내게 불평했다.

0702

look down on (someone) | 누군가를 바보 취급하다, 깔보다

🗣 condescend 깔보는 것 같은 태도를 취하다
📖 look up to someone 누군가를 존경하다, 목표로 하다

We are **looking into** the possibility of building three more greenhouses, and we would like you to do a cost analysis.   우리는 3개의 온실 동(棟)을 더 건설할 가능성을 검토하고 있는데 귀하께서 비용 분석을 해주셨으면 좋겠습니다.

0703

look into (something) | (문제 등을) 조사하다, 연구하다, 검토하다

Look out for dishonest business offers. If it sounds too good to be true, it probably is.

사기 비즈니스의 권유를 조심하세요. 너무 번드르르하게 들리는 것은 대부분 그런 것들입니다.

0704

look out for (something) | 뭔가를 조심하다, 뭔가를 지켜보다, 주의해서 보다

I sent my assistant home because he **looked pale** and said he felt sick.

내 어시스턴트의 안색이 좋지 않은데다 몸이 좋지 않다고 해서 집에 보냈다.

0705

look pale | 안색이 나쁘다, 창백하다

---

look pale, look fine(건강해보이다), look angry(화가 난 것 같다)와 같이 형용사는 look의 바로 뒤에 붙습니다. look like angry로 사용하지 않도록 조심하세요.

| look | lose |

▌ I don't think your spelling is correct. Would you please **look** it **up in** the dictionary?

당신의 철자법은 바르지 않습니다. 사전을 찾아보는 게 어떻습니까?

> **0706**
> **look (something) up in~** | (사전 등으로 단어를) 조사하다, 찾아보다

 look it up in the dictionary에서 대명사 it일 때와 look up the world in the dictionary와 같이 보통명사 the world일 때의 목적어 위치에 주의하세요.

▌ Although Sarah fought a good fight, she **lost on points**.

사라는 좋은 승부를 펼쳤지만 판정패했다.

> **0707**
> **lose on points** | (격투기 등에서) 판정으로 지다, 판정패하다

fight a good fight 잘 싸우다. 좋은 시합을 하다

▌ Jack often **loses his temper** because his workers are so incompetent.

부하들이 너무 무능하기 때문에 잭은 종종 화가 난다

> **0708**
> **lose one's temper** | 짜증이 나다, 화나다

incompetent 무능한, 적임자가 아닌

▌ I was on the Internet and **lost track of** the time. I apologize for being late.

인터넷을 하느라 시간 가는 줄 몰랐습니다. 지각해서 죄송합니다.

> **0709**
> **lose track of~** | ~인 것을 모르게 되다, 행적을 놓치다, 기록이 끊어지다

Our competitor **makes a big deal about** how cheap its products are, but they aren't really any cheaper than ours.

우리 회사의 라이벌 기업은 그들 제품이 얼마나 저렴한지 떠들어대지만 사실 그들의 제품은 우리 제품보다 그리 싸지 않다.

0710
make a big deal about (something) | 아주 큰일이라도 되는 것처럼 과장해서 소동을 부리다

make a federal case out of something (국가의 중대사라도 되는 양) 난리를 피우다

Jason **made a fool out of** the visiting speaker when he asked him a difficult question he couldn't answer.

제이슨은 초청된 연설자가 대답할 수 없는 어려운 질문을 해서 그에게 창피를 줬다.

0711
make a fool out of (someone) | (누군가가) 바보로 보이게 할 행동을 시키다, 창피를 주다

humiliate someone 누군가에게 창피를 주다, 멸시하다

Governor Bartlett **made a name for himself** by eliminating the state sales tax on food and clothing.

바렛 주지사는 식품과 의류에 대한 주정부의 판매세를 철폐한 것으로 이름을 알렸다.

0712
make a name for oneself | 유명해지다, 이름을 알리다

The angry customer **made a scene** and demanded to see the store manager. 화가 난 손님은 소동을 부리며 점장을 만나기를 요구했다.

713
make a scene | (사람들 앞에서) 소동을 부리다, (소동을 피워) 사람들의 주목을 받다

make

Heather **made a** real **spectacle of herself** last night after she drank too much and began strip dancing.

헤더는 어젯밤 너무 과음해 스트립댄스를 추어 사람들의 웃음거리가 되었다.

0714

make a spectacle of oneself | 남들의 웃음거리가 될 행동을 하다

In firing Stella for arriving at work late, Ms. Jasper **made an example of** her as a warning to the other employees.

지각했다고 스텔라를 해고한 것은 재스퍼 씨가 다른 사원에 대한 경고 차원에서 한 일이다.

0715

make an example of (someone) | (어떤 사람을) 본보기로 벌하다

Don't **make a** big **issue of** his behavior. He is still too young. Give him a chance.

그의 행동을 크게 문제 삼지 말아주십시오. 그는 아직 젊으니까 기회를 주세요.

0716

make an issue of | 문제 삼다

Tom got stuck in traffic on the way to church and almost didn't **make it** to his own wedding.

톰은 교회에 가는 도중 교통정체에 걸려서 하마터면 자신의 결혼식에 시간 맞춰 도착하지 못할 뻔했다.

0717

make it | 시간을 맞추다, 성공하다

📻 be in time 시간에 맞추다 | almost didn't~ 하마터면 ~하지 못할 뻔했다.

I make it a rule to make sure all the doors and windows are locked before going to bed.

나는 자기 전에 습관적으로 모든 문과 창문을 잠갔는지 확인한다.

0718

make it a rule | 당연히 ~하다, 습관적으로 하다

🔁 make it a habit 습관적으로 하고 있다

I think it makes sense to pay off one debt before incurring another.

다른 빚을 내기 전에 우선 이전 부채를 완전히 갚는 것이 옳다고 생각한다.

0719

make sense | 이해할 수 있다, 의미가 통하다, 옳다고 생각하다

If you have a mixer at home, you can make nutritious baby food from scratch.

집에 믹서기가 있으면 영양 만점의 유아식을 처음부터 만들 수 있습니다.

0720

make (something) from scratch | (아무 정보도 없는 상태에서) 처음부터 만들다

🔁 scratch match (골프 등에서) 핸디캡 없이 점수로 승부하는 것
nutritious 영양가 있는, 영양이 풍부한

I tried to make something out of the peculiar handwriting but I couldn't.

나는 그 독특한 필체를 어떻게든 판독하려고 했지만 할 수 없었다.

0721

make (something) out of~ | ~가 무슨 의미를 지니는지 알려고 노력하다, 의미를 판별하다

🔁 try to understand something 뭔가를 이해하려고 노력하다

make

I can't believe the statistics in our competitor's ad. I think they made them up.

라이벌 회사의 광고에 나온 통계는 믿기 어렵다. 그들이 꾸며낸 수치라고 생각한다.

0722
make (something) up | (가공의 이야기 등을) 만들어내다

statistics 통계, 통계수치

I have to make up for the delay by doing overtime tonight.

오늘밤은 야근을 해서 뒤처진 만큼을 회복해야만 한다.

0723
make up for (something) | (누군가를) 응원하다, 지지하다, 예비로 복사하다

 do/work overtime은 '야근을 하다'라는 의미입니다. overwork(과로하다)와 혼동하지 않도록 주의하세요.

빈칸에 해당하는 숙어동사를 문장에 맞춰 형태를 바꿔 써넣으세요.

(제한시간 7분 30초)

1. Poppy Popcorn Company _____ half of its middle management personnel and went bankrupt shortly thereafter.

2. Warning! This is private property! _____!

3. Watch out! Our manager is _____ how long we are away on our lunch hour.

4. Walter boasts that he always _____ some of the wealthiest entrepreneurs in Europe.

5. Somebody left this umbrella in the office last week, but nobody has _____ it, so I guess it's OK if I use it.

6. If you are willing to _____ in Portland on Saturday night, you can save $250 on the fare.

7. For our tour guide training program, we've paired each new employee with an experienced tour guide who _____.

8. I can hardly wait to _____ the new laptop. It's being delivered directly to my office this afternoon.

9. We are _____ the possibility of building three more greenhouses, and we would like you to do a cost analysis.

10. Don't _____ big _____ his behavior. He is still too young. Give him a chance.

11. If you have a mixer at home, you can _____ nutritious baby food _____.

12. I have to _____ the delay by doing overtime tonight.

13. Now that we are number one in the electrical appliance industry, we have to _____ our reputation.

14. Tom got stuck in traffic on the way to church and almost didn't _____ to his own wedding.

15. Jack often _____ because his workers are so incompetent.

해답은 422페이지에

힌트	keep company with	keep out	lay off
	keep track of	know the ropes	lay claim to
	look into	lay hands on	lay over
	lose one's temper	live up to	make an issue of
	make ~ from scratch	make up for	make it

Unit 21

| *manage* | *pass* |

It was a difficult meeting, but Carter somehow **managed to** come up with a solution to satisfy both parties.

어려운 회의였는데 카터가 양측을 모두 만족시키는 해결책을 찾아내 주었다.

0724
manage to | (어떻게든 ~을) 해내다

Ted McCorey, former CEO of Marvelous Toy Company, **passed away** yesterday at the age of 91.

마블러스토이 사의 전직 최고경영자 테드 맥코리 씨가 어제 91세의 나이로 별세했다.

0725
pass away | 죽다, 별세하다

CEO 최고경영자

When the air conditioning system broke down, two people in our office **passed out** from heat exhaustion.

에어컨 장치가 고장 났을 때 우리 사무실에서는 두 사람이 열사병으로 정신을 잃었다.

0726
pass out | 정신을 잃다, 기절하다

⊜ faint / black out 기절하다, 의식을 잃다

We **passed the hat** and collected $103 for next week's office party.

다음 주에 열릴 사무실 파티를 위해 기부금을 모았는데 103달러가 모였다.

0727
pass the hat | (누군가나 뭔가를 위해) 기부금을 모으다

I carry a little notebook so I can jot down ideas as they **pass through my mind**.

나는 아이디어가 떠오르면 적어 둘 수 있도록 작은 수첩을 가지고 다닌다.

0728

pass through one's mind | 마음에 문득 떠오르다, 생각이 스치다

🔊 cross one's mind 생각이 스치다

jot down 써두다, 메모하다

I ended up **paying an arm and a leg** just to get our fence repaired.

그저 울타리를 수리했을 뿐인데 엄청 비싼 비용을 지불하는 결과가 되었다.

0729

pay an arm and a leg | 불합리하게 높은 금액을 지불하다, 엄청난 돈을 뜯기다, 뼈아픈 지출을 하다

end up doing ~라는 결과가 되다

When Loretta discovered Smith's illegal scheme, he **paid** her **off**, and she promised never to tell anyone.

로레타가 스미스의 위법 행위를 발견했을 때 그는 그녀를 매수했다. 그리고 그녀는 결코 누구에게도 발설하지 않겠다고 약속했다.

0730

pay (someone) off | (누군가를) 매수하다, 돈을 지불하고 비밀을 지키게 하다

🔊 buy someone off 누군가를 매수하다

illegal scheme 위법 행위

pay	pick

> The letter from the card company said if I don't **pay up** they'll send a collection agency after me.

카드회사에서 받은 편지에는 내가 돈을 완납하지 않으면 채권 추심업자를 부를 것이라고 적혀 있었다.

0731

pay up | 완전히 지불하다, 완납하다

---

collection agency 채권 추심회사

> Never **pick a fight** with your boss. You could find yourself out of a job.

자신의 상사와는 절대 싸우지 않도록 하세요. 직업을 잃을 수도 있거든요.

0732

pick a fight | 싸움을 걸다

> My colleagues **pick on** me because I have a funny-sounding name.

내 이름은 이상하게 들리기 때문에 동료들은 나를 놀린다.

0733

pick on (someone) | (누군가를) 괴롭히다, 놀리다, 비판하다

🔁 pick at 괴롭히다, 흠을 잡다

> Can I **pick your brain** for a minute? I want to know what you think of my idea for a new e-business.

잠깐 의견을 좀 여쭐 수 있을까요? 새로운 e비즈니스에 대한 제 아이디어를 어떻게 생각하는지 알고 싶습니다.

0734

pick one's brain | 누군가의 정보나 아이디어를 얻다, 지혜를 빌리다, 의견을 묻다

Picking out reliable information from the enormous amount of material on the Internet is painstaking work.

인터넷 상의 방대한 자료로부터 신뢰할 수 있는 정보를 찾아내는 것은 힘든 일이다.

0735

pick out | 발견하다, 고르다, 찾아내다

---

painstaking 뼈를 깎는, 수고가 많은, 힘든

The police dog **picked up** the faint scent of the criminal.

경찰견이 범인의 희미한 냄새를 맡았다.

0736

pick up | 냄새로 구분하다, 물건을 사다, 고르다

---

faint 희미한

Five of us had dinner at the hotel restaurant, and Jerry generously **picked up the tab**.

우리 5명이 호텔 레스토랑에서 저녁식사를 했는데 제리가 선선히 계산을 했다.

0737

pick up the tab/check | 계산을 하다, (식사 등을) 대접하다

🔁 treat someone 식사를 대접하다, 계산하다 | tab 계산서

If we all **pitch in**, I think we can get Room 100 cleaned up in time for the meeting.

모두가 협력하면 100호실을 회의시간 전까지 깨끗이 치울 수 있다고 생각한다.

0738

pitch in | 협력해 뭔가를 하다, 힘을 합치다

🔁 cooperate 협력하다

pitch	play

Life **pitched** Herman **a curve ball** when he was diagnosed with a crippling disease. 허먼이 마비성 질병이라는 진단을 받은 것은 그의 인생의 예기치 않은 사건이었다.

0739

pitch (someone) a curve ball
예기치 않은 일이 일어나다, 예기치 않은 언행으로 사람을 놀라게 하다

crippling 마비를 일으키는, 마비성의 / diagnose 진단하다, 분석하다, 원인을 찾다

The man who hacked into our system **played cat and mouse** with the authorities for a year before they caught him.

우리 회사의 시스템을 해킹한 남자는 잡힐 때까지 1년간 당국의 눈을 피해 도망쳐 다녔다.

0740

play cat and mouse
도망쳐 다니다, (사람 등을) 가지고 놀다

This movie theater chain **plays for keeps**. They intend to drive every local theater out of business.

이 영화관 체인은 진심으로 승부할 생각이다. 그들은 지방의 모든 영화관을 몰아내려고 한다.

0741

play for keeps
(뭔가를) 진지하게 하다, 진심으로 하다

intend to 할 의지가 있다, 할 작정이다 / drive someone out of 누군가를 ~로부터 쫓아내다

The buyer from Fashion City is **playing hard to get**. She wants us to lower our prices. 패션시티 사의 바이어는 일부러 마음에 들지 않는 척하고 있다. 그 여자는 우리 회사가 가격을 내리게 할 속셈이다.

0742

play hard to get
마음에 들지 않는 척하다, 비싸게 굴다

I don't know what Mr. Thornton will want to do after he arrives here. Let's **play it by ear**.
손튼 씨가 이곳에 도착한 후 뭘 하고 싶어하는지 모르겠다. 그러니 때에 따라 판단하기로 하자.

0743

play it by ear | (자신의 감을 믿고 일 등을) 극복하다, 판단하다

Worried about security on the Internet? **Play it safe** with our newest firewall. 인터넷 보안이 걱정이십니까? 저희 회사의 최신 보안 시스템이 안전을 책임집니다.

0744

play it safe | 안전한 방법을 택하다, 무난한 방법을 취하다

---

 firewall은 LAN과 인터넷 사이에 놓는 컴퓨터 보안 시스템. 원래 의미는 '방화벽'인데 예전에 불이 번지는 것을 막기 위해 집과 집 사이에 불연소 벽을 세운 데서 유래합니다.

We need a decision from Big Box about the sale, but they haven't returned our calls. I think they're **playing possum**.
빅박스 사가 구매 결정을 해줘야 하는데 전화를 해도 답변이 없다. 모르는 척하고 있는 것 같다.

0745

play possum | 자는 척하다, 모르는 척하다

🔁 pretend not to notice 못 본 척하다

Although the candidate was generally popular, his opponent **played** him **down** by calling him a liar.
그 후보는 인기가 많았지만 상대 후보는 그를 거짓말쟁이라고 부르며 일부러 깎아내렸다.

0746

play (someone) down | (누군가를) 일부러 깎아내리다, 헐뜯다

---

opponent 경쟁 상대

Don't **play** me **for an imbecile**! I know you've been cheating on me all along.

나를 바보 취급하지 마. 네가 계속 나를 속이고 있었다는 사실을 아니까.

0747

play (someone) **for an imbecile** | (누군가를) 바보 취급하다, 가지고 놀다

🔊 play (someone) for a fool (누군가를) 바보 취급하다

My financial advisor says the safest way to **play the market** is to diversify my investments.

내 투자 고문의 말에 의하면 주식 투자의 가장 안전한 방법은 투자를 분산하는 것이라고 한다.

0748

play the market | 주식에 투자하다

financial advisor 재무 고문, 투자 고문 / diversify 다양화하다, 분산하다

Do you see that shiny object floating in the sky, or are my eyes **playing tricks on** me?

저 하늘에 떠 있는 빛나는 물체 보여? 아니면 내 눈이 이상한가?

0749

play tricks on (someone) | 누군가를 속이다

| *play* | *possess* | *pull* |

Cathy is constantly **playing up to** her boss. She really wants the promotion.

캐시는 늘 상사에게 아첨을 떤다. 그녀는 정말 승진하고 싶은 것 같다.

0750
play up to (someone) | 아첨을 떨다, 아부하다

flatter someone 칭찬하다, 아부하다, 비위를 맞추다

Norah was **possessed by** the idea of one day building her own school for orphans in a developing country.

노라는 언젠가 개발도상국에 고아를 위한 학교를 세우겠다는 생각에 사로잡혀 있었다.

0751
possessed by (something) | (어떤 생각에) 사로잡혀 있다, 고집하고 있다

You want to call the fire department as a joke? You can go to jail if you **pull a stunt** like that.

소방서에 장난 전화를 걸고 싶어? 그런 어리석은 짓을 하면 교도소에 갈 수도 있어.

0752
pull a stunt | 어리석은 방법을 쓰다, 다른 사람을 놀라게 할 일을 하다

A trick that magazine companies often **pull** is to give a new subscriber a deep discount on the first year, and then raise the rate the following year.

잡지사가 자주 쓰는 속임수는 신규 독자에게 가격을 대폭 인하해주고 다음 해부터 요금을 올리는 것이다.

0753
pull a trick | 사람을 속이다, 한 방 먹이다

play a trick on someone 누군가를 속이다, 장난치다

---

pull

Our packaging division redesigned these zipper-lock vinyl bags after customers complained that they were too hard to **pull apart**.

회사의 포장부서는 이 지퍼가 달린 비닐주머니 디자인을 수정했다. 너무 빡빡해서 지퍼를 열기 어렵다는 고객들의 민원이 쏟아졌기 때문이다.

0754

pull apart | (양쪽으로 열리는 문 등을) 잡아당겨 열다, 여기저기 흩어지다, (업적이나 연구결과 등을) 분석하다

---

 pull apart는 목적어가 필요 없는 타동사이고, fall apart(뿔뿔이 흩어지다, 부서지다)는 주어에 붙는 자동사입니다.

We need volunteers who will set up and **pull down** the convention decorations.

대회를 위한 장식을 설치하고 치울 자원봉사자가 필요하다.

0755

pull down [something] | (방의 장식 등을) 치우다, (집 등을) 해체하다, 부수다

🔄 set up 장식하다, 준비하다, 수선하다

Look at this e-mail. It says there is 100,000 euros deposited in my bank account. Someone is **pulling my leg**.

이 이메일을 봐. 10만 유로가 내 은행계좌에 들어왔어. 누군가가 장난을 치고 있는 거야.

0756

pull one's leg | 약 올리다, 거짓말을 하다, 속이다

Frank was upset by the way the press was treating him, but he managed to **pull** himself **together** for the next interview.

프랭크는 언론이 자신을 다루는 태도에 화가 났지만 다음 인터뷰를 위해 가까스로 마음을 다잡았다.

0757

pull (oneself) together | 마음을 다잡다, 침착함을 되찾다

be upset 화가 나다 / manage to 가까스로 ~을 해내다

Get Swinhart to sign the agreement before he changes his mind and tries to **pull out of** the deal.

스윈하트가 마음이 변해 거래에서 손을 떼기 전에 계약에 서명하게 하세요.

0758

pull out of (something) | (계약 등에서) 철수하다, 손을 빼다, (불황, 곤란, 조직 등에서) 빠져나오다

🔁 retreat from ~로부터 철수하다

Could you just **pull over to the curb**, please? I'll get out right here. Thank you very much for the ride.

저기 인도에 세워 주시겠어요? 여기서 내릴게요. 태워주셔서 감사합니다.

0759

pull over to the curb | (차를) 인도에 가까이 세우다

Congratulations for **pulling off** the Greenwood Mall deal.

그린우드 쇼핑몰의 계약을 따낸 것을 축하드립니다.

0760

pull (something) off | (일 등을) 마지막까지 해내다, (계획 등을) 성공시키다

🔁 succeed 성공하다, achieve 성과를 내다, accomplish 수행하다

pull	put

Our tourist industry nearly collapsed after the terrorist attack, but we **pulled through** the crisis and are thriving once again.

우리 여행업계는 테러 공격 이후 고사 위기에 빠졌지만 겨우 위기를 벗어나 다시 호황을 누리고 있다.

0761

pull through | 어떻게든 해내다, (상황이나 병의 증세 등이) 호전되다, (위기를) 벗어나다

collapse 붕괴하다, 무너지다 / thrive 번영하다, 잘 성장하다

A long, white limousine **pulled up to the** hotel **entrance**, and the CEO and his wife emerged.

새하얗고 긴 리무진이 호텔 현관에 들어왔고 최고경영자와 그의 아내가 나타났다.

0762

pull up to the entrance | (차를) 현관에 대다

emerge (사람이) 나타나다, 출현하다

How much of your paycheck were you able to **put away** in savings last month? 지난달은 당신 월급에서 얼마나 저축할 수 있었나요?

0763

put away (some money) | (장래를 위해서) 돈의 일부를 저축해 두다

🔄 save money 저금하다

We'll have to **put away** the marketing plan temporarily until all the side effects of this drug are cleared.

이 약의 부작용이 모두 없어질 때까지 판매 계획을 잠정 보류해야만 한다.

0764

put away (something) | (기획이나 정보 등을) 보류하다, 치워놓다

The complete failure of negotiations with the contractor **put** us **back to square one** with a new builder.

건축업자와의 협상이 완전히 실패함으로써 새로운 건축업자와 원점에서부터 다시 시작하기로 했다.

0765

put ~ back to square one | (기획 등이) 원점으로 돌아가다

🔁 start anew 다시 한번 새롭게 시작하다, 처음부터 다시 시작하다
contractor 건축 등의 청부업자

Our old cat suffered great pain, so we sadly took him to the vet to have him **put down**.

우리 집의 늙은 고양이가 심한 고통에 시달렸기 때문에 우리는 슬프지만 고양이를 안락사시키기 위해 수의사에게 데려갔다.

0766

put down (an old animal) | (늙은 동물을) 안락사시키다

🔁 put someone to sleep 사람을 안락사시키다

This morning, we **put down** $250,000 to hold our offer on Fern Meadows Golf Course.

오늘 아침, 우리 회사는 펀 매도우즈 골프 코스의 계약을 유지하기 위해 25만 달러를 지불했다.

0767

put down (some money) | (계약금 등을) 지불하다

🔁 deposit some money 계약금이나 선수금 등을 지불하다
hold an offer (매매계약 등을) 수행하다, (제안을) 지키다

---

put

I'm applying for a job at your company. Would you put in a good word for me?

당신이 근무하고 있는 회사에 지원하고 싶은데 나를 추천해주지 않으시겠어요?

0768

put in a good word for (someone) | (누군가를) 칭찬해주다, 추천하다

No cash? No worry. Put it on your Gold Card and pay later!

현금이 없으세요? 걱정하지 마세요. 당신의 골드카드로 지불하고 나중에 갚아 주세요!

0769

put it on a card | (상품의 대금을) 신용카드로 지불하다

 Can I put it on my card? 신용카드를 사용할 수 있습니까?
I maxed out my card. (카드 한도를 넘겨버렸다.) 등도 기억해두면 편리합니다.

I have a popcorn popper that I have never used. I think I'll put it on e-bay.

전혀 사용한 적이 없는 팝콘용 냄비를 가지고 있다. 그걸 경매 사이트에 올릴 생각이다.

0770

put it on e-bay | (상품 등을) 경매 사이트에 올리다

I'd rather not see Ms. Wikoff now. Could you put her off?

지금은 와이코프 씨를 만나고 싶지 않네요. 당신이 그녀를 막아주지 않을래요?

0771

put off (something / someone) | (뭔가를) 연기하다 (누군가를) 피하다

hold someone/something off 멀리하다, 저지하다, 연기하다

Carrie claims to be friends with famous people in Hollywood, but she's just **putting on airs**.

캐리는 자기가 할리우드 유명인들과 친구라고 주장하지만, 단지 그런 척하고 있을 뿐이다.

0772
put on airs ┃ 젠체하다, 으스대다

claim 공언하다, 주장하다, 청구하다

The suspect's story doesn't hold water. I think he is **putting on an act**.

용의자의 말은 앞뒤가 맞지 않는다. 나는 그가 연극을 하고 있다고 생각한다.

0773
put on an act ┃ 연기을 하다, 시늉을 하다

hold water 앞뒤가 맞다, 완벽하다

Put on your coat, and let's go across the street to get a bite to eat.

코트를 입어요. 길 건너 뭐 좀 먹으러 갑시다.

0774
put on (something) ┃ (의류, 장식품, 장비 등을) 입다, (크림 등을) 바르다

get a bite to eat 뭔가를 먹다, 간단한 식사를 하다

Webster has **put on** a little **weight** since I last saw him fifteen years ago.

웹스터는 15년 전 마지막으로 만났을 때보다 조금 살이 쪘다.

0775
put on weight ┃ 체중이 늘다, 살이 찌다

⑪ take off weight / lose weight 체중을 줄이다, 체중이 줄다

put

| Try to **put yourself in my shoes**. Wouldn't you have done the same thing as I did?　내 입장이 되어 생각해 봐. 당신도 나처럼 하지 않을 거라 말할 수 있나?

> 0776
> # put oneself in someone's shoes | 그 사람과 같은 입장에 서서 생각하다

| Pleasant Press wants to **put out a book** on etiquette especially for teens.
플레전트 출판사는 특히 10대를 위한 에티켓 지침서를 출판하고 싶어한다.

> 0777
> # put out a book | 책을 출판하다

🔁 publish a book 책을 출판하다.

| The hotel guests **were** rather **put out about** the breakdown in the air conditioning system.
호텔 투숙객들은 에어컨 장치의 고장 때문에 상당히 화가 났다.

> 0778
> # (be) put out about | (누군가, 뭔가에 대해) 화가 나다, 안달하다

| As manager of a Las Vegas casino, I spent most of my time **putting out fires**. There was just one crisis after another.
나는 라스베이거스 카지노의 지배인으로서 문제를 해결하는 데 거의 모든 시간을 소비했다. 계속해서 문제가 일어났기 때문이다.

> 0779
> # put out fires | 불을 끄다, 문제를 해결하다

crisis 난국, 위기

Environmentalists are **putting pressure on** the oil refinery to reduce their pollutants.

환경보호론자들은 정유소에 공해물질을 줄이도록 압력을 가하고 있다.

0780

put pressure on [someone] | (누군가에게) **압력을 가하다, 강하게 요구하다, 억압하다**

environmentalist 환경보호론자

Dr. Pak **put** me **in the picture** about how my heart is malfunctioning.

박 의사는 내 심장이 어떤 식으로 제대로 기능하고 있지 않는지 쉽게 설명해 주었다.

0781

put [someone] **in the picture** | (누군가에게 알기 쉽게) **상황을 설명하다**

malfunction 정상적으로 기능하지 않다, 오동작하다

You can't be over 50 years old! You are **putting** me **on**.

당신이 쉰 살이 넘었다니 믿을 수 없어요! 나를 놀리고 있는 게 분명해요.

0782

put [someone] **on** | 누군가를 놀리다, 속이다

I don't want to **put** you **out**, but would you be able to stay a half hour longer today?

당신에게 폐를 끼치고 싶지 않지만 오늘 30분 정도 더 계시면 안 될까요?

0783

put [someone] **out** | 누군가에게 폐를 끼치다, 방해하다

빈칸에 해당하는 숙어동사를 문장에 맞춰 형태를 바꿔 써넣으세요.
(제한시간 7분 30초)

1. We _____ and collected $103 for next week's office party.

2. When Loretta discovered Smith's illegal scheme, he _____ her _____, and she promised never to tell anyone.

3. Five of us had dinner at the hotel restaurant, and Jerry gene rously _____.

4. It was a difficult meeting, but Carter somehow _____ come up with a solution to satisfy both parties.

5. Worried about security on the Internet? _____ with our newest firewall.

6. When the air conditioning system broke down, two people in our office _____ from heat exhaustion.

7. If we all _____, I think we can get Room 100 cleaned up in time for the meeting.

8. My colleagues _____ me because I have a funny-sounding name.

9. Congratulations for _____ the Greenwood Mall deal.

10. I don't know what Mr. Thornton will want to do after he arrives here. Let's_____.

11. You want to call the fire department as a joke? You can go to jail if you _____ like that.

12. Our old cat suffered great pain, so we sadly took him to the vet to have him _____.

13. I don't want to _____ you _____, but would you be able to stay a half hour longer today?

14. Frank was upset by the way the press was treating him, but he managed to_____ for the next interview.

15. We'll have to _____ the marketing plan temporarily until all the side effects of this drug are cleared.

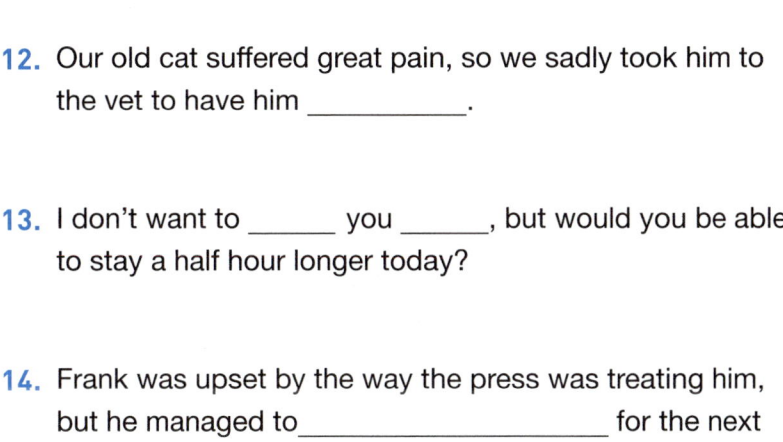

힌트		
pass the hat	pass out	pay someone off
pick on	pick up the tab	manage to
play it safe	play it by ear	pitch in
pull oneself together	pull a stunt	put down
put someone out	put away	pull off

해답은 422페이지에

CD 28

> *put*

❚ Let me **put** it **down** before I forget. Those e-mail addresses are really hard to remember.

잊어버리기 전에 써 둘게요. 이 이메일 주소들은 외우기가 정말 힘드네요.

0784

put (something) **down** | 적다, 써 두다

🔁 jot it down 써 두다, 휘갈겨 쓰다

❚ Nicholas closed his pub and **put** it **up for sale**.

니콜라스는 그의 술집을 문 닫고 시장에 내놓았다.

0785

put (something) **up for sale** | 뭔가를 팔려고 내놓다, 시장에 내놓다

❚ If our product doesn't sell, we can **put the blame on** poor advertising.

우리 회사 제품이 팔리지 않는다면 그것은 형편없는 광고 때문이야.

0786

put the blame on (someone/something) | (누군가의) 탓으로 하다, 책임을 지우다

❚ They're **putting up** a twenty-five-story building next to ours, so it's been very noisy.

사람들이 우리 옆에 25층 빌딩을 짓고 있어서 무척 시끄럽다.

0787

put up | (집, 담, 기념비 등을) 세우다, (표식이나 표찰 등을) 달다, 손을 들다

❘ If the farm workers don't get a raise, the union is going to **put up a fight**.

농장 노동자들이 임금 인상을 받지 못하면 노조는 투쟁에 들어갈 것이다.

> **0788**
> # put up a fight | 싸우다, (도전을 받아) 싸우러 나서다

❙ Mr. Eaton **puts up a** good **front** when he's with customers, but back in the office, he's hostile and unfriendly to co-workers.

이튼 씨는 손님과 있을 때는 선한 얼굴을 하지만 사무실로 돌아와 동료들을 대할 때는 험악하고 불친절하다.

> **0789**
> # put up a front | ~한 것처럼 보이다, 태평한 척하다

hostile 적의가 있는, 유해한

❘ It's a cute little house, but there's no place to **put up a guest** for the night.

그곳은 작고 깨끗한 집이었지만 밤에 손님들이 묵을 곳이 없다.

> **0790**
> # put up a guest | 손님을 묵게 하다

🔁 accommodate someone 누군가를 묵게 하다, 편의를 봐주다

❘ To get started in your business, you need to **put up a website** right away.

네 사업을 시작하고 싶다면 지금 당장 웹사이트를 개설해야만 한다.

> **0791**
> # put up a website | 웹사이트를 개설하다

Why **put up with** annoying pop-up ads? Install NO-POP software today! Free 30-day trial offer! 성가신 팝업 광고를 참고만 계시겠습니까? 오늘 당장 NO-POP 소프트웨어를 설치하세요! 30일간 무료로 사용하실 수 있습니다!

0792
put up with | 참다, 견디다

annoying 성가신, 불쾌한 / pop-up ad 인터넷 팝업 광고 / trial offer 시험판 제공

So sorry to hear about the flood. If your property was damaged, you should **raise a claim** with the insurance company.
홍수 피해를 입으셨다니 진심으로 유감이라 생각합니다. 만약 재산상 손해를 입으셨다면 보험회사에 보상 청구를 해야 합니다.

0793
raise a claim | (보험금, 보상금 등을) 청구하다, 민원을 제기하다

The customer threatened to **raise a racket** if our store didn't refund her money.
그 손님은 우리 가게가 환불해주지 않으면 소동을 일으키겠다고 협박했다.

0794
raise a racket | 소동을 피우다, 문제를 일으키다

I attended the town meeting on transportation in order to **raise the issue** of safety for cyclists.
나는 자전거 이용자의 안전에 관한 문제를 제기하기 위해 교통에 관한 마을 회의에 참석했다.

0795
raise an issue/objection | 문제를 제기하다, 이의를 제기하다

rough	rub	run

For guests who like to **rough it**, there is a campground a little ways from the main lodge.

자연 생활을 맛보고 싶은 손님들을 위해 중앙 숙소에서 조금 떨어진 곳에 캠프장이 있습니다.

0796

rough it | 일부러 자연 속에서 불편한 생활을 하다

You don't have to tell me again and again. I know I've made a stupid mistake. Don't **rub it in**!

그렇게 몇 번이나 얘기할 필요없어. 바보 같은 실수를 했다는 것은 나도 알아. 상처에 소금을 뿌리는 짓은 하지 마!

0797

rub it in | (상처에 소금을 뿌리듯) 여러 번 싫은 소리를 하다, 실패 등을 왈가왈부하다

I can't explain why I don't like the new assistant. His personality just **rubs** me **the wrong way**.

그 신입 어시스턴트가 왜 마음에 들지 않는지는 나도 모르겠어. 그의 성격이 그냥 거슬려.

0798

rub (someone) **the wrong way** | 사람의 신경을 거스르다, 안절부절하게 만들다

⊞ rub someone the right way 사람을 진정시키다, 기쁘게 하다

Cheryl is **running a fever** and feels sick to her stomach, so she is leaving work early.

쉐릴은 열이 나고 속도 좋지 않아 조퇴했다.

0799

run a fever/ temperature | 열이 나다

313

▌ My cell phone battery has **run** way **down**. I'll have to recharge it tonight.
휴대폰 배터리가 떨어지고 있다. 오늘 밤 충전해야만 한다.

> **0800**
> **run down** │ (전지의) 양이 줄어들다

▌ Technology skills **run in the family**. My brothers and I all have jobs working with computers.
기술적인 재능은 집안 내력이다. 나와 우리 형제 모두 컴퓨터 관련 일을 하고 있다.

> **0801**
> **run in the family** │ (경향, 증상, 성격 등이) 대대로 유전되다, 집안 내력이다

technology skill 기술적 재능

▌ Hybrid cars **run on** gasoline and electricity.
하이브리드 자동차는 기름과 전기로 달립니다.

> **0802**
> **run on (gas)** │ (석유를) 에너지로 해서 움직이다, 작동하다

hybrid 잡종, 교배종. 전기 모터와 가솔린 엔진을 선택적으로 사용할 수 있는 에너지 절감 자동차

▌ There are no service stations on Cedar Mountain Road, so fill up before you go, or you may **run out of** gas.
시더 마운틴 로드에는 주유소가 없기 때문에 그곳에 가기 전에 기름을 가득 넣으세요. 그렇지 않으면 기름이 떨어질지도 모릅니다.

> **0803**
> **run out of (gas)** │ (기름이) 떨어지다

run	save

We **ran short** of storage space, so we built another warehouse on the waterfront.

보관 장소가 부족했기 때문에 우리는 물가에 또 하나의 창고를 세웠다.

0804

run short | 줄어들다, (양이) 부족해지다

---

warehouse 창고, (상품의) 보관 장소 / waterfront 해안, 물가

If you invest all of your money in one stock, you **run the risk of** losing everything.

주식 한 종목에 모든 돈을 투자해 버리면 전부를 잃을 위험이 있습니다.

0805

run the risk of (something) | 위험성을 동반하다

I'm still confused about how this machine works. Would you please **run through** the instructions again?

이 기계의 조작 방법이 아직도 헷갈립니다. 다시 한 번 설명해 주시겠어요?

0806

run through (something) | (빠르게) 설명하다, (순서 등을) 해설하다

🔁 go through 처음부터 끝까지 계속 뭔가를 하다

Save your breath. It's no use talking to John.

말해 봤자 소용없다. 존에게 얘기해 봤자 소용없어.

0807

save one's breath | 쓸데없는 말을 하지 않다

Thank you for not telling my boss about my traffic violation. You **saved my neck**.

내 상사에게 교통 위반 사실에 대해 말하지 않아줘서 고마워. 네가 나를 살렸어

0808

save one's neck/skin | (위험한 상황에서) 누군가를 돕다

---

traffic violation 교통위반

Don't ever come out of the dark suddenly like that! You **scared the wits out of** me. 그렇게 캄캄한 데서 갑자기 나오지 마! 무서워서 죽는 줄 알았잖아.

0809

scare the wits out of [someone] | 누군가를 죽을 만큼 무섭게 하다

🗣 scare someone to death 누군가를 죽을 정도로 놀라게 하다

Herman quit his job because he did not **see eye to eye with** his boss on most issues.

허먼은 그의 상사와 대부분의 문제에서 의견이 맞지 않았기 때문에 회사를 그만뒀다.

0810

see eye to eye with [someone] | 누군가와 의견이 맞다, 같은 견해를 갖다

🗣 have the same point of view/opinion 같은 견해[의견]를 갖다

Willie has been **seeing things** since he suffered from a concussion in a car accident. 윌리는 자동차 사고로 뇌진탕을 당한 이후 환각을 보게 되었다.

0811

see things | 실존하지 않는 것을 보다, 환각을 보다

🗣 hear things 환청을 듣다 | concussion 뇌진탕

set

We hope that this all solar-housing development will **set a precedent** for future developments in the city.

우리는 이 태양에너지 주택 개발 사업이 이 도시의 향후 개발을 위한 선례가 되길 바랍니다.

0812

set a precedent | 선례[전례]를 만들다

---

solar-housing 태양에너지 주택

Mr. Tinker **set off to** the Imperial Plaza in the company car to meet with a client over lunch.

팅커 씨는 점심 때 고객을 만나기 위해 회사 차로 임페리얼 플라자로 나갔다.

0813

set off [to] | (~를 향해) 출발하다, 새롭게 시작하다, 작동시키다

🔧 set out to ~하기 위해 출발하다

The income tax **set** her **back** $2,000 this year.

그녀는 올해 소득세로 2,000달러를 냈다.

0814

set [someone] back [some money] | (돈을) 내게 하다

After her divorce, Sharon's friends **set** her **on her feet** with her first job.

샤론이 이혼한 후, 친구들은 그녀가 첫 직장을 얻고 자립할 수 있도록 도와주었다.

0815

set [someone] on one's feet | 혼자서 자립할 수 있도록 돕다

| set | shake | show |

▌I think Megan **set** me **up**. She said she was going to double my money and disappeared with it two weeks ago.

메건이 나를 속인 것 같아. 그녀는 내 돈을 두 배로 불려준다고 하고, 2주 전에 그 돈을 들고 사라졌어.

▌Evan's father **set** him **up** with his own car dealership.

에반의 아버지는 에반의 자동차 딜러 사업에 도움을 주었다.

0816
set (someone) **up**
1. 누군가를 함정에 빠뜨리다
2. 누군가에게 ~을 마련해주다, 도움을 주다

---

double the money 돈을 두 배로 불리다 / car dealership 자동차 딜러

▌Sally **was** badly **shaken up** after her car collided with a tree, but fortunately she wasn't hurt.

샐리는 자동차가 나무와 충돌하는 바람에 무척 놀랐지만 다행히 다치지는 않았다.

0817
(be) shaken up | 충격을 받다, 무척 놀라다

 회화에서는 be shook up을 사용하는 경우도 많습니다.

▌I have nothing to **show off** to my guests except my three beautiful dogs. They are my family as well as my guardian angels.

나는 내 손님들에게 멋진 3마리의 개 외에는 자랑할 게 없습니다. 그들은 내 가족이면서 수호천사입니다.

0818
show (something) **off** | (뭔가에 대해) 자랑하다, 과시하다

| show | sit |

Marlin **showed up** one hour late to her meeting and still managed to close a deal with the client. I wonder what her secret weapon is.

말린은 회의에 1시간이나 늦게 왔는데도 고객과 계약을 체결했다. 그녀의 비결이 무엇인지 궁금하다.

0819
show up | 자리에 나타나다, 약속한 곳에 오다

You can't just **sit back** and watch our money go down the drain in the stock market. Do something!

넋 놓고 앉아서 우리 돈이 주식시장에서 사라지는 것을 방관하지 마. 어떻게든 해봐!

0820
sit back | (문제가 있는데) 아무 것도 하지 않고 방관하다, 돕지 않고 앉아만 있다

The manager can't attend the briefing, so the assistant manager is **sitting in for** her.

과장이 브리핑 자리에 참석하지 않았기 때문에 대리가 그녀 대신 나왔다.

0821
sit in for (someone) | 대신해 출석하다, 대역을 맡다

🔁 substitute 대신하다, 대용하다

I don't feel like playing another game of tennis. I'll **sit** the next one **out**.

테니스는 더 이상 치고 싶지 않아. 다음 게임에는 빠지고 그냥 볼게.

0822
sit (something) **out** | (게임 등에 참가하지 않고) 그냥 보다, 참석을 미루다

▌On Sundays I always **sleep in**. Sometimes I don't get up until noon.

난 일요일엔 언제나 늦잠을 잔다. 어떤 때는 정오까지 일어나지 않을 때도 있다.

> **0823**
> **sleep in** | 늦잠 자다

🔁 sleep late 늦잠 자다

▌I can't give you an answer right now. Can I **sleep on** it and let you know in the morning?

지금 당장 대답할 수 없습니다. 하룻밤 생각해 보고 내일 아침에 대답해도 될까요?

> **0824**
> **sleep on (something)** | 어떤 문제를 (즉시 답하지 않고) 하룻밤 생각해 보다

🔁 think over 잘 생각하다, 다시 생각하다

▌Phil drank too much last night, and he's **sleeping** it **off** now.

필은 어젯밤 과음했기 때문에 지금은 자면서 술을 깨고 있다.

> **0825**
> **sleep (something) off** | (피로나 숙취 등으로부터) 잠을 자며 회복하다, 자면서 싫은 일을 잊다

▌At the shareholders' meeting, many people **spoke** out **against** the nominee for chairman, so his name was dropped.

주주총회에서 많은 사람들이 의장 지명자를 반대했기 때문에 그의 이름은 취소되었다.

> **0826**
> **speak against (someone)** | 누군가의 험담을 하다, 누군가를 반대하다

🔁 speak ill of someone 누군가의 험담을 하다 / oppose to 반대하다, 저항하다
nominee 지명자, 후보

❚ The result **speaks for itself**. You need to study much harder.

결과가 말해준다. 너는 정말 열심히 공부해야 한다.

❚ A: Pink coffee mugs? Who will buy them? Nobody likes pink.
❚ B: **Speak for yourself**. I like pink.

A: 핑크색 커피 머그컵? 누가 그런 것을 사겠어? 아무도 핑크색을 좋아하지 않아.
B: 당신은 그럴지 몰라도 나는 좋아해.

> **0827**
> **speak for oneself**　　1. 설명할 필요가 없을 만큼 분명하다, 자명한 이치다
> 　　　　　　　　　　　　2. 자기 얘기만 하고 있다, 자기 생각을 말하다

🔁 be self-explanatory 자명한 이치다

❚ Animal rights' activists **spoke out** strongly against the use of monkeys in clinical trials.

동물보호운동가들은 임상실험에서 원숭이를 사용하는 것을 강력히 반대하는 목소리를 냈다.

> **0828**
> **speak out**　(생각하는 것을) 분명하게 말하다, 발표하다

animal rights' activist 동물보호운동가 / clinical trial 임상실험

❚ We can't hear you from the back of the room. **Speak up**, please!

방 뒤쪽에서는 당신의 얘기가 들리지 않습니다. 좀 더 큰 소리로 말해주세요!

> **0829**
> **speak up**　큰 소리로 또렷하게 말하다, 공공장소에서 의견을 밝히다

I'm afraid that seat **is** already **spoken for**, but there's a free place over there by the window.

죄송합니다만 그 자리는 이미 예약되어 있습니다. 하지만 저쪽 창가에 자리가 있습니다.

0830

(be) spoken for | 이미 예약되어 있는, 판매가 된

🔊 be already taken 이미 예약되어 있다, 잡혀 있다

I can lift this business out of bankruptcy. I will **spit in the eye of** anyone who tells me to give up.

나는 이 회사를 파산에서 구할 수 있다. 포기하라고 하는 녀석에게는 본때를 보여주마.

0831

spit in one's eye | 누군가를 모욕하다, 곤란하게 하다

Come on. **Spit it out**. Who gave you that kind of money?

그러지 말고 털어놔 봐. 누가 너한테 돈을 줬어?

0832

spit it out | 자백하다, 생각하고 있는 것을 분명하게 말하다

🔊 confess 고백하다

This latest model printing machine **spits out** 100 copies per minute.

이 최신형 인쇄기는 분당 100장을 인쇄할 수 있다.

0833

spit out | (복사기 등에서) 인쇄물이 나오다, 기계에서 차례차례 제품이 나오다

---

stand

▎Don't worry about our new competitor. They don't **stand a chance** against
▎us. 새로운 경쟁사에 대해 걱정하지 마. 그들이 우리를 이길 가능성은 없어.

0834

stand a chance | 기회가 있다, 승산이 있다

🔁 have a chance 기회가 있다

▎Two-car accident on 44th and State Street. **Stand by**, please.

44번가와 스테이트 거리에서 차량 2대 사고 발생. 대기해 주세요.

0835

stand by | 대기하다, 준비하다

🔁 be ready and wait 준비를 갖추고 대기하다

▎My name is George Lee. I'm **standing in for** Mr. Barth who couldn't be
▎here today.

저는 조지 리라고 합니다. 오늘 여기에 오지 못한 바스 씨 대신 오게 되었습니다.

0836

stand in for (someone) | 누군가의 역할을 대신하다

🔁 substitute for someone 누군가를 대신하다

▎I'm sorry to see you leave the company, but I won't **stand in your way** if
▎this is what you want.

당신이 회사를 떠난다니 유감이다. 하지만 그것이 당신이 원하는 것이라면 말리지 않겠다.

0837

stand in one's way | 누군가를 말리다, 방해하다

323

Thanks for asking me out, but I already have plans for tonight. Can I **take a rain check**?

데이트를 신청해 줘서 고마워. 하지만 오늘 밤은 선약이 있는데 다음으로 미룰 수 있을까?

0838

take a rain check | (약속 등을 다음 기회로) 연기하다

---

 rain check은 야구 경기가 비로 취소되었을 경우 다음 경기에 그대로 입장할 수 있는 입장권에서 유래한 것입니다.

Take advantage of our great offer! Two DVDs for the price of one!

이 특별판매를 놓치지 마세요! DVD 2장을 1장 가격으로 팝니다!

0839

take advantage of | (기회를) **이용하다**, (누군가를 교묘히) **이용하다**
(상대의) **빈틈을 파고들다, 특권을 활용하다**

Pam **takes after** her father in her love for animals. Maybe she'll come to work in his veterinary practice some day.

팸은 아버지에게서 동물 사랑을 물려받았다. 어쩌면 장차 아버지의 동물 병원에서 일할지도 모른다.

0840

take after [someone] | (가족의 누군가와) **얼굴이나 성격이 닮다, 물려받다**

---

 take after와 run in the family는 가족 사이에서만 사용되는 말입니다. look like와 resemble은 타인끼리도 사용할 수 있습니다.

Even if you didn't win the game, don't **take it out on** me!

게임에서 지더라도 나한테 화풀이하지 마!

0841

take it out on [someone] | (누군가에게) **화풀이를 하다, 분노를 발산하다**

---

take

I'm **taking off** in a few minutes. Is there anything else you want me to do before I leave?

나 곧 나갈 건데 그 전에 내가 해줄 일 없어?

0842

take off

| (어딘가로) **나가다**, (항공기 등이) **이륙하다**,
| (일 등이) **궤도에 오르다**, (의류 등을) **벗다**

Never **take** your customers **for granted**. Treat them well, or they may take their business elsewhere.

고객을 당연시하지 말고 정성을 다하세요. 그렇지 않으면 그들은 다른 곳으로 가버릴지도 모릅니다.

0843

take ~ for granted | ~를 쉽게 보다, (상대의 호의 등을) 당연하게 생각하다

I **took the liberty of ordering** coffee and doughnuts for the meeting. It's on me.

내 마음대로 회의용 커피와 도넛을 주문했어. 내가 내는 거야.

0844

take the liberty of doing | 마음대로 뭔가를 하다, 허가 없이 뭔가를 하다

 liberty는 자신이 쟁취한 자유, freedom은 태어날 때부터 인간이 지닌 자유라는 차이가 있습니다.

325

빈칸에 해당하는 숙어동사를 문장에 맞춰 형태를 바꿔 써넣으세요.

(제한시간 7분 30초)

1. Let me _____ it _____ before I forget. Those e-mail addresses are really hard to remember.

2. You don't have to tell me again and again. I know I've made a stupid mistake. Don't _____!

3. If our product doesn't sell, we can _____ poor advertising.

4. The income tax _____ her_____ $2,000 this year.

5. Why _____ annoying pop-up ads? Install NO-POP software today! Free 30-day trial offer!

6. If you invest all of your money in one stock, you _____ losing everything.

7. The customer threatened to_____ if our store didn't refund her money.

8. Technology skills _____. My brothers and I all have jobs working with computers.

9. I _____ ordering coffee and doughnuts for the meeting. It's on me.

10. This latest model printing machine_____ 100 copies per minute.

11. The manager can't attend the briefing, so the assistant manager is_____ her.

12. I think Megan_____. She said she was going to double my money and disappeared with it two weeks ago.

13. Never _____ your customers_____. Treat them well, or they may take their business elsewhere.

14. _____ our great offer! Two DVDs for the price of one!

15. I'm afraid that seat _____ already_____, but there's a free place over there by the window.

힌트

put the blame on	put up with	rub it in
put something down	raise a racket	take the liberty of
set someone back	run in the family	run the risk of
spit out	set someone up	be spoken for
sit in for someone	take ... for granted	take advantage of

해답은 422페이지에

Unit 23

| *take* | *talk* |

I taught my daughter to fly, and she really **took to** it. Now she's a commercial pilot.

내가 딸에게 비행기 조종법을 가르쳤다. 우리 아이는 그것을 무척 좋아했고 지금은 민간항공기의 조종사다.

0845

take to~ | (누군가, 뭔가가) 좋아지다, 습관이 되다

🔊 take a liking to~ ~가 좋아지다, 습관이 되다

commercial pilot 민간항공기의 조종사

The man I sat next to on the plane **talked my ear off** for three hours about his divorce.

비행기 안에서 내 옆자리에 앉았던 남자는 자신의 이혼에 대해 3시간이나 떠들었다.

0846

talk one's ear off | 일방적으로 떠들어대다

---

 talk someone's ear off의 ear는 말하는 사람이 아니라 듣는 사람의 귀라는 점에 주의하세요.

When Barry started his business, he **talked his head off** about it to everyone he met. That was his first advertising campaign.

배리는 자신의 사업을 시작했을 때 만나는 사람마다 그 사업에 대해 떠들어댔다. 그것이 그의 첫 홍보 활동이었다.

0847

talk one's head off | 떠들어대다

---

advertising campaign 홍보활동, 광고 캠페인

▌Helen was able to **talk** her client **into making** a big down payment on a luxury yacht.

헬렌은 그녀의 고객을 설득해 호화 요트를 구입하기 위한 거액의 계약금을 지불하게 하는 데 성공했다.

0848
talk (someone) into doing (something) | ~를 잘 설득해 ~하게 하다

🔁 talk someone out of doing something ~하지 않도록 누군가를 설득하다, 설득해 뭔가를 막다
yacht 요트

▌Tina's boss **talked** her **out of** resigning by promising her a big raise.

티나의 상사는 대폭적인 임금 인상을 약속해 그녀가 그만두는 것을 막았다.

0849
talk (someone) out of (something) | ~를 설득해 ~한 생각을 버리게 하다

▌Please don't mind what I've just said. I'm just **thinking out loud**.

내가 지금 한 말은 신경 쓰지 마. 내 생각을 그냥 말한 것 뿐이니까.

0850
think out loud | 생각한 것을 그대로 입 밖에 내다

▌The exorbitant price of the new fax machine made me **think twice** about buying it.

신형 팩스의 터무니없이 높은 가격 때문에 구입을 재고하게 되었다.

0851
think twice | 다시 생각하다, 생각을 바꾸다, 재고하다

🔁 think over 다시 생각하다
exorbitant (가격이나 수량 등이) 너무 높은[많은], 터무니없는

---

throw

I don't like working with Janey because her uncle is the CEO, and she **throws his name around** all the time to make herself look important.

나는 제니와 일하는 게 싫다. 자신을 대단하게 보이게 하기 위해 그녀의 삼촌이 최고경영자라는 점을 과시하고 다니기 때문이다.

0852

throw one's name around | 유명인과 친하다고 과시하다

🔁 put on airs 으스대다

Our guest of honor **threw** us **a curve** when she told us on the morning of the luncheon that she was a strict vegetarian.

오찬회 날 아침 모임의 주빈은 자신이 엄격한 채식주의자임을 밝혀 우리들을 곤혹스럽게 만들었다.

0853

throw (someone) a curve | 예상 밖의 태도로 상대를 곤란하게 하다

Do you want to keep this old sweater or **throw** it **away**?

이 낡은 스웨터는 보관할 거야, 아니면 버릴 거야?

0854

throw (something) away | 버리다, 처분하다, ~을 던져버리다

Please don't **throw out** today's newspaper. I haven't read it yet.

오늘 신문 버리지 마세요. 아직 안 읽었거든요.

0855

throw (something) out | 버리다, 추방하다, 해고하다

▌ My dog **threw up** on my car seat and I have to clean it up.
우리 개가 자동차 시트에 토하는 바람에 그것을 치워야만 한다.

> **0856**
> **throw up** | 토하다

🔊 vomit 토하다

▌ My computer screen is still frozen. I **tried turning** it off, but it won't go off.
▌ Shall I try unplugging it?
컴퓨터 화면이 아직도 멈춰 있다. 전원을 끄려고 해도 꺼지지 않는다. 코드를 뽑아야 할까?

> **0857**
> **try doing** (something) | 시도하다

▌ Ma'am, would you like to **try on** that dress in the fitting room?
사모님, 탈의실에서 그 드레스를 입어보시겠어요?

> **0858**
> **try** (something) **on** | (의류나 구두 등을) 입어보다

▌ **Try out** Vitamin X! If you aren't 100% satisfied, you pay nothing!
비타민X를 시험해 보세요. 만약 100% 만족하지 못하시면 돈을 안 내셔도 됩니다.

> **0859**
> **try** (something/someone) **out** | (신제품이나 신입사원 등을) 시험해 보다, 시운전하다

try	turn

Try to talk to Cathy again. We can't afford to lose her expertise on DTP.

캐시에게 다시 한 번 얘기해 봐. 우리는 그녀의 DTP 관련 전문 기술을 잃어선 안 된다.

0860
try to do (something) | (뭔가를 수행하기 위해) 어떤 노력을 하다

DTP (= desktop publishing) 데스크톱 퍼블리싱(책 편집, 디자인 등의 작업을 전부 컴퓨터로 하는 기술)

Steve wanted to buy the property adjacent to his horse farm, but his offer was **turned down** by the owner.

스티브는 자신의 말 목장 인근의 부동산을 매입하려고 했지만 소유자에게 거절당했다.

0861
turn (someone/something) down | (누군가의 신청 등을) 거절하다, (오디오 등의 음량을) 낮추다

---

adjacent to 가까운, 인접한

An inexperienced teacher may **turn off** his students with an overly exaggerated manner.

경험이 부족한 교사는 지나치게 과장된 태도로 학생들의 의욕을 꺾는 경우가 있다.

0862
turn (someone) off | (누군가를) 낙담시키다, 의욕을 없애다

---

inexperienced 미숙한, 경험이 부족한 / exaggerated 과장된

Can I **turn** you **on** to this great new software we developed for companies just like yours?

귀사와 같은 기업에 딱 맞게 새롭게 개발된 이 멋진 소프트웨어를 주목해 주시겠습니까?

0863
turn (someone) on | 흥미를 가지게 하다, (누군가에게) 의욕을 불러일으키다, 흥분시키다

Over 1,000 people **turned out** at the funeral of Ken Kierney, the great singer who died young.

천 명 이상의 사람들이 젊은 나이에 세상을 뜬 위대한 가수 켄 키아니의 장례식에 모였다.

The quality of the coffee crop this year **turned out** to be better than expected.

올해 수확된 커피의 품질은 예상보다 좋은 것으로 나타났다.

0864

turn out 1. (사람들이) 모이다, 참석하다, (공연이나 극장 등에) 입장하다
2. ~라는 결과가 되다

I feel we have finally **turned the corner** on this excavating project.

우리가 드디어 이 발굴 프로젝트의 고비를 넘긴 것 같다.

0865

turn the corner 위기 상황을 벗어나다, 고비를 넘기다

I can't find that note from Judy. If it **turns up**, let me know.

주디가 보낸 메모를 찾을 수가 없네. 혹시 찾으면 바로 알려줘.

0866

turn up (물건이) 나오다, (사람이) 나타나다

People kept **walking off with** the pen at the reception counter until we attached it to a clipboard.

우리가 펜을 클립보드에 붙여놓기 전에는 사람들이 접수 카운터에서 펜을 가지고 갔었다.

0867

walk off with (something) 뭔가를 가지고 도망치다, 무심코 가지고 가다

---

walk		wash

Sonia **walked out on** her partners and started her own cosmetics business.

소나는 공동 경영자들로부터 독립해 자신의 화장품 사업을 시작했다.

0868

walk out on (someone) | (배우자, 파트너로부터) 떠나다, 누군가를 버리고 가다

Don't forget to **walk the dogs** and feed them while I'm gone.

내가 없는 동안 개들을 산책시키고 먹이 주는 일을 잊지 마.

0869

walk the dog | 개를 산책시키다

※ I'll walk you to the station.은 '걸어서 역까지 바래다 줄게'라는 뜻입니다.

Will's been working between fifty and sixty hours a week recently. No wonder he looks **washed out**.

윌은 최근들어 한 주에 50에서 60시간씩 일하고 있다. 그가 피곤해 보이는 것도 무리는 아니다.

0870

washed out | 피곤에 지친, 기운이 없는

🔁 be worn out / be exhausted / be tired out 지친, 기진맥진한

Benson is all **washed up** at our company. I don't think he deserves another chance.

벤슨은 이제 우리 회사에서는 쓸모가 없다. 그에게 더 기회를 줄 이유가 없다고 생각한다.

0871

(be) washed up | (에너지, 재능 등을) 다 쓰다, (일 등에서 실패해) 더 이상 쓸모가 없다

| wear | win |

▌ Emma's enthusiasm for collecting stamps **wore off** as she grew up.
우표 수집에 대한 엠마의 열정은 그녀가 자라면서 점점 식어 갔다.

0872
wear off | (감정, 효과 등이) 점점 사라지다

enthusiasm 열정, 강한 흥미

▌ Gen stayed until after midnight, and he finally **wore out his welcome**. He was asked to leave.
겐은 자정이 지나도록 가지 않고 머물다가 집주인으로부터 돌아가라는 요청을 받았다.

0873
wear out one's welcome | (너무 오래 있어서) 환영받지 못하게 되다

※ one's welcome의 one은 초대된 쪽을 의미하므로 주의해야 합니다.

▌ After a bribery scandal, the government failed to **win a confidence vote**.
뇌물 스캔들이 터진 후 정부는 신임투표에서 패하고 말았다.

0874
win a confidence vote | 신임투표에서 승리하다

bribery 수뢰 / take a bribe 뇌물을 받다 / give a bribe 뇌물을 주다

▌ Jon Lorenz **won a reputation** as an excellent arbitrator in labor-management disputes.
존 로렌츠는 노사분규의 뛰어난 중재자로서 높은 평가를 얻었다.

0875
win a reputation | 높은 평가를 얻다, 좋은 평판을 얻다

arbitrator 조정자, 중재자 / labor-management dispute 노사분규

win	wipe

Ms. Jones **won** the election **by a hair**, and her opponent demanded a recount of the ballots.

존스 씨는 선거에서 아주 근소한 차이로 승리했고, 상대 후보는 재검표를 요구했다.

0876

win by a hair | (머리카락 하나 정도의) 근소한 차이로 승리하다

윤 win by a big margin 압승하다 | recount 재검표

When the opposing team failed to show up for the game, the home team **won by default**. 상대 팀이 시합에 나타나지 않았기 때문에 홈팀은 부전승을 거두었다.

0877

win by default | (상대방의 불참 등으로) 부전승을 거두다, 무투표 당선되다

show up 나타나다, 자리에 나오다 / default 결석, 기권

Don't forget to **wipe off** the dust before you turn on the projector.

프로젝터를 켜기 전에 먼지를 닦는 것을 잊지 말도록 하세요.

0878

wipe off | 깨끗하게 닦아내다

 비슷한 표현으로 wipe up이 있는데, 의미는 똑같이 '닦아내다'이지만 off는 평면적인 움직임, up은 상하의 움직임을 뜻합니다.

The lava flow from the volcano **wiped out** the entire neighborhood.

화산에서 흘러나온 용암류가 온 마을을 쓸어버렸다.

0879

wipe out (something) | 쓸어버리다, 흔적을 없애버리다, (컴퓨터 파일을) 삭제하다

윤 mudslide 토사류 | lava flow 용암류

---

work

▌ Quincy has **worked for** Echo Electronics as an engineer for eight years.

퀸시는 에코 일렉트로닉스 사에 엔지니어로 8년간 근무하고 있다.

> **0880**
> ## work for | (회사에) 근무하다

 work for는 보통 어떤 회사에 '고용되어 있다'라는 의미로 사용하는데, work at은 '~에서 일하고 있
다'는 뜻으로 작업 현장에 대해 말하는 경우가 많습니다.
I'm employed by the Temp Medical Staff but presently work at the Murrayhill Hospital.
(나는 템프 메디컬 스태프의 사원이지만 현재는 머레이힐 병원에서 일하고 있다.)

▌ Brian lost both arms in an accident and can no longer **work for a living**.

브라이언은 사고로 양팔을 잃었기 때문에 지금은 생계를 꾸릴 수 없다.

> **0881**
> ## work for a living | 생계를 위해 일하다, 생계를 꾸리다

▌ Janna **works for world peace** by teaching a seminar on conflict resolution.

제나는 분쟁 해결 세미나에서 강의를 함으로써 세계평화를 위해 공헌하고 있다.

> **0882**
> ## work for world peace | 세계평화를 위해 일하다

conflict solution 분쟁 해결

▌ I enjoy **working in** customer relations because I love helping people.

나는 다른 사람을 돕는 것을 좋아하기 때문에 고객 담당자로 일하는 것을 즐긴다.

> **0883**
> ## work in | (업종, 분야에서) 일하다

customer relations 고객 담당, 고객 관련

(*work*)

▌ The Children's Health Project **works in collaboration** with City Hospital.
아동 보건 프로젝트는 시립병원과 협력하고 있다.

0884
work in collaboration │ 협동작업을 하다, 협력하다

▌ Ladies! **Work off excess fat** in just twenty easy minutes a day with Wanda's Workout DVD!
여성 여러분! 완다의 운동 DVD를 이용해 하루 20분만에 쉽게 쓸모없는 지방을 태웁시다!

0885
work off excess fat │ 쓸모없는 지방을 운동 등으로 없애다

▌ When the housing market declined, we shut down our lumbermill and **worked off excess inventory** for a few weeks.
주택시장이 하락했을 때 우리 회사는 제재소를 폐쇄하고 몇 주간 지나치게 많은 재고상품을 처분했다.

0886
work off excess inventory │ 지나치게 많은 재고상품을 처분하다

▌ Our company is building a fitness center so employees can **work off steam** after work.
우리 회사는 사원들이 근무가 끝난 후 스트레스를 운동으로 해소할 수 있도록 피트니스 센터를 건설하고 있다.

0887
work off steam │ (욕구불만 등을) 운동으로 해소하다, 불만이나 분노를 발산시키다

339

❚ The dentist is **working on a patient** just now. May I give him a message?

치과의사 선생님은 지금 환자를 치료 중입니다. 제가 메시지를 남겨 드릴까요?

0888

work on a patient | 환자를 치료하다

🔁 treat a patient 환자를 치료하다

❚ I can't persuade Brown to help finance our start-up business. Can you **work on** him?

나는 브라운이 우리의 신규 사업에 투자하도록 설득할 수 없네요. 당신이 한번 해보지 않겠어요?

0889

work on (someone) | (누군가의 마음을 바꾸기 위해) 설득하다

❚ Sorry to hear things didn't **work out** between you and Dean.

당신과 딘의 사이가 잘 되지 않았다니 유감이에요.

0890

work out | (인간관계나 일이) 잘 되다, (체육관 등에서) 운동하다, (퍼즐이나 문제를) 풀다

❚ Sam **works the** night **shift** at the plant, so he hardly ever sees his wife.

샘은 공장에서 야간근무를 하고 있기 때문에 아내를 거의 보지 못한다.

0891

work shifts/the shift | 교대 근무를 하다, 주야 교대로 근무하다

---

work		write

▌ I need thirty minutes of your time tomorrow, if you can **work** it **in**.

혹시 시간이 되시면 내일 30분 정도 시간을 내주세요.

0892

work (something) **in** | 뭔가를 포함시키다, (일정 사이에) 다른 용건을 끼워넣다

▌ Joy's anti-aging cream **works wonders** for your skin!

조이의 노화방지크림은 당신의 피부에 기적을 일으킵니다!

0893

work wonders | 눈이 번쩍 뜨일 정도로 효과가 있다, (약이) 신통하게 잘 듣다

▌ You can **write off** your car as a business expense as long as it is registered and insured as a commercial vehicle.

업무용 차량으로 등록되어 있고 보험에 들어 있다면 당신 차를 회사 경비로 처리할 수 있습니다.

0894

write off (something) | 경비로 처리하다, (회수 불가능한 부채를) 결손 처리하다

---

commercial vehicle 업무용 차량.

▌ Jane's music teacher **wrote** her **off** as a failure, but she went on to become a successful opera singer.

제인의 음악 교사는 그녀를 실패작으로 생각했지만 그녀는 오페라 가수로 성공했다.

0895

write (someone) **off** | 틀렸다고 간주하다, 단념하다

▍ I bought a fax machine for my home business and **wrote** it **off my taxes**.
집에서 하고 있는 일 때문에 팩스를 구입해 세금 공제를 받았다.

0896

write (something) off one's taxes | 세금 공제를 받다, 면세를 받다

▍ The details are **written out** in the lease for the benefit of both landlord and tenant.
집주인과 임차인 양측의 이익을 위해 임대계약서에 자세한 설명이 적혀 있다.

0897

write out | 자세하게 설명하다

🔁 spell out 생략하지 않고 전부 기재하다

빈칸에 해당하는 숙어동사를 문장에 맞춰 형태를 바꿔 써넣으세요.

(제한시간 7분 30초)

1. The exorbitant price of the new fax machine made me
   _____ about buying it.

2. _____ to Cathy again. We can't afford to lose her
   expertise on DTP.

3. The man I sat next to on the plane _____ for
   three hours about his divorce.

4. Can I _____ you _____ to this great new software we
   developed for companies just like yours?

5. Helen was able to _____ her client _____
   a big down payment on a luxury yacht.

6. Over 1,000 people _____ at the funeral of Ken Kierney, the great singer who died young.

7. _____ Vitamin X! If you aren't 100% satisfied, you pay nothing!

8. Please don't _____ today's newspaper. I haven't read it yet.

9. The lava flow from the volcano _____ the entire neighborhood.

10. Emma's enthusiasm for collecting stamps _____ as she grew up.

11. People kept _____ the pen at the reception counter until we attached it to a clipboard.

12. I bought a fax machine for my home business and _____ my taxes.

13. Gen stayed until after midnight, and he finally _____ his welcome. He was asked to leave.

14. Ladies! _____ excess fat in just twenty easy minutes a day with Wanda's Workout DVD!

15. When the opposing team failed to show up for the game, the home team _____ .

힌트		
talk … into doing	think twice	throw out
talk one's ear off	try out	try to something
turn someone on	turn out	walk off with
write something off	wear out	wear off
win by default	wipe out	work off

해답은 422페이지에

345

Chapter 3
형용사·부사·전치사구

CD 32

I can't believe I forgot my reading glasses. I've become so **absent-minded** lately.

내가 독서용 안경을 까먹었다니 믿을 수가 없다. 요즘 들어 건망증이 심해졌다.

0898

absent-minded | 건망증이 심한, 딴 데 정신이 팔린

🔁 forgetful 건망증이 심한

reading glasses 독서용 안경, 돋보기

The union of electrical workers is demanding a 5% **across-the-board** pay raise for all its members this year.

전기업계 노동조합은 올해 조합원 전원의 일률적인 5% 임금 인상을 요구했다.

0899

across-the-board | 전면적인, 일률적인, 포괄적인

pay raise 임금 인상

We offer an **all-inclusive** tour of one full week in Hawaii for only 599 dollars.

모든 일정을 포함한 하와이 1주 여행 상품을 단돈 599달러에 제공합니다.

0900

all-inclusive | 모든 것을 포함한

Even if I needed to borrow money, I would ask my friends only **as a last resort**.

만약 돈을 빌려야 하더라도 친구에게 부탁하는 것은 마지막 수단이다.

0901

as a last resort | 마지막 수단으로

As a token of our appreciation, on behalf of everyone in the company I would like to present Greg Hollister with the Employee of the Year Award.

회사의 모든 직원을 대표해 감사의 표시로 그렉 홀리스터에게 올해의 사원상을 수여합니다.

> **0902**
> ## as a token of (something) | ~의 표시로, ~한 기념으로

on behalf of ~를 대표해, ~를 대신해

I understand your desire to work hard and succeed, but you shouldn't do so **at the expense of** your family.

네가 열심히 일해 성공하고 싶다는 열정은 알겠지만, 그것 때문에 가족을 희생해서는 안 된다.

> **0903**
> ## at the expense of (someone) | 누군가를 희생해서, 누군가에게 손해를 끼쳐서

Before I knew it, a car had run a stop signal at the intersection and almost crashed into me.

순식간에 차 한 대가 교차로의 정지신호를 무시하고 돌진해 하마터면 내 차와 충돌할 뻔했다.

> **0904**
> ## before someone knows it | 알아차릴 틈도 없이, 순식간에

run a stop signal 정지신호를 무시하다 / intersection 교차점

If the guilt of the defendant cannot be established **beyond a reasonable doubt**, the court has no choice but to let him go free.

피고의 죄가 의심의 여지없이 증명되지 않으면 법원은 그를 풀어줄 수밖에 없다.

> **0905**
> ## beyond a reasonable doubt | 의심의 여지없이

defendant 피고 / have no choice but~ ~할 수밖에 없다, ~밖에 선택의 여지가 없다

▌ I don't believe it! My **brand-new** jacket already has a tear in it.
말도 안 돼! 새로 산 재킷이 벌써 뜯어져 있어.

> **0906**
> **brand-new** │ 이제 막 완성한, 아주 새것의

※ **tear**(찢어지다)는 '눈물'과 철자는 같지만 발음은 다르니까 주의하세요.

▌ I'm going to be working in my study all afternoon, so **by all means** use my car to drive to the mall.
오늘 오후는 서재에서 줄곧 공부할 거니까, 쇼핑몰에 갈 때는 부디 내 차를 이용하세요.

> **0907**
> **by all means** │ 부디, 꼭

▌ **By and large**, Americans are much friendlier on first meeting than British people.
전반적으로 봤을 때 미국인은 처음 만났을 때 영국인보다 훨씬 더 친근한 느낌이다.

> **0908**
> **by and large** │ 전반적으로, 대략, 총체적으로

friendly 친절한, 친해지기 쉬운, 친숙한

▌ Larry is not very popular with his colleagues because he gives them the impression that he is willing to get to the top **by any means**.
래리는 동료 사이에서 그다지 인기가 없다. 무슨 수를 써서라도 출세하겠다는 인상을 주기 때문이다.

> **0909**
> **by any means** │ 어떤 수단을 써서라도, 무슨 짓을 해서라도

The costumes for tonight's play were made available **by courtesy of** Fitzgerald Theater.

오늘밤 연극의 의상은 피츠제럴드 극장의 후원으로 제공되었습니다.

0910

by courtesy of (someone) | (누군가의) 후원에 의해

For all I know, my boss could be secretly planning to sell the company.

내가 알기로는 내 상사는 회사를 은밀히 매각하려고 계획하고 있는 듯하다.

0911

for all I know | 내가 아는 한에서는, 내가 알기로는

🔊 as far as I know 내가 아는 한

For better or worse I'm going to sign the contract. This may be my last chance to stay in show business.

좋든 나쁘든 나는 계약서에 서명할 것이다. 이것이 내가 연예계에 남을 수 있는 마지막 기회일지도 모르니까.

0912

for better or worse | 좋든 나쁘든

Marilyn was so tired of the fast pace of New York that she decided to leave **for good** and start a new life in a small town.

메릴린은 뉴욕의 빠른 삶의 속도에 완전히 지쳐 영원히 그곳을 떠나 조그만 도시에서 새로운 생활을 시작하기로 했다.

0913

for good | 영원히

🔊 permanently 영구적으로, 영원히

Peter decided to turn down the offer of a professorship in another state **for his parents' sake**.

피터는 부모님을 위해 다른 주에서의 교수 초빙 제안을 거절하기로 했다.

> **0914**
> **for one's sake** | 누군가를 위해

turn down 단념하다, 거절하다

Are you going to join the Peace Corps **for real**?

너 정말 평화봉사단에 참가할 생각이야?

> **0915**
> **for real** | 정말, 진심으로

Shelley was **hands down** the best golfer in the competition, and fully deserved to win.

셸리는 경쟁자 중에서 누구나가 인정하는 최고의 골퍼였기 때문에 승리는 당연한 일이었다.

> **0916**
> **hands down** | 의심의 여지가 없는, 확실한

deserve to ~할 가치가 있다, ~되어 마땅하다, ~값을 하다

Ken is by nature a shy person and feels **ill at ease** when he has to attend social gatherings.

켄은 수줍음을 타고 나서 사교 행사에 참석해야 할 때면 거북함을 느낀다.

> **0917**
> **ill at ease** | 거북한, 불안한, 불편한

 hands down과 by nature 모두 수식하는 단어 앞에 붙는다는 점에 주의하세요.
hands down the best golfer 누구나 인정하는 최고의 골퍼
by nature a shy person 천성적으로 숫기 없는 사람

When Joanna heard her child crying, she ran down the stairs **in a flash** to see what was wrong.

아이의 울음소리를 들은 조앤나는 순식간에 계단을 뛰어내려가 뭐가 잘못되었는지 살폈다.

Chapter 03 | UNIT 24

> 0918
> ### in a flash | 곧바로, 순식간에

Zelda is **in a jam**. She borrowed money from a loan shark that charges 30% interest.

젤다는 곤란한 상황에 있다. 그녀는 고리대금업자로부터 30%의 이자를 떼는 사채를 빌렸다.

> 0919
> ### in a jam | 곤란한 상황에 빠지다

📗 in a bind / in a fix 어려운 상황에 있는, 이러지도 저러지도 못하는
loan shark 고리대금업자, 악덕 사채업자

Stay here. I'll be back **in a jiffy**.

여기 있어. 곧 돌아올 테니까.

> 0920
> ### in a jiffy | 곧, 순식간에

📗 in a wink 눈 깜빡할 사이에, 순식간에

There was an explosion, and **in a split second**, the previously calm street had become a scene of chaos.

폭발이 일어나자 그때까지 조용했던 시가지는 순식간에 엄청난 혼란에 빠졌다.

> 0921
> ### in a split second | 일순간에, 간발의 차이로, 순식간에

previously 이전에, 그때까지 / chaos 혼란, 혼돈, 대소동

You can take your vacation **in accordance with** company regulations on employee leave. 당신은 사규에 따라 휴가를 낼 수 있습니다.

0922

in accordance with | ~에 따라, ~대로

유 according to ~에 따라
company regulations 사규, 사칙

In consequence of the company reorganization, the research division moved to a new laboratory in a different part of the country.
회사의 조직개편 결과 연구 부서는 다른 지방에 있는 연구소로 이전했다.

0923

in consequence of (something) | ~의 결과로

reorganization 재편성, 조직개편, 구조조정

In consideration of the continuing growth of electronic communications, the publishing company decided to launch a computer-based learning system.
전자통신이 계속 발달하는 것을 고려해 그 출판사는 컴퓨터 기반의 학습시스템을 개발하기로 했다.

0924

in consideration of (something) | ~을 고려해, ~의 보수로서

 communications는 불가산 명사로 '전달', '보도'라는 의미가 있는데, 가산명사로는 복수형이 되어 '통신'이라는 의미를 지니게 되므로 주의하세요.

After the collapse of oil prices, the country's economy was **in crisis**.
유가가 폭락한 후 그 나라의 경제는 위기에 빠졌다.

0925

in crisis | 위기 상황에 놓인

Look at those black clouds up there. It looks like we're **in for** some nasty weather.

저기 먹구름을 봐. 어쩐지 날씨가 나빠질 것 같아.

> 0926
> **in for** (something) | 좋지 않은 상황 하에 있다

The Bergdorf Award for Clinical Research was created **in honor of** Dr. Julius F. Bergdorf, the former director of the Metropolitan Hospital.

임상연구 분야의 버그도프 상은 메트로폴리탄 병원의 전 이사인 줄리어스 F. 버그도프 박사의 업적을 기려 만들어졌다.

> 0927
> **in honor of** (someone) | 누군가의 업적을 기려, 누군가를 주빈으로 해서, ~을 기념해

In lieu of a pay raise, the company offered the staff an extra week's paid leave each year.

회사는 임금인상 대신 매년 1주간의 추가 유급휴가를 사원들에게 제안했다.

> 0928
> **in lieu of** (something) | ~을 대신해

🔁 instead of something ~대신에

The proverb says you can't make an omelette without breaking eggs. **In other words**, you can't create something new without destroying something old.

옛말에 달걀을 깨지 않고 오믈렛을 만들 수 없다는 말이 있다. 바꿔 말하면 낡은 것을 타파하지 않으면 새로운 것을 창조할 수 없다는 말이다.

> 0929
> **in other words** | 바꿔 말하면, ~라고 하는 것은

In round figures, it will probably cost you at least $300,000 to buy a two-bedroom apartment in the downtown area.

중심가에서 방 2개짜리 아파트를 사려면 적어도 30만 달러는 들것이다.

0930
in round figures/numbers | 어림잡아

Doctors are worried because fresh water is **in short supply** in the earthquake-affected area.

의사들은 지진 피해지역에서 담수 공급이 부족한 점을 우려하고 있다.

0931
in short supply | 물품이, 부족한

Terry played baseball **in spite of** his doctor's advice to rest, and ended up making his injury worse.

테리는 의사가 쉬라고 했음에도 불구하고 야구를 계속해 부상을 악화시키는 상황을 만들었다.

0932
in spite of | ~임에도 불구하고, ~에도 굴하지 않고

end up doing ~하는 지경이 되다

In terms of historical interest, Rome is one of the world's greatest cities.

역사적인 관점에서 말하자면 로마는 세계에서 가장 위대한 도시 중 하나다.

0933
in terms of (something) | ~로 말하자면, ~의 관점에서 보면

After long years of recession, many analysts say they feel a new sense of business confidence **in the air**.

많은 분석가들은 오랜 불황 끝에 업계에 새로운 경기 회복 조짐이 보인다고 말한다.

> **0934**
> ### in the air | ~라는 분위기가 있다

business confidence 경기 회복 분위기

The CEO told the board members not to worry because the deal to acquire their main rival was **in the bag**.

최고경영자는 임원들에게 경쟁 기업 매수에 관한 거래는 성립된 것이나 마찬가지이므로 걱정하지 말라고 했다.

> **0935**
> ### in the bag | 손에 넣은 것이나 마찬가지인, 확실한

acquire 손에 넣다, 획득하다, 매수하다

Some business leaders love being **in the limelight**, while others prefer to work behind the scenes.

비즈니스계의 리더들 중에는 사람들의 주목을 받는 것을 좋아하는 사람이 있는 반면, 남몰래 일하기를 좋아하는 사람도 있다.

> **0936**
> ### in the limelight/spotlight | 모두의 주목을 끄는, 눈에 띄는

The coffee machine in our office is not **in working order**. Let's go to Starbucks on the corner.

사무실 커피 자판기가 고장 났으니 길 모퉁이의 스타벅스에 가자.

> **0937**
> ### in working order | (기계 등이) 제대로 작동하는

Fred was really embarrassed when he discovered he had been wearing his sweater **inside out** the whole day.

프레드는 하루 종일 스웨터를 뒤집어 입고 있었다는 사실을 깨닫고 몹시 부끄러워했다.

0938

inside out | (의복이) 앞뒤가 뒤집힌

---

embarrassed 당황스러운, (뭔가에 실패해) 창피한

I go to the gym **off and on**, but I really need to exercise more regularly if I want to lose weight.

체육관에 가다 말다 하는데 정말 살을 빼고 싶다면 좀 더 규칙적으로 운동해야만 한다.

0939

off and on | 때때로, 가끔

George is really convinced that his economic forecast for next year is accurate, but I think he's a long way **off base**.

조지는 자신의 내년도 경제 전망이 정확하다고 확신하지만 나는 그가 완전히 빗나갔다고 생각한다.

0940

off base | 표적에서 벗어난, 현실적이지 않은

---

accurate 정확한

The finance minister thought he was speaking to reporters **off the record**, and so he was shocked to see his words quoted in the following day's newspapers. 재무장관은 보도진에게 비공개를 전제로 말했다고 생각했는데 자신의 발언이 다음 날 신문에 실린 것을 보고 큰 충격을 받았다.

0941

off the record | 비공식적으로, 비공개로

finance minister 재무장관

The **per capita** income of the region has increased enormously since oil was discovered there five years ago.
5년 전에 석유가 발견된 이후로 이 지역의 일 인당 수입은 엄청나게 증가했다.

0942

per capita | 일 인당

per capita income 일 인당 수입

빈칸에 해당하는 어구를 써넣으세요. (제한시간 7분 30초)

1. _____ our appreciation, on behalf of everyone in the company I would like to present Greg Hollister with the Employee of the Year Award.

2. Are you going to join the Peace Corps_____ ?

3. _____ the company reorganization, the research division moved to a new laboratory in a different part of the country.

4. After the collapse of oil prices, the country's economy was _____ .

5. The union of electrical workers is demanding a 5% _____ pay raise for all its members this year.

6. Marilyn was so tired of the fast pace of New York that she decided to leave _____ and start a new life in a small town.

7. I don't believe it! My _____ jacket already has a tear in it.

8. Zelda is _____ . She borrowed money from a loan shark that charges 30% interest.

9. The proverb says you can't make an omelette without breaking eggs. _____, you can't create something new without destroying something old.

10. The _____ income of the region has increased enormously since oil was discovered there five years ago.

11. Look at those black clouds up there. It looks like we're _____ some nasty weather.

12. _____ the continuing growth of electronic communications, the publishing company decided to launch a computer-based learning system.

13. _____ historical interest, Rome is one of the world's greatest cities.

14. Doctors are worried because fresh water is _____ in the earthquake-affected area.

15. I go to the gym _____ , but I really need to exercise more regularly if I want to lose weight.

해답은 423페이지에

Unit 25

Vera was down **on all fours** in the bathroom looking for the contact lens she dropped.

베라는 화장실에서 떨어뜨린 콘택트렌즈를 찾으려고 네발로 기어 다녔다.

> **0943**
> **on all fours** | 손과 발로 기어 다니며

On behalf of all the members of the department, I'd like to congratulate Harriet on being awarded a Ph. D.

부서원 모두를 대표해 해리엇이 박사학위를 받은 것을 축하합니다.

> **0944**
> **on behalf of** (someone) | ~를 대신해서, 대표로

Tom was feeling **on edge** because his boss said he wanted to see him to discuss his performance appraisal.

톰은 상사가 그의 근무 평점에 대해 함께 이야기하자고 말했기 때문에 매우 초조해 있었다.

> **0945**
> **on edge** | 긴장한, 초조한, 신경질적인

I'm **on good terms with** everyone in the office except for Robert. For some reason, he doesn't seem to like me.

나는 로버트를 제외하고 사무실 사람 모두와 친하다. 무슨 이유 때문인지 그는 나를 좋아하지 않는 것 같다.

> **0946**
> **on good terms with** (someone) | 누군가와 우호적인 관계의

I wanted to buy the pirated DVD because it was so cheap, but **on second thought**, decided that it would be wrong.

그 해적판 DVD가 너무 싸서 사고 싶었지만 다시 생각해보니 그건 나쁜 일이라는 결론을 내렸다.

0947

on second thought | 다시 생각하면, 생각해 보면

---

pirate 해적판

It may not look serious **on the face of** it, but the loss could be fatal to our company.

표면적으로는 심각하게 보이지 않지만 그 손실은 우리 회사에 치명적일 수 있다.

0948

on the face of (something) | 표면적으로는, 겉보기로는

---

fatal 치명적인, 죽음에 이르는

Jerry is always boasting of his good political connections, but I'm not sure he's **on the level**.

제리는 항상 자신이 얼마나 정치가들과 친분이 있는지를 자랑하지만 그의 말이 사실인지는 확실치 않다.

0949

on the level | 정직한, 사실의, 있는 그대로의

---

boast 과시하다, 자랑하다 / political connections 정치적인 친분

I went into the used book store **on the off-chance** it might have the out-of-print book I'd been looking for.

내가 찾고 있는 절판본이 혹시 있을지도 모른다는 생각에 그 헌책방으로 들어갔다.

0950

on the off-chance | 혹시나 하고, 요행을 바라며

---

out-of-print book 절판본

Old banknotes are regularly taken **out of circulation** and replaced with newly printed ones.

낡은 지폐는 정기적으로 시장에서 거둬들여 새로 인쇄된 지폐로 대체된다.

0951

out of circulation | 시장에 없는, 사용되지 않는

Even if you don't like the present your uncle gave you, you should send him a thank-you letter **out of courtesy**.

삼촌이 준 선물이 마음에 들지 않더라도 예의상 감사편지를 쓰는 게 좋다.

0952

out of courtesy | 예의상, (단순한) 호의에서

You should buy a flat screen for your computer. Those thick old screens are so **out of date**.

너는 컴퓨터용 평면 스크린을 사야만 한다. 그 두껍고 낡은 스크린은 시대에 너무 뒤처졌다.

0953

out of date | 유행에 뒤처진, 낡아빠진

Sandy's teacher told her to improve her behavior, and that if she stepped **out of line** once more, she would be suspended from school.

선생님은 샌디에게 품행을 바르게 하라고 말했다. 그리고 만약 한 번 더 규칙을 어기면 그녀를 정학처분 시키겠다고 했다.

0954

out of line | 규칙에서 벗어난, (넘지 말아야 할) 선을 넘은

---

behavior 행동, 태도, 행실 / be suspended (학교에서) 정착처분을 받다, (형이) 집행유예가 되다

▌ The elevator will be **out of service** for maintenance until 10 o'clock.

엘리베이터는 보수 점검을 위해 10시까지 가동하지 않습니다.

0955

out of service | (수송기관 등이) 운행 정지 중인

---

maintenance 보수 점검

▌ Granny used to say, "Good fortune doesn't just drop **out of the clear blue sky**. You have to earn it by working hard."

할머니는 이렇게 말씀하시곤 하셨다. "행운은 갑자기 생기는 것이 아니란다. 너는 그것을 얻기 위해 열심히 일해야만 한단다."

0956

out of the clear blue sky | 갑자기, 난데없이, 청천벽력처럼

▌ Three members of our skating team were **out of the running** after the first meet.

우리 스케이트 팀 멤버 중 세 명은 1차 예선에서 탈락했다.

0957

out of the running | (스포츠 경기 등의 예선에서) 떨어진, 승산이 없는

🔄 in the running (예선을) 통과한, 승산이 있는

▌ I think Joe is really going **out on a limb** with his plans to expand his company so rapidly.

자신의 회사를 아주 빨리 확장시킬 계획을 가지고 있는 조가 내게는 위험하게만 보인다.

0958

out on a limb | 위험한 상황에

Now that Frank is married with children, his days of going **out on the town** every weekend are over.

이제 프랭크는 결혼해서 아이가 있기 때문에 주말마다 시내로 놀러 나오는 일은 끝이다.

0959

out on the town | 외출해서 놀고 마시는

Let's get our work **over and done with**, and then we can relax and have coffee.

이제 이 일을 모두 끝내고 느긋하게 커피라도 마시자.

0960

over and done with | (일 등이) 모두 끝난

Bill found the lecturer's explanation was **over his head** because he didn't understand many of the technical terms.

빌은 상당수의 전문용어를 이해할 수 없었기 때문에 그 강사의 설명을 거의 이해할 수 없었다.

0961

over one's head | (누군가의) 이해력을 뛰어넘은, (너무 어려워서) 이해할 수 없는

The contents of this package are fragile, so make sure to carry it **right side up**.

이 소포의 내용물은 쉽게 깨지기 때문에 반드시 표면을 위로 해서 운반해 주세요.

0962

right side up | 표면을 위로 해서, 위를 향해

fragile (물건이) 깨지기 쉬운, (사람이) 섬세한

367

The police kept the house under **round-the-clock** surveillance in case the suspects returned.

용의자들이 돌아올 경우를 대비해 경찰은 그 집을 24시간 감시체제 하에 두었다.

0963

round-the-clock | 24시간 계속, 밤낮없이

---

surveillance 감시, 정찰 / suspect 용의자

I was relieved to hear that Rob returned **safe and sound** from his journalistic assignment in Afghanistan.

나는 롭이 아프가니스탄에서의 보도 임무를 마치고 무사히 귀국했다는 소식을 듣고 안심했다.

0964

safe and sound | 무사하고 건강한

---

journalistic assignment 보도 관련 임무

I am **second to none** in my admiration for Mr. Nelson Mandela and all that he has done for the people of South Africa.

나는 넬슨 만델라 씨와 그가 남아프리카공화국의 국민들을 위해 행한 모든 것에 대해 무엇과도 비교할 수 없는 경의를 갖고 있다.

0965

second to none | 누구에게도 지지 않는, 비교할 바 없는

---

admiration 찬양, 동경

> Twenty years ago, it was almost impossible to work in a **smoke-free** environment, but nowadays, smoking is banned in every workplace.

20년 전에는 금연 환경에서 일하기가 거의 불가능했는데 요즘은 모든 직장에서 흡연이 금지되고 있다.

0966
smoke-free | 금연의, 연기가 나지 않는

 smoke-free처럼 free가 뒤에 올 때는 salt-free diet(무염식)처럼 '금지, ~을 빼고'라는 뜻이 됩니다. 그러나 free가 앞에 오면 free ride(무료 승차)처럼 '무료의'라는 뜻이 됩니다.

> Rebecca used her year-end bonus to buy a **state-of-the-art** computer system.

레베카는 연말 보너스로 최신 컴퓨터를 샀다.

0967
state-of-the-art | 최신의

> This design software allows you to create a **three-dimensional** image and view from whichever angle you like.

이 디자인용 소프트웨어는 3차원 이미지를 만들 수 있어서 원하는 각도 어디에서나 볼 수 있습니다.

0968
three-dimensional | 입체적인, 3차원의

🔁 two-dimensional 평면적인, 2차원의

The blaze was so fierce that the firefighters' efforts were **to no avail**, and the building was completely destroyed.

불길이 너무 강해서 소방관이 노력한 보람도 없이 빌딩은 완전히 붕괴되었다.

> 0969
> ## to no avail │ 쓸모 없이, 보람 없이

fierce 격렬하다, 거칠다

To Carla's disappointment, she failed to win first prize in the photography competition.

실망스럽게도 칼라는 사진 콘테스트에서 1등상을 받지 못했다.

> 0970
> ## to one's disappointment │ 유감스럽게도, 실망스럽게도, 안됐지만

competition 경쟁, 경연

During the depression, it was **touch and go** whether our company survived, but now it is becoming more stable.

불황 때 우리 회사가 살아남을 수 있을지 없을지 모를 위험한 지경이었는데 지금은 훨씬 안정되었다.

> 0971
> ## touch and go │ 위험한, 일촉즉발의

🔁 risky 위험한 / precarious 불안정한, 위험한
stable 안정된

The CEO concealed the losses from the shareholders, and **under the circumstances**, he has no choice but to offer his resignation.

최고경영자는 주주들에게 손실액을 은폐했다. 이런 상황에서 그는 사임하는 수밖에 선택의 여지가 없다.

> 0972
> ## under the circumstances | 그런 상황에서

conceal 은닉하다. 은폐하다 / loss 손실. 손해 / resignation 사직. 사임 / resign 사직하다. 사임하다

The politician lost his position when it was discovered he had been taking **under-the-table** payments from construction companies.

그 정치가는 건축회사들로부터 몰래 뇌물을 받았다는 사실이 탄로나 자신의 지위를 잃었다.

> 0973
> ## under-the-table | 비밀의, 은밀한

Meg is always **up and about** long before her husband every morning.

멕은 매일 아침 남편보다 훨씬 전에 일어나 활동하기 시작한다.

> 0974
> ## up and about | 활기차게 움직이며 돌아다니는

After all the mistakes made by FGF Corporation, the price of the stock of the company was **up for grabs**.

FGF 코포레이션이 수많은 실수를 저지른 결과 회사의 주가는 헐값이 되었다.

> 0975
> ## up for grabs | 마음대로 골라잡을 수 있는, (가격이) 공짜에 가까운

Despite hours of discussing a possible merger, no decision has been reached. The fate of the company is still **up in the air**.

합병 가능성에 대한 오랜 논의에도 불구하고 결론에 도달하지 못해 회사의 운명은 여전히 결정되지 않고 있다.

0976

up in the air | 아직 결정되지 않은, 공중에 뜬, 어떻게 될지 모르는

merger 합병, (기업의) 흡수 / merge 합병하다, 흡수하다 / fate 운명

 despite는 in spite of와 달리, of가 붙지 않는다는 점에 주의하세요.
Despite the doctor's advice, Terry played baseball.
의사의 경고에도 불구하고 테리는 야구를 했다.

Rather than spend a lot of money on buying some works by established artists, I decided to take a risk and buy some works by some **up-and-coming** new painters. 나는 기성 화가의 작품에 돈을 쓰기보다 현재 성장 중인 신진 화가들의 작품을 구입하기로 결정했다.

0977

up-and-coming | 신흥의, 신진의, 지금 팔리기 시작한

rather than ~보다 오히려, 그보다 / works (복수형으로) 작품 / established 이미 유명한, 기성의

Al asked if he could take the afternoon off work as he was not feeling **up to par** that day.

알은 컨디션이 좋지 않아 오후 일은 쉬어도 되냐고 물었다.

0978

up to par | 표준에 달하는, (몸 상태가) 좋은

take off work 일을 쉬다

I often see Tony and Pedro whispering in a corner. I'm sure they're **up to** something.

토니와 페드로가 구석에서 소곤거리는 것을 자주 본다. 그들은 틀림없이 뭔가를 꾸미고 있다.

0979

up to (something) | 뭔가를 꾸미고 있는, 뭔가를 만들려고 하고 있는

When the cars reach the top of the roller coaster, they are actually traveling **upside down**.

(열차) 차량이 롤러코스터의 맨 꼭대기에 올라갔을 때 그것은 사실 거꾸로 움직이는 셈이다.

0980

upside down | 거꾸로

---

car (열차에 연결된) 차량

If you want to cycle all year round, you will need a good set of **waterproof** clothing.

1년 내내 사이클링을 할 거라면 품질 좋은 방수복이 필요할 것이다.

0981

waterproof | 방수의

---

cycle 자전거를 타다 / all-year-round 1년을 통틀어, 1년 내내

This beautiful silk dress will stay beautiful forever because it is **water-repellent**. All you have to do is just wipe off the dust.

이 아름다운 실크 드레스는 발수 가공되었기 때문에 그 아름다움이 영구히 보존됩니다. 당신이 할 일은 먼지를 털어내는 것뿐입니다.

0982

water-repellent | 발수성의, 물이 잘 스며들지 않는

---

all you have to do 필요한 것은 ∼하는 것뿐 / wipe off (먼지 등을) 털어내다

She's not with it today. At her age, she has her good days and bad days.

오늘은 그녀의 머리가 잘 돌아가지 않고 있다. 그녀 나이쯤 되면 좋은 날도 나쁜 날도 있다.

> **0983**
> **with it** | 이해가 빠른, 최신 지식을 가지고 있는

at her age 그 나이가 되면

Mary borrowed my cashmere sweater without so much as asking my permission.

메리는 허락도 받지 않고 내 캐시미어 스웨터를 빌려갔다.

> **0984**
> **without so much as** | 최소한도로 필요한 일을 하지 않고

That apartment is very expensive but I think it's worth it. If I buy it now, it will definitely go up in value.

그 아파트는 비싸지만 살만한 가치가 있다고 생각해. 지금 사두면 반드시 가격이 오를 거야.

> **0985**
> **worth it** | (그만한) 가치가 있는

🔊 worth one's time 시간을 쓸 가치가 있는
go up in value 가격이 인상되다, 가치가 오르다

Check Test

빈칸에 해당하는 어구를 써넣으세요. (제한시간 7분 30초)

1. Old banknotes are regularly taken _____ and replaced with newly printed ones.

2. _____ all the members of the department, I'd like to congratulate Harriet on being awarded a Ph. D.

3. I wanted to buy the pirated DVD because it was so cheap, but _____ , decided that it would be wrong.

4. The elevator will be _____ for maintenance until 10 o'clock.

5. Let's get our work _____ , and then we can relax and have coffee.

6. I'm _____ everyone in the office except for Robert. For some reason, he doesn't seem to like me.

7. You should buy a flat screen for your computer. Those thick old screens are so_____ .

8. I was relieved to hear that Rob returned _____ from his journalistic assignment in Afghanistan.

9. Three members of our skating team were _____ after the first meet.

10. Rebecca used her year-end bonus to buy a _____ computer system.

11. The CEO concealed the losses from the shareholders, and _____ , he has no choice but to offer his resignation.

12. I often see Tony and Pedro whispering in a corner. I'm sure they're _____ something.

13. The contents of this package are fragile, so make sure to carry it _____.

14. This beautiful silk dress will stay beautiful forever because it is _____. All you have to do is just wipe off the dust.

15. Despite hours of discussing a possible merger, no decision has been reached. The fate of the company is still _____ .

on good terms with	on second thought	out of circulation
out of the running	out of date	on behalf of
out of service	over and done with	right side up
state-of-the-art	under the circumstances	
water-repellent	up in the air	
safe and sound	up to	

해답은 423페이지에

Chapter 4

관용표현

0986 ... 1047

Unit 26

Oh, no! I just accidentally deleted this entire document! **Back to square one**.

이런, 큰일 났네! 실수로 서류를 모두 삭제해버렸어! 처음부터 다시 해야 해.

0986

back to square one | 원점으로 돌아가다, 처음부터 다시 시작하다

---

accidentally 실수로 / **delete** 삭제하다

Poor Toby has **been at wit's end** since the editor moved up the deadline. Now he has to stay up all night to get his story in on time.

편집자가 마감을 앞당겼기 때문에 불쌍한 토비는 어쩔 줄 몰라 했다. 이제 그는 원고를 마감에 맞추기 위해 밤을 새워야만 한다.

0987

be at (one's) wit's end | 어쩔 줄 모르다, 난처하다

---

get (his story) in (원고를) 입고하다, 제출하다

Your coffee makers are the best on the market. **Be that as it may**, they are way out of my price range.

귀사의 커피메이커는 시장에서 최고입니다. 하지만 그렇다고 해도, 제 예산 범위를 훨씬 뛰어넘는군요.

0988

be that as it may | (당신이) 말한 대로일지 모르지만, 그야 그럴지도 모르지만

---

out of one's price range 예산 범위를 넘다

> Daphne is expecting a baby in January. And I **was wondering if** you might be interested in chipping in for a baby shower.

대프니가 1월에 아이를 낳을 예정이에요. 다 같이 돈을 모아 아이용품을 선물하려고 하는데 당신도 관심이 있으신가 해서요.

> **0989**
> ## be wondering if~ | ~할까 어떨까 생각하고 있는데, ~하지 않겠습니까

baby shower 아이를 낳는 사람에게 선물을 주는 파티
🔄 bridal shower 결혼하는 사람에게 여럿이 모여 선물을 주는 파티

> A: What time is this train supposed to arrive?
> B: **Beats me**. The announcements just keep saying it's delayed.

A: 이 열차는 몇 시에 도착합니까?
B: 저도 모르겠습니다. 차내 방송에서는 계속 지연된다고만 하네요.

> **0990**
> ## beats me | (어떤 것인지) 모르다, 이해할 수 없다, 짐작이 가지 않다

"오늘 밤 나와 함께 외출하지 않을래요?"처럼 다른 사람에게 권유하는 표현은 다음과 같은 것들이 있습니다. 위에서부터 정중한 순으로 나열한 것입니다.

1. I was wondering if you would like to go out with me tonight.
2. Would you like to go out with me tonight?
3. How about going out with me tonight?
4. Why don't you go out with me tonight?

> The small grocery stores on Main Street **can't cut it** because they are losing business to that new supermarket.

메인스트리트에 있는 작은 식료품 가게는 이제 잘 안 되겠지. 새로운 슈퍼마켓에 판로를 빼앗겼으니까.

> **0991**
> ## can't cut it | (그 일을 할 만큼의) 능력이 없다

▌ I **can't help betting** on horses even though I've been losing lots of money.
큰돈을 잃고 있는데도 경마에 돈을 거는 일을 그만둘 수 없다.

> **0992**
> **can't help doing** | ~하지 않을 수 없다, 그만두려고 해도 그만둘 수가 없다

🔄 can't stop doing~ ~하는 것을 멈출 수가 없다

▌ I **can't stand** this coffee. It tastes like mud!
이 커피는 참을 수 없어. 맛이 흙탕물 같아.

> **0993**
> **can't stand** (someone/something) | (누군가, 뭔가가) 참을 수 없을 정도로 싫다

▌ **Come October**, the mountains burn red with all the leaves turning colors.
10월이 되면 산들은 단풍으로 붉게 물든다.

> **0994**
> **come** (October) | (10월이) 되면

※ October 자리에 어떤 달을 넣어도 무방합니다.

▌ You're going to fly to Frankfurt and then fly right back to Tokyo the next day? **Come off it!** That's crazy!
비행기를 타고 프랑크푸르트로 가자마자 곧바로 도쿄로 간다고? 그만둬! 미친 짓이야!

> **0995**
> **come off it** | 그런 짓은 그만둬

Come rain or shine, I expect to see all of you on the soccer field tomorrow at 9:00 a.m. sharp!

무슨 일이 있어도 너희들은 전원 내일 오전 정각 9시까지 축구장에 모이길 바란다.

0996
come rain or shine │ 날씨가 좋건 나쁘건, 무슨 일이 있어도

 expect를 사용한 표현은 I expect your attendance.(너는 출석해야만 한다.)처럼 명령형이 되므로 사용할 때 주의하셔야 합니다.

Trade shows are the best places to find out about your competitors. **Come to think of it**, there's going to be one next month in Seattle. Can you go?

신제품 발표회는 경쟁 기업에 대한 정보를 얻기에 최고의 장소다. 그리고 보니 다음 달에 시애틀에서 하나 열리네. 너도 갈 수 있니?

0997
come to think of it │ 생각해 보니, 그리고 보니

Come what may, we have to reduce our work force by 15%. We have no choice.

어떤 일이 있어도 우리 회사는 인력을 15% 줄여야 한다. 다른 선택의 여지가 없다.

0998
come what may │ 어떤 일이 있어도

work force 인력, 노동력

We opened three new stores in Chicago this year, and they're all doing great. Everything's **coming up roses**.

올해 우리 회사는 시카고에 3개 점포를 신규 개설했는데 모두 잘 되고 있다. 모든 것이 순조롭다.

0999
come up roses │ 모든 것이 좋아지다, 성공하다, 잘나가다

It **costs an arm and a leg** to play golf in Japan. Let's go to Hawaii instead.
일본에서 골프를 치려면 무척 비싸요. 대신 하와이로 갑시다.

1000

cost an arm and a leg | (비용이) 매우 비싸다, 많은 돈이 들다

Jill, I **don't care if** you hate carrots. You have to eat them or you'll have no supper. 질, 네가 당근을 싫어한다고 해도 상관없어. 안 먹겠다면 저녁은 없어.

1001

don't care if~ | ~라도 상관없다, 신경 쓰지 않다

We are giving away 20% off coupons today on a **first-come first-served** basis. 오늘 선착순으로 20% 할인 쿠폰을 나눠드립니다.

1002

first-come first-served | 선착순

Look at how that guy cut in line up ahead! I'm going to **give** him **a piece of my mind**. 저기 줄 앞쪽에서 새치기를 하는 남자를 봐! 내가 한마디 해야겠어.

1003

give a piece of one's mind | 한마디 하다, 설교하다, 잔소리를 하다

📢 tell someone off 질책하다

Lenny left his dog out in the cold with no food or water for three days. Yesterday, the dog bit him. I think he **had it coming**.
레니는 사료도 물도 주지 않고 개를 사흘이나 밖에 방치했다. 어제 개가 그를 물은 것은 자업자득이라고 생각한다.

1004

have it coming | 인과응보다, 자업자득이다

This ad says I'll get my money back if I'm not satisfied, so I'm going to send in my check. I **have nothing to lose**, right?

만족하지 않으면 환불해준다고 광고에 써 있으니까 수표를 보내 볼래. 손해 볼 건 없으니까, 안 그래?

1005
have nothing to lose | 밑져야 본전이다, 손해 볼 건 없다

🔁 No harm trying 밑져야 본전이다

The new guy in marketing asked me for a date. I was about to **hit the ceiling**. I don't even know his name!

마케팅 부서에 새로 들어온 남자가 내게 데이트를 신청했어. 정말 화가 났어. 나는 그의 이름조차 모르거든!

1006
hit the ceiling | 격노하다, (물가나 주가 등이) 하늘 높은 줄 모르고 폭등하다

A: Do you think we can get on an earlier flight?
B: I doubt it, but **it can't hurt to try**.

A: 우리가 좀 더 빠른 시간대의 비행기를 탈 수 있을까?
B: 글쎄, 하지만 밑져야 본전이니까 해보자.

1007
it can't hurt to try | 해봐야 손해 볼 거 없다, 해보기나 하다

It goes without saying, but if you want to keep your job, you'll have to start coming to work on time.

두말할 필요도 없지만 네가 이 일을 계속하고 싶다면 정시에 출근해야 할 거야.

1008
it goes without saying, but~ | 말할 필요도 없지만, 당연한 말이지만

It looks as if this country is going to war. We should evacuate before it's too late. 이 나라는 전쟁을 시작할 것 같다. 우리는 너무 늦기 전에 피신해야 한다.

1009

it looks as if~ | ~할 것 같이 보이다

---

evacuate (위험으로부터) 피난하다, 철수하다, 떠나다

I'll show you how to program your new phone. **It's a cinch.**
새 전화기를 프로그래밍하는 방법을 가르쳐 줄게. 아주 간단해.

1010

it's a cinch | 간단한 일이다, 거뜬하다, 식은 죽 먹기다

---

cinch 쉬운 일, 확실한 것

A: Here comes Carolyn running up the stairs.
B: **It's about time** she showed up. We've been waiting about half an hour.
A: 저기 캐롤린이 계단을 뛰어올라오네.
B: 드디어 모습을 드러냈군. 우리들은 벌써 30분이나 기다리고 있었는데.

1011

it's about time~ | 드디어 ~하다

🔊 finally, at last 마침내, 드디어

A: I hate to ask, but could you pick up the printer at the repair shop for me?
B: Sure. **It's no big deal.**
A: 미안하지만 수리점에서 프린터 좀 찾아 올래?
B: 물론이지. 별일도 아닌데.

1012

it's no big deal | 큰 문제도 아니다, 쉬운 일이다

If a customer cancels an order, **it's not the end of the world**. There will be hundreds more orders.

손님이 주문을 취소해도 그걸로 세상이 끝나는 건 아니다. 그보다 백 배 더 많은 주문이 올 테니까.

1013

it's not the end of the world │ (그걸로) 세상이 끝난 게 아니다

🔊 Tomorrow's another day. 내일은 내일의 태양이 뜰 거야.

No, no. Put away that wallet. Today's your birthday, so **it's on me**.

어, 안 돼. 지갑은 넣어둬. 오늘은 네 생일이니까 내가 낼게.

1014

It's on me. │ 내가 계산할게.

'내가 낼게/계산할게/한턱낼게'라는 뜻으로 자주 사용하는 표현들을 기억해두세요.
It's my treat.
Let me pick up the tab.
'각자 내자'라는 표현은 다음과 같은 것들이 있습니다.
Let's split the bill.
Let's go down the middle.
Let's go fifty-fifty.
Let's get separate checks.
Let's go Dutch. 도 같은 뜻이긴 하지만 차별적인 표현이라 사용하지 않습니다. 영국은 네덜란드와 전쟁을 한 적이 있기 때문에 네덜란드인을 구두쇠로 매도했고 그래서 이런 표현이 생긴 겁니다.

They haven't decided on a site for the trade show yet. **It's still up in the air**.

그들은 아직 신제품 발표회의 장소를 결정하지 못했다. 계획은 아직 정해지지 않았다.

1015

it's still up in the air │ 아직 결정되지 않았다, 아직 구체적이지 못하다

It **might not hurt** to bring flowers or something when you go to the Condon's Thanksgiving dinner.

콘든 가의 추수감사절 만찬에 갈 때는 꽃 같은 것을 가져가는 게 좋다고 생각한다.

1016
might not hurt | 나쁘지 않을 것이다

A: Oh, look! You got another love-mail from George!
B: Hey, **mind your own business**!

A: 야, 이것 봐. 너 또 조지에게서 연애편지를 받았구나!
B: 이봐, 네 일이나 신경써!

1017
Mind your own business. | 참견 마, 네 일이나 신경써.

None of your business. 너랑은 상관없는 일이야

Our grandma has a bad leg, but she **doesn't let it stop** her **from going** places.

할머니는 다리가 불편하신데도 계속 여기저기 돌아다니신다.

1018
not let it stop (someone) **from doing** | ~하는 것을 그만두지 않다

I'm **not the cleanest person in the world**, but I just can't stand the sight of your room. It looks like a pigsty.

내가 세상에서 제일 깨끗한 사람이라고는 할 수 없지만 네 방은 도저히 못 참겠다. 돼지우리가 따로 없네.

1019
not the (cleanest) **person in the world** | (최고로 깨끗하다고) 할 수는 없다

※ 반어적 용법으로 누군가를 비판할 때 사용하는 표현입니다. 최상급 형용사를 사용한다는 것을 기억해 두세요.

Did you hear that the company headquarters is moving to Mexico? Nobody expected this. It came **out of the blue**.

본사가 멕시코로 이전한다는 말 들었어? 누구도 예상치 못했는데 마른하늘에 날벼락이네.

1020

out of the blue | 마른하늘에 날벼락처럼, 갑작스럽게

company headquarters 본사

What a **pain in the neck** this new building code is. We can't even put in a new water faucet without a permit.

새로운 건물 관리규칙은 정말 지긋지긋해. 허가 없이는 수도꼭지 하나 달 수가 없다니까.

1021

pain in the neck | 짜증나는 일, 까다로운 일

water faucet 수도꼭지

The CEO doesn't **see eye to eye** with some of the board members on expanding our overseas markets.

최고경영자는 우리 회사의 해외시장을 확대하는 문제에 대해 이사회의 몇몇과 의견이 맞지 않았다.

1022

see eye to eye | 의견이 맞다, 의견이 일치하다

🔄 not on the same wavelength 마음이 맞지 않다

A: I wonder what time Sanders is going to get here.
B: I don't know.... Well, **speak of the devil**. Here he comes.

A: 샌더스는 몇 시에 여기 올까?
B: 모르겠어. 호랑이도 제 말 하면 온다더니 그가 왔네.

1023

speak of the devil | 호랑이도 제 말 하면 온다

A: You all go on to dinner without me. I'm staying behind to finish up some work.

B: OK. **Suit yourself**.

A: 나 없이 저녁 먹으러 가. 나는 남아서 일을 마저 끝내야겠어.

B: 알았어. 좋을 대로 해.

1024

suit yourself | 좋을 대로 해, 마음대로 해

🔊 Have it your own way. 좋을 대로 해

 Suit yourself.도 Have it your own way.도 경우에 따라서는 '네 마음대로 해 봐'라는 부정적인 뉘앙스의 표현이 되기도 합니다.

A: Look at that man. He looks just like Elvis Presley.

B: You **took the words right out of my mouth**. I was thinking the exact same thing.

A: 저 남자를 봐. 엘비스 프레슬리를 꼭 닮았어.

B: 내가 하려던 말이야. 나도 똑같은 생각을 하고 있었어.

1025

take the words right out of one's mouth | 누가 말하려던 것을 먼저 말하다

🔊 That's exactly what I was going to say. 그게 바로 내가 하고 싶었던 말이야.

A bribery scandal involving three city council members has been the **talk of the town** for the past three weeks.

지난 3주 동안은 시의회 의원 3명이 연루된 뇌물 스캔들이 마을의 화제가 되었다.

1026

talk of the town | 마을의 화제

---

involve 관련되다, (사건 등에) 휘말리다

A: I just don't like the layout for this ad.
B: **That makes two of us**.

A: 나는 이 광고의 레이아웃이 마음에 들지 않아.
B: 나도 동감이야.

1027

that makes two of us | 동감이다, 나도 당신과 같은 의견이다

---

layout (책, 신문 등의) 레이아웃, 지면 배정

A: Hey, you! Get your blasted truck out of my parking space!
B: **Watch your mouth!** Don't be rude.

A: 어이, 당신! 내 주차장에서 당신의 망할 트럭을 빨리 빼!
B: 말 조심해! 건방지게 굴지 마

1028

watch your mouth | 말 조심해

---

blasted 저주받은, 지독한

We go way back. We've been friends since elementary school.

우리들은 아주 오래 전부터 사귀었다. 우리는 초등학교 때부터 친구다.

1029

we go way back | 우리는 오랜 친구다

---

 way back은 '아주 오래 전, 훨씬 전'의 의미로서, way는 '줄곧'이라는 뜻으로 back을 강조합니다.

A: I had to throw away a whole ream of paper because I spilled coffee on it.
B: **What a drag.**

A: 서류 위에 커피를 쏟는 바람에 서류를 몽땅 버려야만 했어.
B: 그거 안 됐네.

1030

What a drag. | 큰일이네., 안 됐네., 지겨워.

---

ream 다량의 문서[원고]

A: Are you sure you want to put your house on the market so soon?
B: Yes, of course. **What are you getting at?**
A: Well, if you wait about a month, I think you'll get a better price.

A: 정말 그렇게 일찍 집을 시장에 내놓을 생각이야?
B: 물론이야. 무슨 소릴 하고 싶은 거야?
A: 앞으로 한 달만 기다리면 더 좋은 가격을 받을 수 있을 텐데.

1031

What are you getting at? | 무슨 말을 하고 싶은 거야?

🔊 What is your point? 요점이 뭐야?

You want me to deposit 2,000 dollars into your bank account for nothing?
What do you take me for — some kind of fool?

아무 대가도 없이 네 계좌에 2000달러를 입금하라고? 날 뭘로 보는 거야. 바보 취급하는 거야?

1032

What do you take me for? | 나를 뭘로 생각하는 거야? (바보 취급 하지 마)

He laughed at me for failing my driver's test. Then he failed it the next day, too! **What goes around comes around**.

그는 내가 운전면허 시험에 떨어졌다고 비웃었다. 그리고 그도 다음날 시험에 떨어졌다. 인과응보다.

> **1033**
> # What goes around comes around. | 인과응보다, 뿌리는대로 거둔다

What in the world is happening in our sales department? We got 12 complaints from our clients in the past 3 days.

우리 회사의 영업부는 도대체 어떻게 된 거야? 지난 사흘 동안 고객들의 민원이 12건이나 왔어.

> **1034**
> # What in the world~? | 도대체 뭐야?

client 고객

What's done is done! But don't you dare make the same mistake again leaving frozen food outside the storage overnight!

한번 저지른 일은 어쩔 수 없어요! 그러나 두 번 다시 냉동식품을 밤새 창고 밖에 방치하는 실수를 반복하지 마세요.

> **1035**
> # What's done is done. | 저지른 일은 어쩔 수 없다, 뒤늦게 후회해봐야 소용없다

frozen food 냉동식품 / storage 창고, 저장

Jessica said you wanted to talk to me about something important. **What's on your mind?**

자네가 내게 아주 중요한 얘기를 하고 싶어 한다고 제시카한테 들었네. 무슨 말을 하고 싶은 건가?

> **1036**
>
> ## What's on your mind? | 무엇을 생각하고 있나? 말하고 싶은 게 뭔가?

What's the point of taking a taxi? Union Plaza is just around the corner.

왜 택시를 타는 건데? 유니온 플라자는 이 모퉁이를 돌면 바로 있어.

> **1037**
>
> ## What's the point of doing (something)? | 무엇을 위해 (이런 일을) 해야만 하나?

What's with Joey? I said "Good morning" to him, and he just looked away.

조이는 왜 그래? 내가 아침 인사를 했는데 고개를 돌려 버리더라구.

> **1038**
>
> ## What's with (someone)? | (누구는) 왜 그래?

When it comes right down to it, I can't afford to buy a new house in my present financial condition.

잘 생각해보니 현재의 내 재정 상태로는 새 집을 사는 것은 무리야.

> **1039**
>
> ## when it comes right down to it | 잘 생각해보니, 그 문제를 골똘히 생각해보니

afford ~할 수 있다. ~할 여유가 있다

Who do you think I am! I'm a partner in this firm. Get your secretary to make the coffee.

내가 누구라고 생각하나? 나는 이 회사의 공동운영자야. 네 비서에게나 커피 심부름을 시켜.

1040

Who do you think I am! | 내가 누구라고 생각하나

firm 회사 / secretary 비서

※ 윗사람이 바보 취급을 당해 화를 내거나 그 사람의 능력이 무시당했을 때 사용하는 표현입니다.

Hey! You can't just walk into my office telling me to do this and that! **Who do you think you are** — the Queen of England?

이봐! 내 사무실에 함부로 들어와서 이것저것 명령하지 말게. 도대체 네가 뭔데? 영국 여왕이라도 되나?

1041

Who do you think you are? | 네가 뭔데?, 넌 뭐하는 녀석이야?

Maybe five hundred people will show up at the news release of our new product. Maybe nobody will. **Who knows?**

우리 회사의 신제품 발표에 언론사 관계자 500명이 올 수도 있고, 아무도 안 올 수도 있어. 누가 알겠어?

1042

Who knows? | (그런 일은) 아무도 모른다., 누가 알겠어?

🔊 Nobody knows. (그런 일은) 아무도 모른다.

news release 언론사 관계자를 불러놓고 회사의 신제품이나 새로운 경영진에 대해 발표하는 것

A: Ben was arrested for taking pictures of the legs of women with his cell phone.

B: That's terrible! **Why in the world** did he do such a thing?

A: 벤이 휴대폰으로 여자 다리 사진을 찍다가 체포됐어.

B: 최악이군! 그가 도대체 왜 그런 일을 한 걸까?

1043

Why in the world~? | 도대체 왜 (그런 짓을 하지?)

🔊 Why on earth~? 도대체 왜?

(Police officer to driver) Excuse me, Ma'am. You didn't **yield the right-of-way** at the intersection back there. You nearly caused a 3-car accident.

(경찰이 운전자에게) 실례합니다, 부인. 당신은 금방 통과한 교차로에서 우선 통행권을 지키지 않았습니다. 하마터면 삼중 충돌을 일으킬 뻔 했습니다.

1044

yield the right-of-way | 도로에서 우선 통행권을 지키다, 길을 양보하다

intersection 교차로

A: This must be one of the worst movies ever made!

B: **You can say that again!**

A: 이 영화는 지금까지 만들어진 영화 중에 최악이야!

B: 맞는 말이야!

1045

You can say that again. | 맞는 말이다, 네 말대로야.

A: Do you promise not to tell anyone what I've just told you?
B: **You have my word.**

A: 내가 지금 한 말을 아무에게도 말하지 않겠다고 약속할 수 있어?
B: 맹세해.

1046

You have my word. 맹세해., 보증해.

A: You did an excellent job on the Tillman contract.
B: Thank you, boss. **You've made my day.**

A: 자네는 틸먼 사와의 계약에서 무척 일을 잘 했어.
B: 감사합니다. 사장님. 그런 말을 들으니 기쁩니다.

1047

You've made my day. 당신이 나를 기쁘게 해주었습니다., 기쁩니다.

빈칸에 해당하는 관용표현을 문장에 맞도록 바꿔 써넣으세요. (제한시간 10분)

1. Daphne is expecting a baby in January. And I _____ you might be interested in chipping in for a baby shower.

2. I _____ this coffee. It tastes like mud!

3. Trade shows are the best places to find out about your competitors. _____, there's going to be one next month in Seattle. Can you go?

4. Jill, I _____ you hate carrots. You have to eat them or you'll have no supper.

5. Poor Toby has _____ since the editor moved up the deadline. Now he has to stay up all night to get his story in on time.

6. A: What time is this train supposed to arrive?

   B: _____. The announcements just keep saying it's
   delayed.

7. You're going to fly to Frankfurt and then fly right back to
   Tokyo the next day? _____! That's crazy!

8. We are giving away 20% off coupons today on a
   _____ basis.

9. I _____ on horses even though I've been
   losing lots of money.

10. It _____ to play golf in Japan. Let's go to
    Hawaii instead.

11. A: Here comes Carolyn running up the stairs.

    B: _____ she showed up. We've been waiting about
    half an hour.

12. _____ this country is going to war. We should evacuate before it's too late.

13. What a _____ this new building code is. We can't even put in a new water faucet without a permit.

14. Lenny left his dog out in the cold with no food or water for three days. Yesterday, the dog bit him. I think he _____ .

15. Did you hear that the company headquarters is moving to Mexico? Nobody expected this. It came _____ .

16. No, no. Put away that wallet. Today's your birthday, so _____ .

17. You want me to deposit 2,000 dollars into your bank account for nothing? _____ — some kind of fool?

18. It _____ to bring flowers or something when you go to the Condon's Thanksgiving dinner.

19. _____ Joey? I said "Good morning" to him, and he just looked away.

20. The CEO doesn't _____ with some of the board members on expanding our overseas markets.

힌트		
can't help doing	be wondering if	be at wit's end
first-come first-served	Beats me	can't stand
come to think of it	don't care if	come off it
cost an arm and a leg	have it coming	It's on me.
it's about time	it looks as if	might not hurt
pain in the neck	out of the blue	see eye to eye
What's with	What do you take me for?	

해답은 423페이지에

Chapter 5
비즈니스와 시사영어

1048 ... 1507

Unit 27

International Trade 국제무역

1086 Foreign Investment Law 외자법

1087 export letter of credit
수출신용장 (export L/C라고도 부릅니다)

1088 import curbs 수입제한

1089 import quota 수입 할당, 수입 쿼터

1090 soft currency 통화 약세

1091 soft currency country 통화 약세 국가

1092 hard currency 통화 강세

1093 tariff barrier 관세장벽

1094 trade imbalance 무역불균형
※ unbalance(불균형, 불안정)가 아니라는 점에 주의하세요.

1095 trade friction 무역마찰

1096 trade surplus 무역수지 흑자

Production and Marketing 제조와 영업

1097 backup stock 예비 재고품

1098 brochure 팸플릿, 카탈로그, 브로슈어
🔁 pamphlet / catalog

1099 bootleg edition (책, CD 등 출판물의) 해적판
🔁 pirate edition

1100 brain trust (회사, 정부 등에 자문을 하는)
전문가 그룹

1101 capital outlay 설비투자

1102 come-on gift to subscribers
(신문 등의) 독자 판촉물

1103 excessive inventories 과잉 재고

1104 exhibition booth 전시 코너, 전시 부스

1105 feasibility study (신제품 등의) 타당성 조사
🔁 preliminary study 예비 조사

1106 market potential (상품의) 시장성

1107 peak output 최대 산출량

1108 pilot shop 파일럿숍, 시장성과 수요 조사 등을
목적으로 운영하는 점포

1109 pilot factory 시험 공장

1110 pilot farm 실험 농장

1111 technical innovation 기술 혁신
🔁 technological breakthrough

1112 wild goose chase 쓸데없는 추적,
가망성 없는 기획

1113 work capacity 작업능력

1114 work count 작업평가

Economy and Finance 경제와 재무

1115 business recovery (기업의) 경기 회복

1116 economic muscle 경제력

1117 economic recovery package
경기 회복 대책

1118 economic waters 경제수역

1119 economic growth 경제성장

1120 recession 경기후퇴, 불경기, 불황

1121 stagnation 경기침체

1122 CPA (Certified Public Accountant)
공인회계사

1123 casualty insurance 손해보험
🔁 nonlife insurance

1124 proxy 위임장

1125 cost accounting (상품, 제품 등의) 원가 계산

1126 costing 원가 계산

1127 expense account spending 접대비

1128 fiscal year 회계연도

1129 fiscal budget 회계예산, 국가 예산

1130 payoff 보수, 뇌물

1131 petty cash 소액 현금

1132 prime rate 우대 금리, 최저 대출 금리

1133 subprime loan 서브프라임론,
신용도가 낮은 저소득층을 위한 대출
※ 회수 불가능한 대출은 bad loan이라고 합니다.

Employment and Working Conditions
고용과 노동조건

1134 callback (일시 해고된 노동자의) 재고용

1135 child-care leave 육아휴직

1136 customized master's program
기업과 대학이 공동으로 특별 편성하는 석사 과정.
(주로 MBA 양성 코스)

1137 job interview 채용면접

1138 full-time employment 풀타임 고용

1139 part-time employment 파트타임 고용

1140 maternity leave 출산휴가

1141 permanent employment 정규직 고용

1142 temporary employment 임시직 고용

1143 leave of absence 휴가

1144 minimum wage 법정 최저임금

1145 net pay (take-home pay)
(급료 등에서 세금 등을 뺀) 실질 임금, 세후 수입
🔄 gross pay 총액

1146 sabbatical leave (대학 교원 등에 주어지는)
안식 휴가

1147 severance pay 퇴직금

1148 sick leave 병가

1149 SSN (social security number)
(미국의) 사회보장번호

1150 pension 연금

1151 work hygiene 직장에서의 위생 상태

Stock Market 주식시장

1152 all-time high
(주가의) 사상 최고치

1153 bear market 하락장, 약세장

1154 bull market 상승장, 강세장

1155 Black Monday 1987년 10월 19일 월요일에
일어난 뉴욕 주식시장의 대폭락

1156 black money 수뢰, 밀수, 마약 등으로
얻은 비합법적인 돈

1157 blue chip 블루칩, 우량주

1158 callable bond 상환조건부 채권, 수의상환채권

1159 clearinghouse 어음교환소

1160 commodity market 상품시장

1161 futures (복수형으로) 선물거래

1162 convertible bond (CB) 전환사채

1163 Dow Jones Industrial Average
다우존스 산업평균지수

1164 insider trading 내부자 거래

1165 LBO (leveraged buyout) 차입 매수, 기업
매수 때 미리 매수 상대의 자산을 담보로 자금을 조
달하는 것

1166 money laundering 돈세탁

1167 NASDAQ (National Association
of Securities Dealers Automated
Quotation) 나스닥, 미국의 장외 증권시장

1168 NYSE (New York Stock Exchange)
뉴욕증권거래소

🔁 Wall Street 월스트리트, 뉴욕증권거래소의 별명

1169 securities exchange (market)
증권거래소

🔁 bourse

1170 speculative buying 투기적 매매

1171 turnover (주식 등의) 거래액

1172 warrant bond 신주인수권부사채

Taxes 세금 관련

1173 income tax withheld 소득세 원천징수

1174 tax evasion 탈세

1175 tax haven 조세피난처, 법인 소득의 전부나 일부에 대해 세금 등을 부과하지 않는 나라 또는 지역

1176 tax write-off 세금 공제

Kinds of Taxes 세금의 종류

1177 consumption tax 소비세

1178 federal tax 국세, (미국의) 연방세

1179 state tax (미국의) 주 정부세

1180 gift tax 증여세

1181 individual income tax 개인소득세

1182 inheritance tax 상속세
  ※ 속칭은 death tax

1183 corporate income tax 법인세

1184 local tax 지방세

1185 occupancy tax (호텔의) 숙박세

1186 real estate tax 부동산세

Daily life 일상생활

Food and Nutrition 음식과 영양

1187 balanced meal 영양 균형이 잘 잡힌 식사

1188 burnable/unburnable trash 가연성/불연성 쓰레기

1189 recyclable trash 재활용 쓰레기

1190 chemical additive 화학첨가물

1191 eater-out / diner-out 외식하는 사람

1192 eater's coma 식곤증

1193 organic food 유기농 식품

1194 perishable food 부패하기 쉬운 식품

1195 protein 단백질
  ※ 3대 영양소로는 carbohydrate(탄수화물)과 fat(지방)이 있습니다.

1196 supplement 건강보조식품

Shopping and Merchandise 쇼핑과 상품

1197 comparison-shopping 비교 구매

1198 cost performance 비용 대비 효과

1199 customer service 고객 서비스

1200 cut and sew (대량생산으로 만들어진) 기성복

1201 DIY (do-it-yourself) store (건축재료 등을 모아 놓은) DIY 상점

1202 mail order 통신판매

1203 mall 쇼핑몰

1204 online shopping 인터넷 쇼핑

1205 online auction 인터넷 경매

1206 mom-and-pop store 가족들이 경영하는 소규모 점포

1207 polyester 폴리에스테르

Housing and Real Estate 주택과 부동산

1208 condominium 분양 아파트

1209 cooperative apartment 조합 아파트

1210 lease 임대계약서

1211 mansion 대저택

1212 sub-let 전대, 전전세, 임대주택을 계약기간 안에 다시 임대하는 것

1213 prefabricated house 조립식 주택

1214 real estate agency/agent
부동산업/부동산업자

1215 right-to-sunlight ordinance
일조권에 관한 조례

Banking 은행 관련

1216 ATM (Automated Teller Machine)
현금자동입출금기

1217 balance due 차감 부족액

1218 balance sheet 대차대조표

1219 cash dispenser 현금자동지급기

1220 commercial paper (CP)
기업어음, 기업 등이 자금 조달을 위해 발행하는
어음. 금리가 자율적으로 결정되는 것이 특징

1221 fixed savings 일정거치예금

1222 personal checking account
당좌예금계좌

1223 savings account 보통예금[계좌]

1224 remittance 송금

1225 interest 이자

1226 withdraw 예금을 인출하다

Transportation 수송, 이동

1227 casualty toll 사상자 통계

1228 clover leaf interchange
(네잎 클로버의 형태를 한) 입체교차로

1229 (the) lost and found 분실물센터

1230 not-in-service 회송, 차고지에 들어감

1231 tryout run 시운전

1232 detour 돌아가는 길, 우회로

1233 odometer 주행기록계

1234 tachometer 회전속도계

Trains 기차

1235 local (각 역에 정차하는) 완행열차

1236 express train 급행열차

1237 limited express 특급열차

1238 bullet train / super express 고속철도

Health and Medicine 건강과 의료

■ Illness and Symptoms (병과 증상)

1239 cedar-pollen allergy 꽃가루 알레르기

1240 contagious disease 전염병

1241 infection 감염, 감염증

1242 episode of angina
협심증의 발작

1243 fatal disease 치명적인 병, 죽을병
🔁 terminal disease

1244 malignant tumor 악성종양

1245 non-malignant tumor 양성종양

1246 metabolic syndrome 대사증후군

1247 narcotic addict 약물중독자

1248 stroke 뇌경색, 뇌출혈 등의 일반적인 명칭

1249 the flu / influenza 인플루엔자, 독감

1250 diabetes 당뇨병

1251 anemia 빈혈증

1252 pneumonia 폐렴

1253 cardiac arrest 심박동 정지

■ Diagnosis and Treatment (진단과 치료)

1254 audiometer 청력계

1255 bone marrow transplant 골수이식

1256 bone marrow bank 골수은행

1257 electrocardiograph 심전계

1258 chemotherapy (암 등에 대한) 화학요법

1259 daily dose/dosage (약 등의) 하루 복용량

1260 over-the-counter drug 의사의 처방전이 필요 없는 일반 의약품

1261 rehabilitation 재활, 알코올중독의 치료

1262 ultraviolet radiation therapy 자외선치료

1263 vaccination 예방접종

1264 vaccine 백신

■ Medical Ethics (의료윤리)

1265 DNA testing DNA 감정
　　 ※ DNA는 deoxyribonucleic acid(디옥시리보핵산)
　　　의 약자로 유전자를 결정하는 염색체를 포함하
　　　고 있습니다.

1266 external fertilization 체외수정

1267 genetic recombination 유전자 재조합

1268 pro-life 낙태를 반대하는

1269 sex chromosome test 성염색체 테스트

1270 cosmetic/esthetic/plastic surgery 성형외과

1271 general practitioner 일반 개업의

1272 gynecologist 부인과의사

1273 obstetrician 산과의사

1274 ophthalmologist 안과의사

1275 oncologist 암 전문의

1276 pediatrician 소아과의사

1277 psychiatrist 정신과의사

1278 surgern 외과의사

1279 urologist 비뇨기과의사

1280 accountant 회계사

1281 bookkeeper 경리

1282 financial advisor 재무설계사, 재무상담사

1283 teller (은행의) 금전 출납원, 텔러

1284 paramedic 응급치료사

1285 pharmacist 약사

1286 counselor 상담원, 카운슬러

1287 hospital worker 의료 종사자

1288 computer engineer/programmer
컴퓨터 엔지니어/프로그래머

1289 systems designer 시스템 디자이너

1290 graphic designer 그래픽 디자이너

1291 contractor 건축청부업자

1292 architect 건축가

1293 construction engineer 건축기사

1294 heavy machinery operator 중장비 기사

1295 nonprofit organization (NPO)
비영리단체

1296 sales staff 판매원

•Nature and science 자연과 과학

animals and pets 동물과 애완동물

1297 canine 갯과의, 갯과의 동물

1298 CITES Convention on International Trade in
Endangered Species of Wild Fauna and Flora
(멸종 위기에 있는 야생 동식물의 국제거래에 관한
협약)

1299 endangered species 멸종 위기종

1300 extinction 멸종

1301 feline 고양잇과의, 고양잇과의 동물

1302 pure breed 순종
🔁 mixed breed 잡종

1303 poultry 가금류 (닭, 오리, 칠면조 등)

1304 rabies 광견병

1305 spaying 불임수술

1306 neutering 거세수술

1307 vanished species 멸종된 개체

1308 veterinarian / vet 수의사

Ecology and Environment 생태와 환경

1309 animal and bird sanctuary 동물보호구역,
조류보호구역

1310 Clean Air Act (Muskie Act)
(미국의) 배기가스규제법, 머스키법

1311 compound pollution 복합오염

1312 contamination 오염, (병의) 전염

1313 ecologist 생태학자

1314 environmentalist
환경보호론자, 환경문제연구가

1315 environmental assessment
환경영향평가 (새로운 변화, 계획 등이 환경에
어떤 영향을 미치는지 조사하는 것)

1316 environmental tobacco smoke
간접흡연

1317 fallout 죽음의 재, 방사성 낙진

1318 fossil fuel (석유, 석탄 등의) 화석연료

1319 ozone layer 오존층

1320 endocrine disruptor 환경호르몬

1321 hydropower station 수력발전소

1322 wave-power generation 조력발전

1323 LOHAS (Lifestyles of Health And Sustainability)
로하스 (건강한 생활을 지속적으로 가능하게 하는
라이프스타일의 줄임말)

1324 pollutant 오염물질

1325 pollution 오염, 공해

energy 에너지

1326 global warming 지구온난화

1327 greenhouse effect 온실효과

1328 solar energy 태양에너지

1329 hard energy 핵, 수소에너지와 같이 고도의
기술이 필요한 에너지

1330 hydrogen energy 수소에너지

1331 nuclear fuel 핵연료

1332 nuclear waste materials 핵폐기물

1333 oil revenue 석유 판매 수입

1334 oil sand 오일샌드 (원유가 섞인 모래나 바위)

1335 oil slick (해상 등에 흘러나온 원유의) 유막

1336 power plant 발전소

1337 windmill farm 풍력발전지대

Weather and Natural Phenomena
날씨와 자연현상

1338 atmospheric pressure 기압

1339 aurora borealis (northern lights)
북극광, 북극의 오로라

1340 aurora australis (southern lights)
남극광, 남극의 오로라

1341 climatic fluctuation 기상 변동

1342 cold front 한랭전선
    warm front 온난전선

1343 discomfort index (날씨의) 불쾌지수

1344 drizzle 보슬비, 가랑비

1345 shower 소나기

1346 El Nino effect 엘니뇨

1347 foehn phenomenon 푄 현상 (산을 넘어서
    불어내리는 고온건조한 공기)

1348 high/low pressure 고기압/저기압

1349 precipitation 강우, 강수량

1350 rain front 장마전선

1351 UV index [Ultra Violet index] 자외선지수

1352 warm air mass 온난 기단

1353 cold air mass 한랭 기단

■ Winds (바람)

1354 breeze 산들바람, 미풍

1355 gusty wind 돌풍

1356 head wind 맞바람

1357 tail wind 순풍, 뒷바람

■ Storms (폭풍)

1358 hurricane
    허리케인, 북태평양에서 발생하는 열대성 저기압

1359 tornado 토네이도, 회오리바람

1360 typhoon 태풍, 북태평양에서 발생하는 열대성
    저기압

1361 cyclone 사이클론, 인도양에서 발생하는 열대성
    저기압

1362 willy-willy 윌리윌리, 호주에서 발생하는 열대
    성 저기압

Natural Disasters 자연재해

1363 avalanche 눈사태

1364 evacuation order 피난 명령

1365 mudslide 토사류

1366 lava flow 용암류

1367 weather vane 풍향계

Telephone and Communication System
전화와 통신 시스템

1368 area code 지역번호, 시외 국번

1369 call waiting 통화 중 대기

1370 collect call 수신자 부담 전화

1371 person-to-person call 지명통화

1372 radar 레이더
(radio detecting and ranging의 줄임말)

1373 teleconference 원격회의

1374 phone-in program
시청자 전화 참여 프로그램

1375 prank call 장난전화

1376 reconnaissance satellite 정찰위성

1377 virtual reality 가상현실

1378 voice mail 음성 메시지

1379 ZIP code 우편번호
(Zone Improvement Program의 줄임말)

Computer and Cell Phone 컴퓨터와 휴대폰

1380 attached file 첨부파일

1381 default 디폴트값, 초기 설정값

1382 fiber optics 광섬유

1383 narrowband 협대역 (좁은 대역폭의 주파수)

1384 broadband 광대역 (넓은 대역폭의 주파수)

1385 shut down (컴퓨터를) 끄다

1386 reboot 재시동

1387 reinstall (프로그램을) 재설치하다

1388 customize (컴퓨터의 설정을) 자신에게 맞도록
구성하다

Education/Sports/Culture
교육/스포츠/문화

Education 교육

1389 literacy rate 문자 해독률

1390 illiteracy rate 문맹률

1391 compulsory education 의무교육

1392 vocational school 직업훈련학교, 전문학교

1393 adult education 성인교육

1394 nursery school 보육원
※ nursing school(간호사학교)과 혼동하지 않도록
주의하세요.

1395 kindergarten 유치원

■ Degrees (학위)

1396 B.A. [Bachelor of Arts] 문학사

1397 B.S. [Bachelor of Science] 이학사

1398 M.A. [Master of Arts] 문학석사

1399 M.S. [Master of Science] 이학석사

1400 M.D. [Medical Doctor/Doctor of
Medicine] 의학박사

1401 D.D.S. [Doctor of Dental Surgery]
치의학박사

Sports 스포츠

■ Track and Field (육상경기)

1402 100-meter run 100미터 달리기

1403 1,000-meter relay 1000미터 릴레이

1404 10-kilometer walk 10킬로미터 경보

1405 marathon 마라톤

1406 high jump 높이뛰기

1407 discus throw 원반던지기, 투원반

1408 hammer throw 해머던지기, 투해머

1409 javelin throw 창던지기, 투창

1410 shot put 포환던지기, 투포환

1411 pole vault 장대높이뛰기

1412 floor 마루운동

1413 bar 철봉

412

1414 balance beam (체조경기의) 평균대

1415 triathlon 철인3종경기

■ **Winter Sports** (겨울스포츠)

1416 giant slalom 대회전

1417 downhill 활강경기

1418 biathlon 바이애슬론
   (크로스컨트리와 사격의 복합경기)

1419 bobsledding 봅슬레이

1420 luge 루지 (1인용 썰매)

Society 사회

Crime/Law 범죄/법률

1421 attorney-at-law 변호사

1422 ex-con (ex convict) 전과자

1423 first offense 초범

1424 jury 배심원

1425 imprisonment 투옥, 구금

1426 law enforcement 법 집행

1427 prosecutor / prosecuting attorney 검사

1428 suspended sentence 집행유예

■ **Kinds of Crime** (범죄의 종류)

1429 bag snatching 날치기

1430 bank robbery 은행강도

1431 blackmail 협박

1432 bribery 뇌물 수수

1433 burglary 절도

1434 counterfeit 위조

1435 fraud 사기, 사기꾼

1436 hit-and-run 뺑소니

1437 mugging 강도

1438 rape 강간

Process of Indictment 기소 절차

1439 suspect 용의자

1440 arrest 체포, 구속

1441 defendant 피고

1442 convict 수감자

1443 criminal 범죄자

News and Daily Things 뉴스와 일상

1444 baby busters 베이비붐이 끝나고 출생률이 떨
   어진 1960년대에 태어난 사람들
   🔁 baby boomers

1445 birds and bees 성교육

1446 catch-22 딜레마, 이러지도 저러지도 못하는 상황
   ※ Joseph Heller의 소설 《Catch-22》에서 유래한 말.

1447 famine 기아, 배고픔

1448 feet people 걸어서 망명하는 사람들
   🔁 boat people 배로 망명하는 사람들

1449 nest egg 비자금, 저축

1450 sibling rivalry 형제간 싸움, 형제가 서로를
   라이벌로 생각하는 것

1451 social background 사회적 배경

1452 social status 사회적 지위

1453 the in-thing 현재 유행 중인 것,
   현재 인기 있는 것

1454 tryout 예행연습, 오디션

1455 wash-and-wear 링클프리 의류

1456 wear and tear (의류 등의) 소모, 마모되는 것

1457 white elephant 처치 곤란한 물건

1458 who's who 인명록

Public offices and Politics
공공기관과 정치

1459 by-election 보궐선거

1460 campaign pledge (선거에서의) 공약

1461 casting vote 캐스팅보트 (찬성과 반대가 동수일 때 의장 또는 남은 사람이 던지는 결정표)

1462 caretaker cabinet 과도내각

1463 stopgap cabinet 잠정내각

1464 centrist party 중도정당, 중도파

1465 civilian control 문민통제

1466 confidence vote 신임투표

1467 hands-off policy 불간섭정책, 방임정책

1468 emergency legislation 긴급 입법

1469 martial law 계엄령

1470 multilateral trade 다국적 무역, 다자간 무역

1471 national consensus 국민적 합의

1472 open-ended involvement 전면적인 개입

1473 opinion poll 여론조사

1474 opposition party 야당

1475 Peace Corps 평화봉사단
※ 케네디 대통령에 의해 창설되어, 교육, 농업 등의 분야에서 개발도상국을 지원합니다.

1476 plenary session 본회의

1477 random sampling method (설문조사 등의) 임의추출방식

1478 resident registration 주민등록

1479 swing voter 부동층

1480 voice vote 발성투표 (소리를 질러 소리의 크기로 결정하는 투표)

˙U.S. Public Offices 미국 정부 기관

1481 Immigration Office 이민국

1482 U.S. Department of Agriculture 농무부

1483 U.S. Post Office 우정국

1484 postmaster 우체국장

1485 U.S. State Department 국무부

1486 Secretary of State 국무장관

˙Geography and Time Difference
지리와 시차

1487 altitude 고도, 해발

1488 altimeter 고도계

1489 continental shelf 대륙붕

1490 daylight saving time 서머타임, 일광절약시간

1491 Greenwich Mean Time 그리니치표준시

1492 hemisphere (지구의) 반구
※ northern, southern, western, eastern의 4개의 hemisphere로 나뉘져 있습니다.

1493 high plain / highland 고원

1494 high seas 공해

1495 International Date Line 날짜변경선

1496 latitude 위도

1497 longitude 경도

1498 quasi-national park (일본의) 국정공원, 준국립공원

1499 overhang 돌출되어 있는 절벽

1500 plain 평야

1501 prairie 초원

1502 seismograph 지진계

1503 solar time 태양시

Time Zones 시간대

미국 본투에는 4개의 시간대가 존재합니다. 각각의 시차
는 1시간입니다.

1504 EST [Eastern Standard Time]
동부표준시

1505 CST [Central Standard Time]
중부표준시

1506 MST [Mountain Standard Time]
산악표준시

1507 PST [Pacific Standard Time
태평양표준시

해답

Check Test의 해답

해답에 어구의 번호를 같이 써놓았으니 틀린 문제는 다시 돌아가서 복습하세요.

Chapter 1

Unit 1 *p. 18-29*

1. co-workers (0010) 2. macrobiotic (0013) 3. obese (0020) 4. ubiquitous (0004)
5. blogosphere (0003) 6. resume (0016) 7. outfit (0025) 8. emergency (0023)
9. commemoration (0030) 10. outspoken (0009)

Unit 2 *p. 30-41*

1. average (0052) 2. habitat (0048) 3. flyers/fliers (0037) 4. innovative (0043)
5. specifications (0042) 6. conserve (0036) 7. piracy (0049) 8. decades (0031)
9. strategy (0056) 10. infrastructure (0058)

Unit 3 *p. 42-53*

1. token (0070) 2. entrepreneurs (0064) 3. breakdown (0068) 4. conventions
(0061) 5. asset (0074) 6. gain (0085) 7. measure (0080) 8. fake (0082)
9. aphorisms (0078) 10. compromise (0088)

Unit 4 *p. 54-65*

1. notice (0101) 2. indulgent (0118) 3. reputation (0100) 4. confiscated (0091)
5. premium (0105) 6. expiration (0109) 7. identify (0110) 8. impose (0114)
9. Alumni (0094) 10. beneficial (0120)

Unit 5 *p. 66-77*

1. significant (0128) 2. versatile (0125) 3. potential (0122) 4. valid (0131)
5. contemporary (0135) 6. tactful (0146) 7. acquire (0142) 8. peculiar (0144)
9. runner-up (0139) 10. expand (0151)

Unit 6 *p. 78-89*
1. remuneration (0153) 2. fatal (0176) 3. refuge (0158) 4. reimbursement (0171)
5. circumstances (0164) 6. commitments (0167) 7. incapacitated (0163)
8. privilege (0173) 9. endorse (0156) 10. consent (0180)

Unit 7 *p. 90-101*
1. terminate (0183) 2. persuaded (0195) 3. gourmet (0188) 4. humane (0191)
5. hand-me-down (0187) 6. candid (0198) 7. hefty (0202) 8. migrate (0211)
9. advantage (0206) 10. thaw (0205)

Unit 8 *p. 102-113*
1. unassuming (0225) 2. observant (0237) 3. administration (0212)
4. delinquent (0221) 5. myth (0228) 6. issue (0215) 7. Neglecting (0231)
8. obstructs (0239) 9. procedure (0219) 10. racket (0235)

Unit 9 *p. 114-125*
1. ballot (0261) 2. hostile (0249) 3. distinguish (0245) 4. retain (0264)
5. alternate (0242) 6. saturated (0252) 7. Consequently (0270) 8. evaluate
(0255) 9. retrieve (0266) 10. credible (0258)

Unit 10 *p. 126-137*
1. oath (0283) 2. bilateral (0272) 3. conformist (0286) 4. revenues (0276)
5. implemented (0279) 6. sued (0292) 7. deposit (0289) 8. adjourned (0297)
9. eligibility (0294) 10. legislature (0301)

Unit 11 *p. 138-149*
1. vandalism (0306) 2. subsidized (0302) 3. expertise (0311) 4. prototype (0323)
5. quarantined (0315) 6. degrade (0308) 7. dehydrated (0329)
8. quotation (0326) 9. extraordinary (0318) 10. provisional (0321)

Check Test의 해답

Unit 12 *p. 150-161*

1. rationalization (0342) 2. aggravated (0337) 3. affable (0347) 4. impulsively (0333)
5. frantic (0339) 6. comprehensive (0344) 7. distracts (0356)
8. miscellaneous (0351) 9. elaborate (0359) 10. omnivores (0355)

Unit 13 *p. 162-171*

1. zealous (0371) 2. mannerism (0365) 3. mandatory (0377) 4. inadequate (0363)
5. commensurate (0382) 6. diploma (0368) 7. annulled (0375)
8. reinforcement (0384)

Unit 14 *p. 172-181*

1. agile (0391) 2. manipulating (0398) 3. accountable (0387) 4. criticizing (0392)
5. incoherent (0395) 6. preoccupied (0405) 7. susceptible (0407)
8. extravagant (0401)

Unit 15 *p. 182-191*

1. mediocre (0417) 2. superintendent (0410) 3. adversity (0421)
4. intermittently (0423) 5. reference (0413) 6. anonymous (0428)
7. confidential (0431) 8. attribute (0426)

Chapter 2

Unit 16 *p. 194-212*

1. acting up (0437) 2. bears out (0443) 3. Act your age (0436) 4. broken away (0450)

5. break in (0458) 6. back us up (0440) 7. break the news (0471)

8. Bringing up (0489) 9. blew up at (0447) 10. break out in a rash (0466)

11. brought down the house (0481) 12. broke the ice (0469)

13. break the / habit (0468) 14. broke through (0475) 15. broke up with (0477)

Unit 17 *p. 213-231*

1. burned out (0493) 2. called for (0497) 3. burned down (0491) 4. called off (0499)

5. carried over (0508) 6. came to terms with (0543) 7. burn off (0492)

8. call it a day (0498) 9. get / carried away (0503) 10. come across (0525)

11. caught on to (0515) 12. comply with (0547) 13. counting on (0548)

14. carries a fine (0504) 15. come off (0532)

Unit 18 *p. 232-252*

1. do some brainstorming (0560) 2. cut down on (0550) 3. cut out for (0554)

4. do the town (0562) 5. deprive / of (0556) 6. draw the line at (0568)

7. cutting in (0551) 8. went down the drain (0605) 9. fell through (0591)

10. driving at (0571) 11. ended up (0581) 12. went into effect (0607)

13. get a break (0598) 14. fall into the vicious cycle (0588) 15. fell apart (0582)

Unit 19 *p. 253-272*

1. grows on (0618) 2. went too far (0617) 3. hang in (0624)

4. go places (0613) 5. has a good command of (0633) 6. went public (0614)

7. have had it up to here (0638) 8. gets hung up on (0626)

9. hit a new high (0646) 10. holding up (0661) 11. had no business (0639)

12. imposing on (0665) 13. having second thoughts about (0643)

14. held fast to (0652) 15. hold him off (0659)

Check Test의 해답

Unit 20 *p. 273-290*

1. laid off (0684) 2. Keep out (0673) 3. keeping track of (0675)
4. keeps company with (0669) 5. laid claim to (0681) 6. lay over (0686)
7. knows the ropes (0679) 8. lay hands on (0683) 9. looking into (0703)
10. make a / issue of (0716) 11. make / from scratch (0720) 12. make up for (0723)
13. live up to (0701) 14. make it (0717) 15. loses his temper (0708)

Unit 21 *p. 291-309*

1. passed the hat (0727) 2. paid / off (0730) 3. picked up the tab (0737)
4. managed to (0724) 5. Play it safe (0744) 6. passed out (0726) 7. pitch in (0738)
8. pick on (0733) 9. pulling off (0760) 10. play it by ear (0743) 11. pull a stunt (0752)
12. put down (0766) 13. put / out (0783) 14. pull himself together (0757)
15. put away (0764)

Unit 22 *p. 310-328*

1. put / down (0784) 2. rub it in (0797) 3. put the blame on (0786)
4. set / back (0814) 5. put up with (0792) 6. run the risk of (0805)
7. raise a racket (0794) 8. run in the family (0801) 9. took the liberty of (0844)
10. spits out (0833) 11. sitting in for (0821) 12. set me up (0816)
13. take / for granted (0843) 14. Take advantage of (0839) 15. is / spoken for (0830)

Unit 23 *p. 329-345*

1. think twice (0851) 2. Try to talk (0860) 3. talked my ear off (0846) 4. turn / on (0863)
5. talk / into (0848) 6. turned out (0864) 7. Try out (0859) 8. throw out (0855)
9. wiped out (0879) 10. wore off (0872) 11. walking off with (0867)
12. wrote it off (0896) 13. wore out (0873) 14. Work off excess fat (0885)
15. won by default (0877)

Chapter 3

Unit 24 *p. 348-362*

1. As a token of (0902) 2. for real (0915) 3. In consequence of (0923)

4. in crisis (0925) 5. across-the-board (0899) 6. for good (0913)

7. brand-new (0906) 8. in a jam (0919) 9. In other words (0929)

10. per capita (0942) 11. in for (0926) 12. In consideration of (0924)

13. In terms of (0933) 14. in short supply (0931) 15. off and on (0939)

Unit 25 *p. 363-377*

1. out of circulation (0951) 2. On behalf of (0944) 3. on second thought (0947)

4. out of service (0955) 5. over and done with (0960) 6. on good terms with (0946)

7. out of date (0953) 8. safe and sound (0964) 9. out of the running (0957)

10. state-of-the-art (0967) 11. under the circumstances (0972) 12. up to (0979)

13. right side up (0962) 14. water-repellent (0982) 15. up in the air (0976)

Chapter 4

Unit 26 *p. 380-401*

1. was wondering if (0989) 2. can't stand (0993) 3. come to think of it (0997)

4. don't care if (1001) 5. been at wit's end (0987) 6. Beats me (0990)

7. Come off it (0995) 8. first-come first-served (1002) 9. can't help betting (0992)

10. costs an arm and a leg (1000) 11. It's about time (1011) 12. It looks as if (1009)

13. pain in the neck (1021) 14. had it coming (1004) 15. out of the blue (1020)

16. it's on me (1014) 17. What do you take me for (1032)

18. might not hurt (1016) 19. What's with (1038) 20. see eye to eye (1022)